KB047857

18세기의

취향의
탄생과
혀끝의
인문학

18 세 기 의

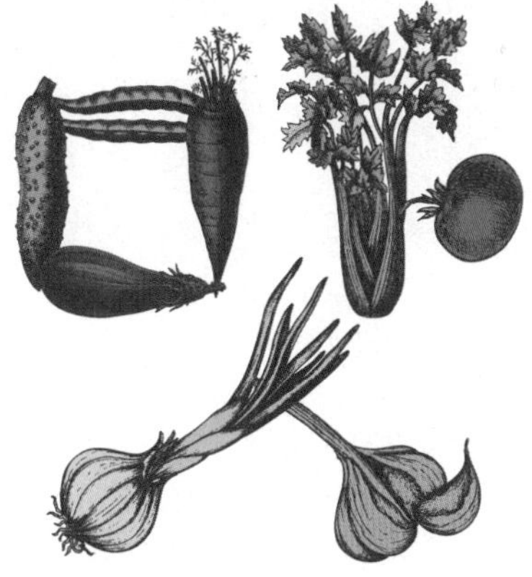

안대회·이용철·정병설 외 지음

문학동네

머리말

18세기의 맛으로 음미하는 인문학

"맛있다!"

이 말을 듣는 사람은 어떤 반응을 보일까? 아마 다들 침을 꼴깍 삼키고 눈을 반짝이며 궁금해할 것이다. 도대체 무엇이 그렇게 맛있냐고, 어디에 그렇게 맛있는 게 있냐고. 웬만해서는 '맛'에 회가 동하지 않는 사람은 없으리라. 그렇다. 그 맛 이야기다. 이 책에는 말만 들어도 동물적 설렘과 즉각적인 두근거림을 일으키는 맛의 역사에 관한 이야기 스물세 편이 담겨 있다.

사실 혀끝으로 느끼고 뱃속을 채우는 음식의 맛보다 더 즉물적이고 일반적인 감각은 없다. 조금의 허기만 있다면 앞에 놓인 음식을 훌륭하게 맛보고 재미있게 표현할 능력을 누구나 갖추고 있다. 그러니 일용하는 음식에서 굳이 역사를 집어내어 논할 필요가 있을까?

하지만 미각의 대상인 음식도, 미각의 주체인 혀끝도 인간의 역사와 따로 떨어져 존재할 수 없다. 무수한 음식은 유구한 변천을 거쳐 식탁 위에 올라오고 우리 혀는 배우고 길든 대로 맛을 본다. 어떤 재료나 요리도 홀로 고고히 맛을 내지 못한다. 음식에는 파란의 인간사만큼이나 흥미로운 역사가 깃들어 있다. 그러니 궁핍에 절어 허겁지겁 먹어야 하는 처지가 아니라면, 식탁 위의 음식과 그 음식을 마주한 우리 혀끝의 미각 사이에서 전개되어온 긴장된 만남의 역사를 말해도 좋으리라.

그 음식의 역사에서 소홀히 다뤄도 좋을 시대란 없다. 그런데도 특별히 18세기를 주목하는 이유는 무엇인가? 동서양을 가릴 것 없이 고급스런 음식이 대중화되고, 이국적 음식이 세계화되는 변화가 크게 일어난 시대가 바로 18세기이기 때문이다. 또한 18세기는 저급한 감각으로 치부되어온 맛에 관한 담론이 본격적으로 문화의 전면에 등장한 시대다. 금욕과 절제의 분위기에서 벗어나 욕망을 추구하고 소비를 과시하는 취향의 대중화가 시작된 시대가 바로 18세기다. 거대한 변화와 전환의 격동기였기에, 그 시대의 미각을 말하다보면 맛과 맞물린 시대의 변화상이 자연스럽게 이끌려나오게 된다. 그리하여 음식의 맛은 혀끝의 감각에만 한정되지 않고 문화와 교류, 경제와 사회의 복잡한 세계사를 인드라의 그물망처럼 얼기설기 엮어주는 그물코가 된다. 인문학자의 시각으로 동서양의 맛과 그 맛에 얽힌 흥미로운 현상을 살펴보려는 동기가 여기에 있다.

이 책은 미각이란 키워드로 18세기 문화현상을 파헤친 책이다. 이 한 권의 책을 엮기 위해 다양한 분야의 인문학자와 전문가 스물세 명이 모였다. 각자의 분야에서 가장 자신 있게 내놓는 맛 이야기에 전문지식을 버무려 지적 허기를 달래줄 맛깔난 요리를 독자들 앞에 차렸다. 한편 한 편의 글에 문학, 역사, 철학이 녹아 있는 미각과 역사와 인문학적 사유를 담아내려 애썼다. 식재료와 양념, 술과 차, 사치 음식과 구황 음식, 미식가의 진수성찬과 소박한 서민의 식탁 등 다양한 주제를 다뤘다. 음식과 역사와 취향을 깊이 들여다볼 수 있는 진지하고도 개성 넘치는 시각을 보여줌으로써 18세기 맛의 문화사를 신선하게 보여주었다고 자부한다.

한편, 한국18세기학회 회원들과 이 책을 함께 만들어가며 가장 공들인 부분은 독자들과의 교감이다. 한국18세기학회는 2012년과 2013년 두 해 동안 인문적 주제를 놓고 인문학을 가까이 하려는 사람이라면 누구나 이해하기 수월하게 소통해보자는 시도로 이 책을 기획했다. 맛은 모두의 것이다. 우리 모두가 먹는다. 그리고 맛이 그러하듯, 인문학 또한 우리 모두의 것이다. 이 책을 집필하고 엮으면서, 누구나 우리 이야기를 듣고 침을 꼴깍 삼키기를 바랐다. 그 맛깔난 이야기 속에서 동서양의 역사와 문화, 교류, 때로는 치밀하고 정교한 정치술, 그리고 인간 본연의 본능까지 성찰할 수 있게 안내하려 했다면 야심이 컸다 할까. 그러나 학술논문식의 글쓰기를 지양하고 최대한 맛있게 차린다고 차린 이 한 상이 인문학을 향한 사람들의 허기를 달래는 데 조금이라도 도움이 될 수 있다면 그야말로 뿌듯한 일일 것이다.

본래 이 책은 내가 학회의 회장을 맡아 임원들과 함께 기획한 것이다. 마침 포털사이트 네이버와 연결되어 네이버캐스트에 원고를 연재하고 문학동네에서 이를 엮어 출판하기로 했다. '혀끝의 인문학'이란 제목으로 학술발표회를 열고, 발표된 원고를 2012년 9월부터 2013년 7월까지 거의 1년 동안 연재했는데 모두 큰 호응을 얻었다. 다양한 분야의 학자들이 커다란 한 가지 주제하에 다양한 학술적 연구 성과를 포털

사이트에서 공유한 시도도 이 책의 주제만큼이나 새로운 도전이었다고 자평한다. 또한 그동안 지속적으로 협력하며 연구를 진행해온 일본18세기학회의 회원 두 분이 이 기획을 위해 새로운 글을 써준 것도 특별히 의미가 깊다.

이 책을 기획하고 연재하는 동안 네이버와 문학동네에서는 여러모로 도움을 주었다. 책이 나오기까지 도움과 수고를 아끼지 않은 네이버의 김태옥 과장과 문학동네의 구민정 편집자에게는 특별히 감사를 드린다. 여러 임원의 수고에 감사드리며 특히 총무이사 정병설 교수와 김시덕 교수의 헌신에 대해서도 각별한 감사를 표하고 싶다. 이 책이 미각의 멋과 인문학의 흥미를 선사하는 책으로 독자들에게 널리 읽히기를 기대한다.

2014년 2월

한국18세기학회 회장 안대회

contents

3부_ 이국에서 건너온 놀라운 맛의 매혹

4부_ 그들만의 호사, 우리 모두의 취향

5부_ 먹고 마시고 토론하고 생각하라

1부

식탁 위의 논쟁

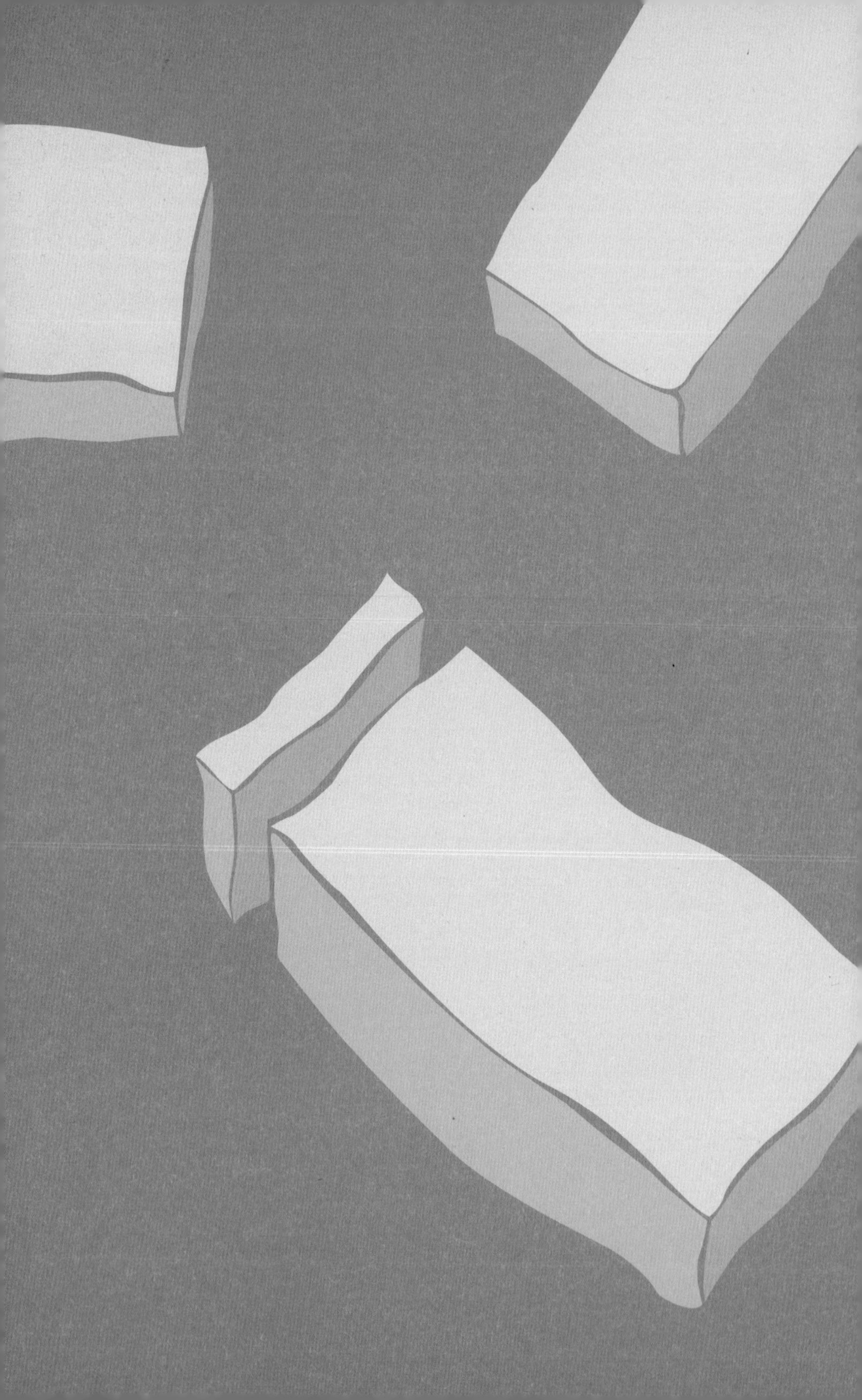

부드러운
맛에
면죄부를
발행하다

버터, 섬세한 맛의 승리

미각의 구조

—

현재 서양요리에 관한 한 우리나라 최고의 고수가 된 셰프와 유학 시절에 함께 지낸 적이 있다. 셰프의 설명에 따르면 우리나라 사람이 서양요리를 좋아하려면 결국 우리 혀가 버터에 완전히 익숙해져서 버터가 맛있다고 느껴야 하는데 그것이 쉽지 않다. 서양요리 대부분의 소스에 사용되는 버터는 마치 우리 음식에 들어가는 장醬과 같은 역할을 한다. 외국인이 우리 음식에 맛을 들이려면 간장, 고추장, 된장에 익숙해져야 하는 것도 마찬가지다. 사실 외국인이 고추장이나 청국장 같은 강하고 진한 맛의 소스에 익숙해지는 것이 어디 쉬운 일이겠는가. 다른 나라 음식에 입문하는 게 결코 만만한 일은 아닌 것이다. 우리는 요즘 워

낙 서양풍 음식을 자주 접해서 예전에 비하면 많이 익숙해진 편이지만, 그래도 해외여행을 할 때 며칠 동안 우리 음식을 전혀 못 먹고 버터와 크림소스 위주의 음식만 계속 먹게 되면 익숙한 음식의 중독성이 얼마나 강력한지 몸으로 깨닫게 된다.

맛은 전적으로 개인에게 달려 있는 게 아니라 어떤 특정 사회의 사람들을 상당히 오랜 기간 지배하는 실체다. 역사가들은 이를 '미각의 구조'라 부른다. 한국 사회에는 그 나름의 특별한 미각의 구조가 있고, 타이에는 타이 나름의, 또 프랑스에는 역시 그 나라 나름의 특이한 미각의 구조가 자리잡고 있다. 이런 것들은 장기간에 걸쳐 형성되어 그 속에서 살아가는 사람들을 구속하고 지배한다. 일단 그 구조 속에 살면서 특정한 맛에 길들여지고 나면 다른 미각의 구조를 가진 사회로 들어가는 것이 당황스럽거나 심지어 고통스러운 경험이 된다.

유럽의 음식, 특히 프랑스 요리는 언제부터 그렇게 부드럽고 섬세한(달리 표현하면 '느끼한') 맛을 내게 되었을까? 천 년 전 중세시대에도 유럽인들은 그런 맛을 좋아했을까? 전혀 그렇지 않다. 놀랍게도 후추를 많이 첨가한 유럽의 중세 음식은 오늘날의 인도 음식보다 더 매웠고, 매울수록 더 고급 음식으로 쳤다. 귀족들의 경우 음식에 후추를 쳤다기보다 오히려 후추를 즐기기 위한 베이스로 다른 음식재료를 사용한다는 느낌을 줄 정도였다. 이런 매운 음식이 물러나고 부드럽고 순한 맛 위주의 음식이 널리 퍼진 것은 근대 이후의 일이다. 말하자면 유럽에서는 미각의 구조가 신료辛料, 후추나 고추처럼 강한 향취를 내는 양념류 중심의 중세의 구조로부터 향료香料, 허브처럼 그윽한 향취를 내는 양념류 중심의 근대의 구조로 변화했다고 표현할 수 있다. 그런 큰 변화의 흐름에서 핵심적인 역할을 한 것이 버터의 확산이었다.

버터의 확산

—

버터는 중앙아시아 유목민이 처음 개발해 주변 지역으로 전파된 것으로 보인다. 소, 염소, 양, 야크 등의 젖에서 얻어낸 지방질을 기둥에 걸어둔 가죽주머니에 넣고 한참 휘저어서 버터를 만드는 것이 가장 오래된 방식이었다. 기원전 3500년경 수메르의 기록이나 기원전 1500년경 이집트의 기록에 버터가 나오는 것을 보면 고대 문명 초기에 이미 유목 세계에서 농경 세계로 버터가 전해졌음을 알 수 있다. 그러나 알려졌다는 것과 그것이 널리 사용되었다는 것은 별개의 문제다. 고대 그리스나 로마에서도 버터가 알려져 있었지만 요리할 때 많이 사용되지는 않았던 것이 분명하다. 플리니우스가 버터를 두고 '야만인의 음식'이라고 한 것을 보면 대충 분위기를 알 만하다. 스칸디나비아나 게르만 지역에서는 버터를 많이 사용한 반면 지중해 지역에서는 올리브기름이 최상의 음식재료였다. 고대 그리스 세계에서 올리브기름은 문명의 상징이었다(올리브나무를 인간에게 전해준 아테나 여신이 아테네의 수호신이 된 것도 이와 관련이 있다). 북쪽의 버터, 남쪽의 올리브기름이라는 이분구조는 문명 초기부터 형성되어 오랫동안 유지되었다. 시간이 흐르면서 버터와 올리브기름이 서로 상대 지역에 많이 보급되어 들어갔지만, 심지어 오늘날에도 이 구분이 완전히 없어지지는 않았다.

버터가 확산되는 과정에서 중요한 역할을 한 곳 중 하나가 노르망디 지방이다. 지명 자체가 말해주듯이 노르망디Normandie는 북쪽 사람들Normans, Northmen, 다시 말해서 바이킹이 내려와 정복한 곳이다. 노르망디는 곧 프랑스 왕실의 지배 아래 들어간 후 바이킹의 살벌한 관습을 버리고 '문명화'되었지만 여전히 출신지의 문화 요소를 많이 유지했는

북유럽이나 동유럽에서만 인기를 누리던 버터는 점차 유럽 본토로 널리 보급되었다.
©Mihály Radványi (flickr.com/rmiska)

데, 그중 하나가 버터였다. 오늘날에도 노르망디는 우유와 버터, 치즈 등 축산물의 품질이 뛰어난 곳으로 정평이 나 있다. 이 지방으로부터 이웃의 네덜란드 지역이나 스위스 쪽으로 목축이 보급되어갔다.

그렇지만 오랫동안 버터는 유럽 본토 깊숙이 들어가지 못하고 주로 북유럽 혹은 동유럽에서만 인기를 누렸다. 14세기 후반에 나온 프랑스의 요리책에서 버터가 사용된 레시피는 전체의 2퍼센트에 불과했다. 15세기 들어 이탈리아의 유명한 요리사 마르티노의 요리책에 드디어 버터가 등장하지만 결코 많이 사용되지는 못했다. 16세기에 들어와서야 프랑스 요리책에 나오는 전체 요리의 3분의 1 정도에 버터가 사용되었다. 그러므로 대략 16세기경에 버터가 남쪽으로 많이 보급되기 시작했으리라 짐작할 수 있다.

버터가 얼마나 많이 사용되었는지 말해주는 표지는 역설적으로 버터 사용 금지 조항이다. 종교개혁 이전에 유럽이 로마가톨릭의 단일한 신앙 아래 있을 때, 사람들은 교회가 정한 대로 사순절과 금요일에는 육식을 금하고 생선을 먹었다. 이때에는 라드lard 같은 동물성 지방도 사용해선 안 되고 식물성 기름을 사용해야 했다. 그렇다면 버터는 동물성 지방의 한 종류이니 사용을 금해야 하는 게 아닌가? 그런데 오랫동안 이에 관한 규정이 아예 보이지 않는다. 버터가 거의 사용되지 않았으니 금지할 필요조차 없었던 것이다. 금식기간 중에 버터를 사용할 수 없다는 금지 조항이 보이기 시작하는 것은 14세기 무렵부터다. 그런데 이것이 꽤나 큰 문제를 불러왔다. 남유럽의 올리브기름을 수입해서 쓰는 것을 북유럽 사람들이 마뜩지 않게 생각한 것이다. 버터에 완전히 길들여져 있던 일부 지역의 지도자들은 교황청에 특별 요청을 하여 금식기간에도 버터를 사용할 수 있는 특권, 곧 일종의 '면죄부'를 얻었다. 재미있는 사례를 하나 소개하면, 1491년에 브르타뉴 공작령의 여공작 안Anne이 샤를 8세와 결혼하여 그 땅이 프랑스 영토로 편입되던 당시, 안은 브르타뉴 사람들 모두에게 버터 사용을 허용한다는 면죄부를 선물로 받았다. 1495년에는 독일, 헝가리, 보헤미아, 프랑스의 여러 지역에서도 똑같은 면죄부를 받았다. 그렇지만 이는 공짜가 아니었다. 교황청은 이 면죄부를 발행해주는 대신 많은 돈을 챙겼던 것이다.

이 문제가 종교개혁 당시 큰 논란이 되었다. "하느님께서는 우리가 먹고 마시고 옷 입는 방식에 대해 관여하시지 않는다"는 루터의 주장은 벌써 시비를 거는 투가 완연하다. 그러더니 1520년에 발표한 '독일의 그리스도교 신도들에게 보내는 연설'에서 작심하고 이런 비판을 가한다.

가톨릭교도들은 엉터리 금식을 하고 있다. 자신들은 신발에도 바르지 않을 저급한 기름을 우리에게 먹으라고 강요한다. 그러면서 금식기간에 금지된 식품을 먹을 수 있는 권리를 팔고 있다. 그들은 교회법을 핑계로 우리 자유를 훔쳐갔다. 그들은 버터를 먹는 일이 거짓말을 하거나 신을 모독하거나 부정을 탐하는 것보다 더 나쁜 죄악이라는, 말도 안 되는 주장을 하고 있다.

버터가 생각보다 훨씬 중요한 문제로 떠오른 것이다. 프랑스의 역사가 장루이 플랑드랭은 16세기에 가톨릭교회에서 이탈한 나라와 버터를 주로 사용하는 나라가 거의 일치한다는 흥미로운 관찰을 했다. 버터 하나로 모든 것을 설명할 수는 없지만, 음식으로 대표되는 문화의 차이가 종교 문제와 깊은 관련을 갖는다는 점을 알 수 있다. 분명한 것은 종교개혁을 전후해서 유럽의 많은 지방에서 버터가 아주 중요한 위치를 차지했으며, 점점 더 넓은 지역으로 확산되고 있었다는 점이다.

버터가 음식을 만드는 기본 베이스가 되면 당연히 음식맛이 크게 변화한다. 이는 각 시대별 요리책의 내용을 비교해보면 짐작할 수 있다. 중세의 조리법이 정리된 14세기의 요리책에 등장하는 대부분의 소스에는 기름, 버터, 혹은 그 외의 어떤 지방 성분도 사용되지 않았다. 대신 포도주, 식초, 포도즙, 자두즙 그리고 여러 종류의 향초와 향신료가 들어가서 신맛이 강했다. 중세에 많이 사용되던 소스 중에 현재까지 남아 있는 것은 거의 없으며, 혹시 비슷한 이름의 소스가 있다 해도 이는 후일 기름과 버터를 첨가하여 풍취와 맛이 변화된 것이다. 수백 년 전 중세 음식들은 과연 맛이 어땠을까? 음식의 역사 전문가인 플랑드랭은 이렇게 충고한다. “중세 요리책에 나오는 레시피를 직접 실험해볼 필요는 없습니다. 내가 다 만들어보았는데, 요즘 요리보다 더 나은 것은 거의 없습니다."

욕망이 미각의 구조를 변화시킨다

과거 중세의 음식은 고급 요리일수록 후추를 많이 첨가해 매웠던 데 반해 근대의 음식은 고급 요리일수록 부드러워졌다. 특히 프랑스의 섬세한 요리는 유럽 엘리트들 사이에서 큰 성공을 거두었고 그만큼 큰 영향력을 행사했다. 유럽의 많은 지역에서 프랑스 요리를 따라 하곤 했다. 다만 독일, 네덜란드, 폴란드, 러시아 같은 중동부 혹은 북부 유럽에는 여전히 향신료를 많이 첨가해 강한 맛으로 요리하는 전통이 남아 있다. 아마도 후추를 비롯한 향신료의 도입 자체가 늦어져서 그렇지 않겠느냐는 것이 페르낭 브로델 같은 학자의 추론이다.

그렇다면 이런 미각의 구조의 변화는 어떻게 일어난 것일까?

답은 인간의 욕망에서 찾을 수 있다. 사회구조를 반영하여 욕망이 변화하기도 하지만, 욕망이 먼저 변화하여 사회구조를 바꾸기도 한다. 욕망은 자율성을 가지고 있다.

인간의 욕망이 사회구조를 바꾼다는 이 설명은 생각보다 더 중요한 의미를 내포하고 있다. 마르크시스트적 설명에 전적으로 따르지는 않더라도, 많은 사람은 습관적으로 사회구조라는 하부구조가 주요 동인動因이고 인간의 의식이나 감성 같은 상부구조가 거기에 맞춰 변한다고 추론하는 사고 경향을 보인다. 사회가 변하므로 인간의 감성이 변한다고 보는 게 순리인 듯 이야기하는 것이다. 그러나 음식의 역사에서 우리가 확인하는 것은 오히려 그 반대다. 그 점을 이렇게 설명해보자. “부드러운 음식재료가 많아진 결과 사람들이 부드러운 음식을 더 많이 먹게 되고 그래서 섬세한 맛이 지배적인 맛으로 굳어졌다”고 이야기해서는 안 된다. 논리는 그 반대다. 사람들이 부드러운 맛을 더 원하게 되면서 그런 음식재료를 더 찾게 되고 그래서 생산이 거기에 맞춰 변화한 것이다. 17, 18세기에 프랑스에서 우유를 생산하는 가축이 늘어난 것이 대표적인 사례다.

여기에서 다시 고려할 사항은 사람이 향유하는 맛이라는 것이 전적으로 생물학적인 게 아니라 사회적인 현상이기도 하다는 것이다. 왜 어떤 음식은 사랑받고 또 고상하다는 평가를 받을까? 그런 음식에는 분명 많은 사람이 좋아할 만한 요소가 있는 것이 사실이다. 그렇지만 상어 지느러미가 아무 맛도 없고 밍밍하다고 하는 사람도 있고, 푸아그라가 맛있기는커녕 역겹다고 하는 사람도 있다. 특정 음식을 맛있다고 느끼기까지는 분명 사회적으로 배워서 습득하는 과정을 거치게 마련이다.

새로운 맛을 평가하고 새로운 요리법을 퍼뜨리는 주역은 대개 상층사회 인사들이다. 귀족이나 부르주아가 어떤 음식을 즐기는 것은 그들만이 그 음식을 독점한다는 점과 무관치 않다. 그런 면에서 보면 맛의 유행에서 희소성은 지극히 중요한 요소다. 중세 유럽에서 매운맛이 그토록 고귀한 지위를 누린 것은 후추가 워낙 고가의 상품이었기 때문이다. 후추는 지상낙원에서 자라는 나무에서 얻는다는 전설까지 가미되어 최고의 상품으로 승격했다. 보석처럼 후추를 수집하고 선물한 데에서 알 수 있듯 후추는 단순히 맛을 위한 재료일 뿐 아니라 일종의 의식儀式의 요소이기도 했던 것이다. 유럽인들이 아시아로 진출하고자 한 욕구는 세계사를 움직인 큰 동력으로 작용했을진대, 그런 엄청난 사건이면에는 '맛의 추구'라는 언뜻 시시해 보이는 현상이 존재한다. 그런데 정작 유럽과 아시아 사이에 직항로가 개척되고 후추가 대량으로 수입되자 모든 것이 바뀌었다. 가격이 하락하여 모든 사람이 후추를 사용할 수 있게 되자 상류층은 그로부터 거리를 두기 시작했다. 17세기에 프랑스 엘리트들은 후추 대신 다른 향료를 찾았고, 최대한 섬세한 맛을 추구하기 시작했다.

유럽 음식의 역사를 장기적 시각에서 고찰할 때 가장 중요한 사실은 중세의 매운맛에서 근대의 부드러운 맛으로 이행한 것이고, 그 정점을 차지한 것이 18세기 프랑스 요리였다. 그것이 오늘날까지 지배적인 지위를 차지해왔다. 그러나 한 시대를 풍미한 그 현상이 이제 바뀌어 가고 있다. 인간의 다양한 욕망이 사회 요인들과 복잡하게 얽히면 또 어떤 일이 일어날지 누구도 예측하기 힘들다.

주경철_서울대학교 서양사학과 교수

1960년 서울에서 태어났다. 서울대학교 경제학과를 졸업하고 서양사학과에서 석사를 마친 후 프랑스의 사회과학고등연구원에서 박사학위를 받았다. 유럽 경제사 분야에서 출발하여 문화와 경제의 역사적 관계에 대한 여러 분야로 관심을 확장하였다. 『대항해 시대』『문명과 바다』『문화로 읽는 세계사』 등의 저서가 있다.

달콤한 설탕의 씁쓸한 그림자

달콤함도 다 같은 달콤함이 아니었다. '달다'라는 말은 문화권마다 서로 다른 의미를 지니는데, 동양보다는 서양에서 훨씬 더 긍정적인 뜻으로 쓰인다. 감탄고토, 감언이설 같은 표현에서 이르는 달콤함은 부정적인 뉘앙스가 내포된 것이지만 영어에서 '달다sweet'는 표현은 훨씬 더 긍정적인 의미를 담고 있다. 서양인, 특히 영국인들은 달콤한 맛이 나는 모든 것을 굉장히 좋아한다. 하지만 달콤한 맛의 치명적 유혹은 씁쓸한 문제를 초래하기도 했다. 서양인들은 사탕수수를 심느라 세계 곳곳의 광대한 평야를 파괴하고 수없이 많은 노예 노동자들을 강제로 이주시켰다. 서인도제도의 사탕수수 농장 주인들은 18세기 유럽에서 가장 부유한 부류에 속했고, 그들의 막대한 재산은 가히 상상을 초월했다.

설탕, 흑인 노예가 맛본 고통의 대가

사탕수수는 남태평양, 뉴기니 일대, 인도네시아 등지에서 처음 재배되었고, 인도(기원전 4세기), 중국(기원전 3세기), 페르시아(6세기), 이집트(8세기)의 통상로를 통해 서양에 전해졌다. 10세기경에 설탕은 중동 지역의 주요한 작물이 되었다. 설탕은 처음에는 불교와 함께 전파되었는데 후에는 이슬람교의 포교 지역으로 퍼져나가 15세기 말엽에는 서아프리카를 포함하여 마데이라·카나리아·카보베르데 제도 등지에서도 재배되었다.

사탕수수는 다 자랐을 때 키가 4미터 남짓으로 매우 크고, 한번 심으면 쉽게 뿌리내리고 퍼져나가서 다시 심지 않아도 여러 번 추수가 가능하다. 그러나 작물의 특성상 같은 밭에서 생산되는 사탕수수는 해마다 과육이 급격히 줄기 때문에, 한 번 사용된 밭은 몇 년 안 되어 버려지고 인근의 새 땅으로 밭을 옮기기 일쑤다. 이 때문에 2004년 세계야생생물기금World Wildlife Fund은 "사탕수수 재배는 지구상 단일 작물 중 야생생물에 가장 막대한 피해를 주었을 것이다"라고 발표하기도 했다. 그만큼 설탕은 생산이 어렵고 노동 집약적인 작물이다.

사탕수수에서 설탕을 정제하는 과정은 이렇다. 먼저 사탕수수의 줄기를 잘라 달콤한 과육을 눌러 짠 다음, 이것을 당밀이 될 때까지 끓인다. 그런 뒤에 몇 가지 가공 과정을 더 거쳐야 잘 정제된 설탕 결정체를 얻을 수 있다. 이 기술은 인도에서 처음 개발된 것으로 알려졌다. 설탕을 얻기 위해 사탕수수를 재배하고 이를 가공하려면 어마어마한 자원과 인력이 필요했다. 끊임없이 새로운 농경지를 찾아야 했고, 엄청나게 큰 용광로에서 설탕을 끓이기 위해 땔감으로 쓸 나무를 확보해야 했

장 바티스트 뒤 테르트르(Jean-Baptiste Du Tertre), 〈프랑스인 거주 앙티유의 일반 역사Histoire Générale des Antilles Habitées par les François, II〉, 1671, 카미유 수르제 고서 전문서점 소장.
카리브 해 지역의 사탕수수 재배와 설탕 정제 과정을 보여주는 판화. 설탕을 얻기 위해서는 어마어마한 인력과 자원이 필요했다.

으며, 이런 일을 할 수많은 사람이 필요했다. 결국 열대지방인 카리브 해 지역에 새로 개척된 유럽의 식민지가 최적의 사탕수수 원산지가 되었다.

그런데 경작지나 땔감보다 더 부족한 것은 노동력이었다. 흑사병이 돌면서 1347년에서 1350년 사이에 그리스, 불가리아, 터키 인구의 3분의 1가량이 사망했다. 포르투갈 사람들이 아프리카 사람들을 납치해 포로로 삼기 시작하면서, 설탕을 먹는다는 것은 흑인과 백인의 대립 문제로 비화되었다. 노예 상인들은 1300만 명 이상의 노예를 '신세계'로 끌고 갔다. 그곳은 카리브 해 근처의 설탕 농장이었다. 끌려간 노예들은 견디기 힘든 기후와 용광로의 엄청난 열기로 고통받았다. 그러나 그 고통은 새 주인에게 시달리며 겪어야 하는 잔혹한 육체적 학대에 견주면 아무것도 아니었다. 설탕의 달콤한 맛은 흑인 노예가 맛본 온갖 고통의 대가였다.

윌리엄 클라크(William Clark),
〈안티과의 열 가지 풍경
Ten Views of Antigua〉,
1823, 세인트크로이 문화재협회 소장.

달콤한 중독, 품위의 증표

설탕은 처음에는 값이 매우 비싸서 부와 권력을 과시하는 데 아주 적합한 음식이었다. 하얀 수정같이 맑게 정제된 설탕은 최고의 사치품으로서 페르시아에서부터 유럽에 이르기까지 축제를 빛내는 호화로운 장식을 만드는 데 사용되었다. 설탕으로 만든 실물 크기의 나무, 탁자만 한 크기의 성과 이슬람 사원으로 사치스러운 연회를 장식함으로써 주최자는 한껏 부를 과시할 수 있었다. 유럽에서는 이러한 전통이 이어져 막대한 양의 설탕과 기름, 으깬 아몬드와 땅콩을 혼합해서 화려한 설탕장식을 만드는 것이 유행하였다. 1515년 웨스트민스터 사원에서 행해진 울지Wolsey 추기경의 호화로운 취임식에 참석한 하객들은 굽거나 건조시킨 설탕으로 만든 멋진 성과 탑, 말과 곰, 그리고 원숭이도 구경할 수 있었다고 한다. 이러한 달콤한 사탕과자를 곁들임으로써 하객은 주최자의 권력을 눈으로 맛으로 직접 확인하게 되기 때문에 설탕은 문자 그대로 힘의 상징으로 받아들여졌다.

힘의 과시와 관련된 이러한 특성 때문에 '단것을 좋아하는 이sweet tooth'로 대변되는 서양인들의 악명 높은 단맛 중독이 시작된 것으로 보인다. 엘리자베스 1세는 설탕이 함유된 음식을 유난히 좋아한 탓에 이가 모두 검게 썩어버린 것으로 잘 알려져 있다. 그 옛날 고위층의 휘황찬란한 설탕장식에서 시작된 설탕 간식이 오늘날 대중들의 일상적인 군것질거리로 변모해 자리잡기까지, 영국은 설탕 간식의 선구자였다. 상류층 집안의 식탁에서는 코스와 코스 사이에 접시를 치우는 '빈void, dessert' 시간을 설탕으로 만들어진 코스로 채우는 것이 중요하고도 필수적인 식사 관례로 자리잡기 시작했다. 영국인들은 설탕을 디저트에만 사용한 것이 아니라 푸딩이나 고기 또는 수프의 풍미를 돋우는 데도 풍부하게 사용하였다. 설탕은 모든 것을 더욱 맛있게 만들어준다는 생각이 지배적이었다. 17세기 이탈리아에서 아이스크림이 들어왔을 때 영국인들이 열광한 것도 그 때문이다.

한편, 설탕은 씁쓸한 '제국의 맛'과 결합하면서 엄청난 영향력을 발휘했다. 설탕은 유럽인, 특히 영국인이 점차 맛들이기 시작한 차, 커피, 초콜릿에 가미되어 쓴맛에 단맛을 더해주었다. 이에 따라 설탕에 대한 수요가 그야말로 폭발적으로 증가했다. 중국인이 녹차에 어떤 것도 가미하지 않았던 것과 달리, 유럽 선원들은 인도인들로부터 홍차에 설탕을 넣어 마시는 것을 배웠다. 이러한 방식은 영국 최상류층에 직접 전해져 점차 다시 가장 낮은 계층으로까지 확산되었다.

17세기 찰스 2세의 왕비인 캐서린Catherine of Braganza이 설탕을 넣은 차를 영국으로 들여오자 달콤한 차를 마시는 것은 화려한 궁중의식이 되었고, 집에서 차를 마시는 것은 영국의 모든 명망 있는 가문에서 가정의 품위를 보여주는 징표가 되었다. 설탕의 가격이 마침내 극빈층도 감당할 수 있을 만큼 떨어졌을 때, 차는 평범한 가정의 식사에서조차 빠져서는 안 되는 필수품이 되었다. 설탕을 넣은 차와 커피는 경제발전을 촉진시키는 촉매제였던 동시에, 중산층의 교양을 가늠하는 지표로도 자리잡았다. 또한 설탕은 방직공장과 산업 현장에 종사하는 프롤레타리아에게 활기를 불어넣는 음식이 되기도 했는데, 가장 고된 노동을 하는 세탁부들에게 설탕을 넣은 따뜻하고 달콤한 '차 한 잔cuppa'은 지친 몸과 마음을 달래주는 중요한 기호품이 되었다.

설탕 섭취를 중단하라, 여성과 노예의 구원을 위하여

—

설탕의 가격은 서인도제도의 설탕 생산량 증가에 반비례하여 하락했다. 사탕수수는 서구인의 가장 성공적인 작물이었다. 하지만 이는 무고한 희생과 파괴의 결과물이었다. 유럽인들은 사탕수수 재배를 위해 정복지의 토착민을 대량 학살했으며, 아프리카인들을 강제 이주시키고, 원시 자연환경을 파괴했다. 1562년에는, 3백만 명에서 8백만 명에 이르렀던 현지 토착민인 타이노족이 단 한 명도 살아남지 못하고 지구상에서 사라져버렸는데, 그중 90퍼센트는 유럽인이 옮긴 천연두에 감염되어 사망했다. 유럽인들은 그들을 대체하고자 1517년에 4만 명가량의 흑인 노예를 서인도제도로 데려왔고, 이를 시작으로 수없이 많은 흑인 노예를 이주시켰다. 대규모 인구 이동으로 인해 1567년에는 "그 땅이 마치 에티오피아 현지 같았다"라고 유럽인들은 기록했다.

간혹 백인 노동자, 중죄인, 정치범, 심지어 종교적 박해를 받은 비국교도들도 서인도제도로 보내졌지만 그들 중에서조차 설탕 재배 지역에 보내진 백인은 많지 않았다. 이러한 사실은 설탕 재배 환경이 얼마나 위험하고 끔찍했는지를 쉽게 짐작케 한다. 담배가 주작물이었던 쿠바나, 커피가 주작물이었던 푸에르토리코 지역에서는 상대적으로 많은 백인이 생활했던 것과 대조를 이룬다.

1350년에서 1500년 사이 설탕 10파운드의 가격은 금 1온스의 35퍼센트 정도였던 반면, 1700년 무렵 같은 양의 설탕 가격은 6펜스 수준으로 하락했다. 이러한 가격 하락 현상은 아프리카 노예 노동력을 서인도제도에 공급하면서 급속히 나타났다. 설탕이 널리 보급되자 빈민층은 부유층보다 더 열광적으로 설탕을 받아들였다. 차에 넣은 설탕은 원기를 북돋워준다고 알려졌고, 설탕이 행복과 경제적 성공에 대한 환상을 심어주면서 이는 사람을 기분좋게 하는 음식으로 유명세를 탔다. 역사학자 엘리자베스 애벗Elizabeth Abbott은 설탕이 심지어 사람들에게 아편의 역할까지 했다고 보았다. 그녀는 설탕이 "기운을 북돋아주고 기분을 좋게 해주는 심리적으로 중독성이 강한 물질이며, 식욕을 감퇴시키고 극심한 공복감을 채워주며, 이전에는 일부 계급에 한정되었던 특권을 더 많은 이들이 소비할 수 있게 해주었다"고 말한다.

윌리엄 블레이크(William Blake), 〈산 채로 교수대에 늑골이 매달린 니그로 A Negro Hung Alive by the Ribs to the Gallows〉, 1796, 빅토리아 앨버트 박물관 소장.

블레이크가 존 가브리엘 스테드만(John Gabriel Stedman)의 『수리남의 니그로 폭동에 대항한 5년간의 탐험 이야기*Narrative of a Five Years Expedition Against the Revolted Negroes of Surinam*』(1796)에 싣기 위해 제작한 열여섯 점의 판화 중 한 점.

그러나 한편에서는 이 같은 설탕 소비에 제동을 거는 움직임도 나타났다. 퀘이커 교도인 윌리엄 폭스William Fox는 1791년 '영국 국민에게 서인도제도의 설탕과 럼을 삼갈 것을 탄원함'이라는 제목의 유명한 팸플릿을 써서 설탕 소비를 크게 감소시켰다. 그는 설탕 1파운드를 소비하는 것이 인간의 살을 2온스 없애는 것과 같다고 주장하고, 설탕을 섭취하는 행위를 동료인 인간을 잡아먹는 식인 행위와 동일선상에 놓았다. 폭스는 만약 한 가정에서 일주일에 평균적으로 섭취하는 설탕 5파운드를 먹지 않는다면 한 사람을 살릴 수 있다고 주장했다. 여덟 가구가 19년 6개월 동안 설탕을 먹지 않으면 100명을 살릴 수 있으며, 그의 계산에 따라 3만 8000가구가 설탕 섭취를 중단한다면 설탕 교역 전체가 중단될 것이라고 예측했다. 인기 있는 풍자만화가인 제임스 길레이James Gillray는 서인도제도에서 자행되는 만행에 관한 이야기를, 백인 고용주가 흑인 노예들의 살을 삶아 설탕을 만드는 그림으로 표현했다.

한편, 이 같은 논란 속에서 여성이 비난의 대상이 되기도 했다. 보수주의자들은 이전의 강건하고 남성적인 미덕을 지닌 문화가 달콤한 사치품에 대한 애정을 앞세운 부패하고 여성적인 문화에 자리를 내주고 있다고 염려했다.

그런 비판에 직면하여 중산층 여성들은 야만적인 설탕 사업과 노예무역을 중지시키기 위해 나섬으로써 자신들의 미덕을 증명하고자 했다. 교양 있는 여성들은 폭스의 팸플릿에 자극을 받아 1791년 노예폐지론자들이 조직한 설탕 불매운동에 참여하였다. 노예들이 일하는 재배장의 환경에 경악한 여성들은 가정식을 만드는 주부이자 티타임의 주재자로서 설탕 소비를 줄이기로 결정했다. 그리고 이는 국제적으로 중요한 강력한 정치운동으로 승화되었다.

초기의 자유주의 페미니스트들은 여성의 운명을 노예의 지위에 견주어 생각했다. 이는 당대 여성이 노예 폐지론에 동조했던 이유를 잘 말해준다. 예컨대 메리 울스턴크래프트Mary Wollstonecraft는 루소 같은 남성 자유주의자들을 맹렬히 비난했다. 그는 남자들이 "여성은 결코 잠시도 독립심을 느낄 수 없는 존재이며, 여성의 천부적인 간교함을 통제하려면 그들을 무섭게 다스려야 하고, 남성이 휴식을 취하고자 할 때에는 여성은 언제든지 '달콤한' 동반자로서 더 매혹적인 욕망의 대상이 되기 위해 요염한 노예가 되어야 한다"고 여성을 평가하는 것에 분노했다.

여성이라는 위치 탓에 그들은 청원서에 서명하거나 의회에서 자신의 의견을 피력하는 등의 개방적인 행동에 나설 수는 없었다. 그러나 가족의 식료품을 구입하는 책임을 지닌 가정의 경영자로서 그들은 가정에서 이루어지는 설탕 소비의 주체였다. 미국 독립혁명 당시 차 불매운동을 벌인 미국 여성들의 역할에 감명을 받은 영국 여성들은 설탕 불매운동에 적극적으로 동참했다.

불매운동이 확산되자 유명한 도자기 제조업자인 웨지우드Wedgwood는 히트 상품들을 시장에 내놓았다. 그는 손과 발에 쇠고랑이 채워진 채로 무릎을 꿇고 있는 속박된 노예의 모습을 새겨넣은 카메오cameo를 제작하여 브로치, 머리핀, 팔찌와 핀 상자를 장식했다. 이들 장신구에는 프랑스 혁명에서 영감을 얻은 "나는 사람도 형제도 아닌가Am I not a Man and a Brother"라는 유명한 표어가 새겨졌다. 흑인 노예와 백인 여성이 히트 상품을 통해 한마음으로 뭉친 흥미로운 역사적 사건이다. 선구적인 노예 폐지론자인 토머스 클라크슨Thomas Clarkson은 이러한 유행이 "정의, 인간성, 자유의 명분을 고취시키는 훌륭한 작업"이라고 높이 평가했다.

여성 반노예제협회의 지역지부가 조직한 설탕 절제 캠페인은 행동을 통한 참여가 필요하다고 강조했다. 그들이 만들어낸 파장은 직접적인 정치적 결과를 이루어내는 데까지 미치지는 못했지만 1833년 마침내 노예제도가 폐지되었다는 사실이 이들의 활동과 무관하지만은 않을 것이다. 일부 학자들의 추정에 따르면, 1791년과 그 이듬해에 30만 명 정도가 노예가 생산해낸 설탕의 소비를 중단했고, 열 가구 중 아홉 가구가 설탕 절제 운동에 참여했다. 여성들이 국가와 제국의 미덕을 지키기 위해 일어섬에 따라 루소가 여성적 미덕으로 규정한 '달콤한' 복종이 잠시나마 중단된 것이다.

최주리_이화여자대학교 영어영문학과 교수

영국 케임브리지 대학에서 영문과를 졸업하고, 미국 스탠퍼드 대학에서 영문학 박사학위를 받았으며 현재 이화여자대학교 영어영문학과 교수로 재직하고 있다. 세부 전공은 18세기 영국 소설이며 이와 관련된 다양한 주제를 다루면서 학술 활동을 펼치고 있다. 새로운 서사 방식인 '자유 간접 화법'의 발달을 연구하고 있으며, 근대의 대도시 발생을 사실주의 소설의 발생과 결부시킨 연구 또한 진행중이다. 최근에는 한국 문화 현상에 관련된 연구를 시작하였으며, 싸이(PSY) 현상을 이론적으로 설명하는 작업을 시도하고 있다.

죽을 때
죽더라도
지나치지
못할 진미

치명적 유혹의 맛, 복어국

지금은 지역과 시기를 가리지 않고 즐겨 먹는 복어국이지만, 18세기 서울에서 복어국은 봄철에 잠깐 먹는 제철 음식을 대표하는 별미였다. 복어鰒魚의 한자 복鰒은 본시 전복全鰒을 가리키는 말이지 복어를 가리키는 말이 아니다. 그 당시, 복어는 복어 또는 복생선鰒生鮮으로 불렸으나 전복과 혼동되기도 하여 그보다는 하돈河豚이란 이름으로 더 많이 불렸다. 복어는 잘못 먹으면 독에 중독되어 죽을 수도 있다. 말로만 위험한 것이 아니라 실제로도 사망사고가 종종 일어났다. 고대의 낙랑군에서 났다는 패鯆란 물고기도 실제로는 복어를 가리킨다고 하고, 고려시대 문헌에도 복어를 먹었다는 사실이 나오므로 먹을거리로서 복어를 즐긴 지는 역사가 아주 오래다.

복어는 한강에서 잡은 것이 맛있다

회귀성 어종인 복어가 가장 많이 잡히고 맛이 좋은 지역이 바로 한강 하류 지역이었다. 물론 임진강 하류도 명산지에 포함된다. 18세기 중엽 서울의 마포에서 어부들이 물고기를 잡는 활기찬 풍경을 묘사한 작품으로 유득공이 쓴 「마포에서 물고기를 잡다三湖打魚」라는 장편시가 있는데 거기에 복어를 잡는 대목이 등장한다. "하돈은 분을 이기지 못해/ 그 배가 제강帝江처럼 불룩하네./ 차례대로 뜸 위에 매달아서/ 잠시나마 구경거리로 삼네河豚不勝怒, 其腹帝江如. 取次懸篷頭, 蹔時充翫娛"라고 하여 복어 잡는 풍경을 익살스럽게 묘사하였다. 허균의 요리 품평서 『도문대작屠門大嚼』에서도 "하돈은 한강에서 나는 것이 맛이 좋은데 독이 있어 사람이 많이 죽는다. 영동 지방에서 나는 것은 맛이 조금 떨어지나 독은 없다"라고 한 것을 보면 16세기에도 복어요리 명소는 한강을 낀 서울이었다.

복어요리가 맛있으려면 우선 복어 자체의 품질이 좋아야 했다. 그래서 사람들은 봄날 한철, 맛좋은 복어를 잡으러 나서곤 했다. 18세기 문헌 곳곳에서는 봄이 찾아왔음을 알리는 신호로 한강에 복어가 올

유득공이 화가 난 복어의 모습을 빗대어 말한 제강.
제강은 『산해경』에 나오는 몸만 있고 머리가 없는 신화 속 동물이다. 불룩한 몸뚱어리와 펼쳐진 날개 모양이 가시 돋친 복어와 비슷하다. 그림은 명(明) 호문환(胡文煥) 『격치총서格致叢書』본 〈산해경도山海經圖〉에 실려 있다.

라오는 풍경을 들었다. 그중에서도 노량진에서 잡히는 복어가 가장 먼저 시장에 등장했다. 『경도잡지京都雜誌』와 『동국세시기東國歲時記』에는 "복사꽃이 채 지기 전에는 복어국을 먹는다. 그 독이 겁나는 사람들은 복어 대용으로 도미를 쪄 먹는다"라고 하였다. 19세기의 백과사전 『송남잡지松南雜識』에서는 "세상에서는 복어를 복생선이라 부른다. 지금 한강에서는 3월 4월이면 떼를 지어 올라오는데 이를 복진상鰒進上이라 부른다"라고 하여 복어를 즐겨 먹는 철을 분명하게 밝혀놓았다. 복진상이라고 표현한 것을 보면, 복어가 떼를 지어 우르르 한강으로 몰려오는 현상을 마치 임금에게 먹을거리를 바치는 것처럼 느낀 듯하다. 『난호어목지蘭湖漁牧志』 같은 책에서는 복사꽃이 진 뒤에는 복어의 독이 강해져 먹을 수 없다고 하였다. 조선 후기 사람들이 복어국을 늘 복사꽃과 함께 거론하는 이유가 이 때문인데 복어는 이렇게 봄이라는 특정한 계절에 먹는 음식이었다.

영조시대 화단의 독보적인 화가였던 겸재 정선의 그림에 한강에서 복어 잡는 풍경이 묘사된 이유도 늦봄 한강의 정취를 전형적으로 보여주는 장면이 바로 그 풍경이기 때문이었다. 그가 그린 〈행호관어〉는 현재의 행주대교 주변 한강에서 물고기를 잡는 풍경을 그린 것인데 어부들이 그물질하여 잡는 물고기가 다름 아닌 복어와 웅어였다. 정선의 그림에 친구 이병연李秉淵이 시를 써서 붙였는데 그 내용은 이렇다.

늦봄에는 복어국	春晩河豚羹
첫여름에는 웅어회	夏初葦魚膾
복사꽃잎 떠내려올 때	桃花作漲來
행주 앞강에는 그물 치기 바쁘다	網逸杏湖外

이렇게 복어국이 이야깃거리로 크게 사람들의 관심을 끈 시기는 아무래도 18세기다. 일찍이 송나라의 문호 소동파가 목숨과 맞바꿔도 좋을 진미라고 너스레를 떨었던 물고기가 바로 복어이고, 고려 이래 문사들도 때때로 복어를 먹고 그 맛에 반해 시를 썼다. 하지만 그 역사는 비록 길었으되 복어가 서울의 으뜸가는 봄철 풍미風味로 등장해 폭발적인 인기를 끈 것은 18세기부터다. 미각을 사로잡는 풍미 뒤에는 잘못하면 목숨까지도 앗아가는 위험이 도사린다는 담론이 대세였다. 실제로 목숨을 잃은 사람도 제법 있었다. 영의정을 지낸 최석정崔錫鼎조차 복어를 먹고 거의 죽을 뻔한 일이 있을 정도였다. 그 사실은 1709년 사관이 기록한 실록에 등장한다.

치명적인 맛은 스릴이 있다. 역시 영의정을 지낸 남공철南公轍은 서울에서 친구인 박남수朴南壽와 함께 복어국을 안주로 놓고 술을 마시는데, 누군가 복사꽃이 이미 졌으므로 복어를 먹으면 위험하다고 경고했다. 그러자 박남수는 보란듯이 한 사발을 몽땅 비우고는 "에잇! 선비가 절개를 지켜 죽지 못할 바에는 차라리 복어를 먹고 죽는 게 녹록하게 사는 것보다 낫지 않겠나?"라고 소리쳤다. 술김에 호기를 부려 내뱉은 호언장담이지만 복어를 먹는다는 것이 어떤 의미로 다가왔는지를 보여주는 일화다.

위험은 미식가의 미각을 한층 돋우는 것일 뿐, 복어국을 즐기는 미식가의 수는 갈수록 늘었다. 중독을 해결하는 방법도 여러 가지로 개발되었다. 널리 읽힌 생활백과사전인 『산림경제山林經濟』에는 "하돈을 먹고 중독된 자는 반드시 죽게 되는데 서둘러 갈대뿌리를 짓찧어 즙을 내서 마시게 하거나, 인분즙人糞汁이나 향유香油, 참기름를 많이 먹여서 토하게 하면 즉시 낫는다"라는 해독법이 제시되어 있다.

정선, 〈행호관어杏湖觀漁〉, 간송미술관 소장.

1741년에 지금의 행주대교 일대 한강에서 복어와 웅어를 잡는 수많은 고깃배의 모습을 묘사했다.

죽을 때 죽더라도 하돈 맛을 어찌 지나치랴

결국 복어국을 먹어야 하느냐 먹지 말아야 하느냐를 놓고 사람들은 자연스레 둘로 나뉘었다. 위험하기는 해도 먹자는 쪽과 그런 위험한 음식을 굳이 먹어야 하느냐는 쪽이었다. 먼저 먹자는 쪽이다. 정조·순조 연간의 저명한 시인 신위申緯는 자주 복어를 먹고서 시를 썼다. 한번은 복어를 먹지 못한 채 봄을 보내자 "복사꽃 피고 진 뒤 빈 가지만 마주하다니. 서글퍼라! 하돈 맛도 모르고 지났구나"란 시를 짓기도 했다. 1820년 4월에 쓴 시다. 또 남산 아래 경치 좋은 쌍회정雙檜亭에서는 당대의 명사들이 복어요리를 앞에 놓고 꽃을 감상하는 상화회賞花會를 열고 다음 시를 지었다.

앵두와 죽순은 며칠이나 세상에 머물까	幾何櫻筍又持世
늦은 봄철이라 아직도 하돈이 쥐락펴락하네	春晚河豚尚主盟
한 수저를 아차 하면 정말 허망하게 죽건만	一筯小差眞浪死
천금 같은 목숨을 쉽게 걸다니 정말 바보다	千金輕擲太癡生
개울가에 살구와 진달래는 붉게 어울려 피고	杏鵑澗戸交紅蕚
산속 집에 수레와 말은 정겹게 모여드네	車馬山門簇嫩晴
야외의 빼어난 정취를 탐하지 않았다면	不有諸公貪野逸
어느 누가 한가로운 나들이를 했으랴	阿誰消得此閒行

남산의 이름난 정원에서 봄꽃을 감상하는 모임을 열고 복어요리를 내놓았다. 봄철의 식탁을 쥐락펴락하는 제왕 자리를 차지한 복어의 위상을 보여준다. 요리는 분명 회나 무침이 아니라 국이었을 것이다.

봄꽃을 감상하는 모임엔 복어국이 빠지지 않고 등장하는데 이처럼 봄철의 정취를 즐기는 복어 먹는 모임을 하어약河魚約이라 했다. 그런데 여기서도 잘못하면 허망하게 죽을 수 있다는 사실이 상기된다.

위험하기는 하나 복어국을 탐하는 사람들의 수는 늘어만 갔다. 복어를 잡아 요리를 해놓고 친구를 불러 함께 술을 마시며 꽃을 구경하는 모임은 음력 3월 4월의 진풍경이었다. 복어국과 잘 어울리는 술로 소국주小麯酒를 꼽은 사람도 있다. 잡은 복어는 친구들에게 선물하기도 했다.

어찌 생명을 망각하고 감히 입에 대랴

—

반면에 목숨을 담보로 복어를 먹는 것을 아주 싫어한 쪽도 적지 않았다. 대표적인 인물로 북학파 학자인 이덕무와 유득공을 손꼽을 수 있는데 이덕무는 아예 온 집안이 복어를 먹지 못하도록 금하는 가법을 만들었다. 그는 당시 서울 사람들이 봄만 되면 앞다퉈 복어국에 휩쓸리는 현상을 개탄하며 스스로 복어를 먹지 않았을 뿐만 아니라 형제와 자손들, 그리고 남들에게까지 단단하게 경계하였다. 그의 식습관을 소개한 「청장관연보靑莊館年譜」에는 "단것을 즐겨 꿀을 한 되까지 먹었으나 흡연을 가장 싫어하고 하돈을 먹지 않았다. 하돈을 먹는 사람을 항상 경계하여 '어찌 배를 채우려고 생명을 망각하는가'라고 하였다"라고 적어놓았다.

그는 일상생활에서 지켜야 할 기본예절을 기록한 『사소절士小節』에 금해야 할 음식으로 복어 조항을 따로 만들기도 하였다.

하돈을 먹어서는 안 된다고 자손들을 경계해야 하나니 풍속에 물

> 들기 쉽기 때문이다. 하돈을 먹고도 죽지 않는다고 하나 요행히 벗어났을 뿐이다. 어진 사람은 인면人面이란 이름이 붙은 과일을 입에 대지 않고, 효자는 구장狗葬, 개무덤이란 이름이 있는 마을에 부모를 묻지 않는다. 실제로는 독도 없고 재앙도 없으나 그 이름이 기피하는 것과 비슷하여 미워하기 때문이다. 하돈에는 실제로 사람을 죽이는 독이 있는데 어떻게 차마 내 뱃속에 넣겠는가?

그의 생각은 아주 단호해서 독이 있는 음식을 먹어서는 안 된다 했다. 그는 낙상할 우려가 있는 북한산 백운대도 올라가서는 안 되고, 독이 있는 복어국도 먹어서는 안 된다고 했다. 사고가 예상되는 행동을 금기시한 것인데 평생 조심성 있게 행동한 그다운 태도다. 이는 그의 할아버지가 남긴 유훈遺訓이기도 하여 그 집안은 아무도 복어를 먹지 않았다.

그의 손자로서 『오주연문장전산고五洲衍文長箋散稿』를 저술한 이규경은 복어의 생태를 분석한 「하돈변증설河豚辨證說」을 지었다. 그 글에서 "국을 끓일 때 부엌의 솥 위에 있는 그을음을 꺼리는데 만약 이것이 잘못 들어가면 사람을 죽인다. 복어를 요리할 때는 그 피를 제거해야 한다. 한 점의 핏기도 없이하고 참기름에 담가서 끓여내어 찜이나 국으로 만들면 독이 없어진다"라고 하여 독을 제거하는 방법을 제시한 뒤에 "나와 같은 자는 선조께서 남기신 경계가 있으니 어찌 감히 입에 대랴?"라고 하였다. 선조의 유훈이 있어서 먹지는 못하지만 해독법이 있으므로 굳이 먹지 않을 필요는 없겠다는 어투다. 19세기에 이르러서는 이전 시기에 비해 더 잘 듣는 해독법이 나왔나보다.

아무튼 이덕무는 위험성이 있는 물고기는 먹을 필요가 전혀 없다는 신념을 실천에 옮겼다. 젊은 시절 이덕무는 마포에 살았으므로 봄만 되면 한강변에서 솥을 걸어놓고 복어국을 끓이는 풍경과 아이들이 복어 뱃가죽을 묶어 공을 차는 것을 보았다. 그런 풍물을 싫어하여 그는 「하돈탄河豚歎」이란 장편의 시를 지었다. 복어를 먹는 풍습을 개탄한 송나라 범성대范成大가 쓴 장편시와 제목을 일부러 똑같이 썼다.

하돈에 미혹된 자들은 惑於河豚者
맛이 유별나다고 떠벌린다 自言美味尤
비린내가 솥에 가득하므로 腥肥汚鼎鼐
후춧가루 타고 또 기름을 치네 和屑更調油
고기로는 쇠고기도 저리 가라 하고 不知水陸味
생선으로는 방어도 비할 데 없다네 復有魴與牛
남들은 보기만 하면 좋아하나 人皆見而喜
나만은 볼 때마다 걱정이 앞서네 我獨見而憂
아! 세상 사람들아 吁嗟乎世人
목구멍에 윤낸다고 기뻐하지 마라 勿喜潤脾喉
으스스 소름 끼쳐 이보다 큰 화가 없고 凜然禍莫大
벌벌 떨려 해 끼칠까 걱정되네 慄然害獨優

독이 있음에도 복어국을 좋아하는 사람들과, 그것을 반대하는 이들의 태도가 선명한 대조를 보인다. 그의 눈에는 복어의 독이 묘한 미각을 자극하는 것으로 보였다. 실제로 그런 점이 있다. 아무 말이 없으면 먹는 사람만 먹을 보신탕을 호들갑스럽게 혐오식품으로 금지하자 가격도 올라가고 일부러 먹는 사람이 나타나는 격이다. 그런데 그와 절친한 유득공도 복어를 먹지 않았다. 이웃에 사는 친구 이서구李書九가 언젠가 그에게 복어란 사실을 감추고 이를 먹였다. 그는 조금 맛을 보고 '나는 평소 하돈을 먹지 않는데 강산이 강권하여 조금 맛보고 장난삼아 장편 노래를 지어 준다余雅不食河豚, 爲薑山所強, 少嘗之, 戱贈長歌'란 긴 제목의 장편시를 써서 그에게 주었다. 유머러스한 시인데 그중 한 대목은 다음과 같다.

이군이 나를 불러 점심밥을 내오니	李君要我吃午飡
앞에는 김치, 뒤에는 장조림, 물고기국은 오른쪽	菹南湆北魚羹右
수저 들어 뱃살과 함께 두세 번 먹다가	擧箸挾腴三兩嚼
문득 복어국이란 말 듣고 왝왝 하고 토했네	忽聞其名喀喀嘔
정색하고 팔짱 낀 채 주인에게 사죄하고	瞿然斂手謝主人
"이 물고기는 독이 있다 예전부터 들었소	此魚有毒聞甚久
헤엄치다 바위에 부딪치기라도 하면	方其游泳乍觸石
화를 내고 장구처럼 둥글게 부풀지요	憤悶鬱輪形如缶
어부가 배를 갈라 알을 버리면	漁人刳腹棄其卵
굶주린 소리개가 보고도 안 가져가지요	飢鳶下視愁不取
까마귀 중에도 늙고 욕심 많은 것만이 감히 먹고	烏惟老饕乃敢啄
먹은 뒤엔 황구처럼 똥을 쪼아 먹는다오.	然後啄矢同黃狗
작년에 복사꽃 필 때 사람이 죽어	去年人哭桃花風
한평생 조기만 먹을 걸 후회했다오"	恨不一生喫石首
주인이 내 말 듣고 껄껄 웃으며	主人聞此笑呵呵
침을 질질 흘리고 한입 씹으며 그릇을 싹 비웠네	流歠大嚼傾瓦瓿

먹던 국이 복어국이란 말을 듣고 토해낸 뒤 이유를 설명한 대목

이다. 굶주린 솔개도 복어를 먹지 않고 실제로 중독되어 죽은 사람을 보았기에 먹지 않는다고 하였다. 까마귀도 복어를 먹은 뒤에는 똥을 해독제로 먹는다고 했다. 이 이야기는 연암 박지원도 언급한 적이 있어서 당시에는 제법 상식처럼 알려졌다. 하지만 이서구는 아랑곳하지 않고 허겁지겁 먹으며 자기 집은 요리법을 잘 알아서 안전하게 요리한다고 자랑하는 사연이 이어진다. 돌절구에 짓찧어서 핏기를 완전히 제거하고 가늘게 썰어 참기름에 볶고 미나리를 넣어 국을 끓이는 방법이다. 당시에 가장 널리 사용한 요리법이다. 그의 설명을 듣고 유득공은 조금 맛을 보았다. 이들은 18세기 서울의 명문가 사대부들이다. 그야말로 치명적인 음식에 대해 식욕과 두려움이 교차하는 풍경을 잘 보여준다.

복어국은 서울의 요리로서 먹어야 하나 말아야 하나 찬반론을 불러일으켰다. 많은 사람이 봄만 되면 복어국의 풍미를 즐겼으나 또한 경계심을 늦추지 않고 먹기를 거부한 이들도 적지 않았다. 시간이 흐를수록 요리법도 개발되어 18세기 서울 양반가 요리를 잘 보여주는 『규합총서閨閤叢書』에는 복어국 요리법과 해독법이 상세하게 소개되어 있다. 그럼에도 복어국을 먹고 목숨을 잃는 사람들은 19세기를 거쳐 20세기 초에도 심심찮게 나타났다.

안대회_성균관대학교 한문학과 교수

연세대학교 국문학과 및 동 대학원을 졸업하였다. 문학박사이며, 성균관대학교 한문학과 교수로 재직중이다. 저서로 『궁극의 시학–스물네 개의 시적 풍경』 『천년 벗과의 대화』 『벽광나치오』 『조선을 사로잡은 꾼들』 『정조의 비밀편지』 『고전 산문 산책』 『선비답게 산다는 것』 『18세기 한국 한시사 연구』 등이 있고, 역서로 『완역 정본 북학의』 『북상기』 『추재기이』 『한서열전』 『산수간에 집을 짓고』 『궁핍한 날의 벗』 등이 있다.

게르만 민족의 국민 음식, 사워크라우트

대부분의 민족에게는 자신들의 문화적 정체성을 대표하는 이른바 국민 음식이 있다. 예를 들어 스시는 일본을, 스파게티는 이탈리아를, 굴라시는 헝가리를, 카레요리는 인도를 대표하는 음식이다. 한국을 대표하는 음식은 단연 김치일 것이다. 이런 국민 음식은 그 민족에게 단지 여러 음식 중 하나에 불과한 것이 아니라, 그 민족의 정체성을 상징하는 중요한 의미를 지닌다. 김치가 한민족에게 지니는 상징적 의미를 생각해보라! 역으로 외국인에게 이런 국민 음식은 그 음식을 만들어내 오랜 역사에 걸쳐 그것을 즐겨온 민족을 자연스레 떠올리게 한다. 그런 이유로 대개 경멸적 호칭이기는 하지만 음식 이름으로 그 민족을 대신하여 부르는 경우도 흔히 볼 수 있다. 예를 들어 몽골인들은 자기들끼리 대화할 때 한국인을 김치라 부르고, 독일인들은 헝가리인을 굴라시라

제임스 길레이(James Gillray), 〈사워크라우트를 먹는 독일인들Germans Eating Sauerkraut〉, 1803, 런던 빅토리아 앨버트 박물관 소장.

이 그림은 영국 미술사에서 대표적인 정치풍자화가로 꼽히는 제임스 길레이가 독일인을 풍자한 캐리커처다. 이 풍자화는 사워크라우트가 18세기에 이미 독일인을 상징하는 음식으로 자리잡았음을 보여준다.

고 부른다. 특히 미국식 영어에는 한 민족이나 그들의 고유한 문화를 음식 이름으로 대변해서 부르는 어법이 많이 발달되어 있다. 이탈리아식 서부영화를 '스파게티 웨스턴'이라고 부르는 것이 그 대표적 예일 것이다. 비슷한 예로 미국인들은 속어로 독일인들을 '크라우트Kraut'라고 부른다. 그 의미는 '사워크라우트Sauerkraut를 먹는 놈들'쯤 될 것이다. 독일에서 사워크라우트는 한국인의 식생활과 문화에서 빼놓을 수 없는 김치에 필적하는 게르만족의 국민 음식으로 떠받들어진다. 조국의 땅을 떠나 있는 독일인들에게 사워크라우트는 고향 식탁의 맛과 냄새에 대한 향수를 불러일으키는 음식이다.

독일인들에게 사워크라우트는 역사적으로도 중요한 의미를 지닌다. 스페인, 포르투갈, 네덜란드, 영국, 프랑스 등 근대 유럽의 열강들이 선단을 조직하여 자신들의 활동영역을 세계 전역으로 넓혀가던 시기에 독일은 이 세계사의 대열에 참여하지 못했다. 그러나 대항해시대의 개막 이래로 선원들의 가장 무서운 적이었던 괴혈병을 퇴치하는 데 사워크라우트가 특별한 효능이 있다는 사실이 18세기에 알려지면서 이 독일 음식은 대항해시대의 역사에서 빛나는 명성을 얻게 된다. 오늘날 독일인들은 이 사실을 통해 근대 유럽사에서 뒤처진 민족으로서 느껴야 했던 손상당한 자존심에 어느 정도 위로를 얻고 있다. 하지만 사워크라우트는 독일인들만 즐겨 먹는 게르만족 고유의 음식이 아니다. 사실 사워크라우트는 프랑스와 이탈리아 북부, 네덜란드, 폴란드, 헝가리, 벨라루스, 우크라이나, 발트 해 연안 국가들, 러시아 등 유럽 전역에서 오래전부터 향유되어왔으며, 나라마다 다른 이름으로 불리고 있다. 역사적으로도 이 음식은 원래 게르만 민족에게서 유래한 것이 아니라, 배추를 절여 발효시킨 중국의 김치 쏸차이酸菜나 고려시대의 김치 등 동양의 전통 음식이 몽골인들을 통해 서양에 전해졌다는 것이 정설이다. 그렇다면 사워크라우트는 어떻게 하여 게르만족의 국민 음식이 된 것일까? 지금부터 그 역사를 살펴보자.

독일의 김치

—

사워크라우트Sauerkraut는 '신맛 나는 채소'를 뜻한다. 다른 말로는 사워콜Sauerkohl이라고도 하는데 이는 '신맛 나는 배추'를 의미한다.

양배추를 소금에 절여 유산균에 의해 서서히 발효되게 함으로써 오래 저장해두고 먹을 수 있도록 한 것이 이 음식의 요체다.

그 점에서 사워크라우트는 정확하게 우리 김치에 해당하는 음식이라고 할 수 있다. 실제로 사워크라우트는 많은 점에서 한국의 김치에 비견된다. 독일 위키피디아의 사워크라우트 항목을 찾아보면 유사한 음식 목록 상단에서 '한국의 김치Koreanisches Kimchi'를 발견하게 된다. 육류와 채소가 어우러진 식단은 맛과 영양의 두 측면에서 가장 이상적이고 일반적인 조합이라고 할 수 있는데, 우리의 삼겹살과 김치의 조합이 서민들이 즐기는 가장 대표적인 식단이라고 한다면, 독일에서는 소시지와 사워크라우트의 조합이 바로 이에 해당한다. 김치가 우리 식단의 필수적 동반자이듯이 사워크라우트는 독일인들이 육류요리, 생선요리, 감자요리 등 주식에 항상 곁들여 먹는 음식이다. 또한 우리가 김치로 김치찌개, 김치전, 김치볶음밥, 김치만두, 두부김치 등 무궁무진한 요리를 만들듯이, 독일인들도 사워크라우트로 수프에서 구운 음식에 이르기까지 헤아릴 수 없이 많은 요리를 만들어 먹는다. 우리가 김치를 장독에 보관하듯이, 독일 가정에서 사워크라우트를 큰 단지에 담아 보관하는 것도 유사한 점이다.

김치와 사워크라우트 사이에 차이점이 있다면, 한국인은 통배추를 그대로 절여 양념에 버무려서 보관하는 데 반해 사워크라우트는 양배추를 채 썰어서 절인 후 보관한다는 점, 그리고 김치에 고춧가루와 마늘이 양념재료로 들어가는 것과 달리 사워크라우트에는 사과와 서양 향료가 첨가된다는 것 정도다. 맛과 냄새도 김치와 유사하여 독일에서 공부하는 한국 유학생들에게 사워크라우트는 김치 대용품으로 중요한 역할을 한다. 특히 사워크라우트에 고춧가루와 돼지고기를 넣어 끓이

독일인이 즐겨 먹는 소시지와 사워크라우트의 조합.
맛과 보관 방법 등 모든 면에서 사워크라우트는 한국의 김치에 비견되는 음식이다.
©The Bratwurst (flickr.com/thebratwurst)

면 김치찌개와 매우 흡사한 맛이 나는데, 이 조리법은 선배 유학생들이 신참 유학생들에게 전해주는 중요한 비법이다.

그러나 무엇보다도 김치와 사워크라우트의 가장 중요한 공통점은 이들이 각각 두 민족의 문화적 정체성을 대변하는 음식이라는 것이다. 많은 독일인은 사워크라우트가 게르만족 고유의 전통 음식이라고 철석같이 믿고 있다. 특히 내가 유학했던 바이에른 주 사람들 대부분은 사워크라우트가 바이에른에서 유래하여 독일과 유럽 전역으로 퍼져나갔다고 확신하고 있었다. 하지만 역사를 살펴보면 이는 전혀 사실이 아니다.

동양에서 건너간 사워크라우트

역사가들에 따르면 배추를 소금에 절여 오랜 기간 두고 먹을 수 있도록 하는 방법은 이미 선사시대부터 알려져 있었다고 한다. 기록상으로는 그리스 로마 시대에 이미 양배추와 무를 소금에 절여 오래 보관해두고 먹었다는 것이 당대의 문헌을 통해 확인된다. 중국에서도 만리장성 축조에 동원된 백성들에게 쌀과 신 배추가 배급되었다는 기록이 남아 있다. 이것이 오늘날에도 중국인들이 담가 먹는 쏸차이의 역사적 원형일 것이다. 배추에는 무기질과 비타민 등 인체에 필요한 요소들이 많이 들어 있고, 특히 인체건강에 매우 중요한 역할을 하는 비타민C가 풍부하게 함유되어 있다. 배추를 소금에 절여 장기간 저장해두고 먹을 수 있는 방법이 개발됨으로써, 인류는 채소와 과일이 부족한 동절기에도 배추에 함유된 비타민C를 섭취할 수 있게 되었다.

오늘날 독일인의 식탁에 오르는 사워크라우트는 고대 그리스 로마에서 전해진 것이 아니라, 13세기에 칭기즈 칸과 그 후예들에 의해 유럽에 전해진 중국의 쏸차이나 고려의 김치 등 동양의 절인 배추에서 유래했다는 것이 정설이다. 지구력이 강한 말을 무기 삼아 동아시아에서 동유럽에 이르는 대제국을 건설한 이 기마민족은 안장 주머니에 그들의 전통 음식인 육포와 동아시아를 정복하고서 받아들인 절인 배추를 식량으로 가지고 다니며 전투를 벌였는데, 이것이 유럽에 전해졌다는 것이다. 쏸차이酸菜는 '신맛 나는 채소'를 뜻하므로 사워크라우트와 의미상으로도 정확히 일치한다. 이후 식량으로서 배추가 지니는 가치가 알려지면서 14세기에는 독일에서 배추농사가 본격적으로 시작되었다. 근대 초에 접어들면서 배추농사는 독일 땅에 서서히 확산되었다. 그러다가 30년 전쟁1618~1648으로 독일 경제가 황폐화되면서 배추는 싼값에 쉽게 배를 불릴 수 있는 서민 식단의 가장 중요한 재료가 된다. 이렇게 하여 17세기 이후로 사워크라우트는 모든 서민 가정에서 담가 먹는 대표적인 음식이 되었으며, 특히 우리 김장처럼 동절기에 대비해 반드시 마련해야 하는 음식이 되었다. 항로에 오르는 독일 선원들도 이 고향 음식을 배에 싣고 다니며 즐겨 먹었는데, 그 덕분에 사워크라우트는 18세기에 대항해시대의 역사에서 획기적인 사건의 주인공 역할을 맡으며 세계사의 무대에 등장한다.

괴 혈 병 의 정 복 자

—

유라시아 대륙의 한 귀퉁이에 위치한 스페인, 포르투갈, 네덜란드, 영국, 프랑스 등은 근대 이전까지만 해도 그 위상이 유럽의 주변국 정도에 머물렀다. 그러나 대항해시대의 개막과 더불어 대서양 연안의 이 국가들은 세계사의 주역으로 도약했다. 대포를 장착한 배에 총을 든 선원들을 태우고 오대양 육대주를 누비고 다니며 세계 전역을 식민지로 만들던 시기를 이 국가들은 오늘날까지도 위대한 영광의 역사로 기억하고 있다. 하지만 대항해시대의 첨병 역할을 한 선원들에게 항해란 영광과는 거리가 먼 극한의 고통과 위험을 의미했다. 이들은 극히 열악한 환경에서 고된 노역을 하며 폭풍우, 해적, 원주민, 질병 등과 사투를 벌여야 했다. 이 무서운 적들과의 싸움을 이겨내고 귀향의 기쁨을 누린 선원들은 극히 소수에 불과했다. 단적인 예로서 사상 최초로 세계 일주 항해에 성공한 마젤란의 선단은 다섯 척의 함대에 270명의 선원을 이끌고 출항했지만, 귀향한 것은 고작 한 척의 배와 15명의 선원뿐이었다. 당시 선원들에게 폭풍우와 해적보다도 더 무서운 적은 질병, 특히 괴혈병이었다. 장거리 항해에 나선 선원들 중 절반에서 4분의 3에 이르는 선원들이 괴혈병으로 죽어갔으니, 이 병은 폭풍우와 해적과 식인종 원주민과 다른 질병 모두를 합한 것보다 더 무서운 적이었다. 이러한 상황은 18세기까지 지속되었다. 대표적인 예로 1740년 조지 앤슨George Anson 제독은 1955명의 선원을 이끌고 4년에 걸친 원정을 떠났는데 그중 997명이 괴혈병으로 사망했다. 전투로 사망한 선원은 네 명에 불과했다.

괴혈병에 걸리면 잇몸에서 피가 나는 초기 증세를 시작으로, 온몸에 반점이 나타나고 사지가 점차 마비되는 증상을 보인다. 이어서 이가 빠지고 피하출혈, 혈변, 염증과 더불어 몸 전체가 부패해 악취를 풍기다가 결국 갈증 속에서 극심한 고열과 경련을 일으키며 죽게 된다. 출항 후 6주 정도가 지나면 대부분의 선원들은 여지없이 이 무서운 병의 증세를 보이기 시작했다. 그런 이유로 당시 사람들은 이 병의 원인이 바다에 있다고 믿었다. 육지에 있는 생명요소가 바다에는 없기 때문이라거나, 바다의 습기가 이 병을 일으키는 원인이라는 식이었다.

괴혈병의 원인이 과학적으로 엄밀하게 입증된 것은 20세기에 들어와서의 일이다. 괴혈병의 원인은 의외로 단순하다. 다름 아닌 비타민C 섭취가 부족할 때 생기는 병인 것이다. 비타민C는 우리 신체의 결합조직을 구성하는 콜라겐의 합성에 필수적인 역할을 하는데, 이것이 결핍되면 위에서 서술한 증상이 나타난다. 따라서 괴혈병의 치료 방법도 매우 간단해서, 비타민C가 풍부한 오렌지나 레몬 같은 과일류나 배추 같은 채소류를 섭취하면 증상은 금방 사라진다. 대항해시대의 가장 무서운 적 괴혈병의 원인은 과일과 채소가 빠져 있던 당시 선원들의 식단에 있었던 것이다. 실제로 신선한 채소나 과일이 괴혈병 치료에 특별한 효능이 있다는 사실은 대항해시대 초기부터 경험적으로 어느 정도 알려져 있었다. 하지만 채소나 과일을 신선하게 장기간 보존하는 것이 불가능했던 당시 상황에서 오랜 항해중에 괴혈병이 발생하는 것은 불가

피한 일이었다.

대항해시대 선원들의 숙적 괴혈병은 영국 해군 군의관 제임스 린드James Lind의 공로로 정복되었다. 1747년 그는 일종의 임상실험을 통해 오렌지와 레몬 등 감귤류 과일과 배추 등의 채소가 괴혈병 치료에 '마술적인' 효능을 보인다는 것을 입증했다. 또한 그는 독일 출신 선원들이 괴혈병에 잘 걸리지 않는다는 사실에 주목하고, 그 이유가 이들이 즐겨 먹는 사워크라우트 덕분이라는 것을 알아냈다. 이러한 임상실험 결과를 그는 1754년 「괴혈병에 관한 논문A Treatise on Scurvy」에서 발표하고, 선원들에게 감귤류 주스와 사워크라우트를 제공하라고 선장들에게 권했다.

이 논문에 최초로 주목한 선장은 저 유명한 제임스 쿡James Cook이었다. 그는 18세기 후반에 세 차례에 걸쳐 남태평양을 탐험하여 남극 대륙과 뉴질랜드 그리고 오스트레일리아 대륙을 발견함으로써 영국의 식민지 정복사에 커다란 족적을 남겼다. 이 탐사여행에서 그는 제임스 린드의 권고를 받아들여 항해를 떠날 때마다 3톤에 달하는 사워크라우트를 배에 싣고 이를 선원들의 식단에 올리게 했다. 이러한 조치를 통해 그는 장기간 지속된 항해에서 괴혈병 사상자를 내지 않고 고국으로 귀환했다. 이는 대항해시대의 역사에서 기적과도 같은 성과였다. 이 획기적인 업적으로 영국 선장 제임스 쿡과 독일 음식 사워크라우트는 18세기의 역사에 함께 이름을 남겼다.

이후 영국 해군에는 괴혈병 예방책으로 주로 레몬이 보급되었고, 독일 해군에는 사워크라우트가 식단에 제공되었다. 제1차 세계대전 때 이것을 본 미군은 영국인을 라이미Limey, 독일인을 크라우트라고 불렀는데, 오늘날 영어에서 독일인을 비하해 부르는 속어 크라우트는 여기에서 유래하였다.

내 인사를 받으시라, 나의 사워크라우트여!

—

18세기 이후 사워크라우트는 독일 문인들의 문학작품에서도 조국의 맛과 냄새를 대표하는 음식으로 찬사를 받으며 등장한다. 독일 문학사에서 사워크라우트를 예찬한 최초의 중요한 사례는 게오르크 포르스터Georg Forster의 여행기 『세계여행Reise um die Welt』에서 찾아볼 수 있다. 이 여행기는 포르스터가 제임스 쿡 선장의 제2차 남태평양 탐사여행에 참가한 체험의 기록이다. 쿡 선장은 그의 탐사여행에 과학자, 화가들을 동반하여 탐사 과정과 성과를 글과 그림으로 기록하게 하였는데, 게오르크 포르스터는 유명한 과학자였던 그의 아버지 요한 라인홀트 포르스터Johann Reinhold Forster와 함께 이 탐사대에 참여하였다. 아버지 포르스터는 다양한 재능을 지닌 그의 아들을 화가로서 이 탐사대에 데리고 갈 수 있었다. 게오르크 포르스터는 이 탐사여행에서 보고 느끼고 기록한 것을 정리하여 그 자신이 직접 그린 수많은 그림과 함께 1777년에는 영어로, 그리고 이듬해에는 독일어로 된 여행기를 펴냈다. 미지의 세계에서 체험한 풍물과 사건을 뛰어난 필치의 글과 그림으로 생생하게 그려낸 이 여행기는 괴테, 리히텐베르크, 빌란트 등 당대 최고의 지식인 독자들을 열광케 했다. 알렉산더 폰 훔볼트는 게오르크 포르스터를 직접 만났는데, 이 만남은 그의 역사적인 세계탐사여행에 커다란 자극을 주었다. 게오르크 포르스터는 이 여행기의 서문에서부터 사워크라우트를 거듭 예찬하고 있다. 이 여행기에서 포르스터는 그가 60개의 거대한 통에 든 사워크라우트와 함께 탐사선에 올랐고, 이 음식 덕분에 쿡 선장의 탐사대는 저 무서운 괴혈병의 위협에서 벗어날 수 있었으며, 포르스터 자신은 이 고향 음식을 먹으며 향수를 달랬다고 보고하고 있다.

포르스터는 과학자, 문필가, 정치가, 혁명가 등으로 활약하다가 혁명의 소용돌이에 휩싸여 있던 파리에서 40세의 이른 나이로 세상을 떠났다. 그가 죽은 후 그의 존재와 그의 여행기는 오랫동안 역사에서 잊혀졌다가 근래에 들어와서야 재발굴되었다. 2007년에는 포르스터의 여행기가 출판되었고, 이를 전후하여 학계와 언론계에서도 포르스터의 삶과 이 여행기를 집중 조명하였다. 흥미로운 것은 대부분의 독일 언론이 포르스터의 여행기를 소개하는 기사의 제목에서 사워크라우트를 강조했다는 것이다. 예를 들어 베를린의 대표적 일간지 타게스슈피겔은 '괴혈병을 퇴치한 사워크라우트'라는 제목으로 이 여행기를 소개했고, 프랑크푸르터 룬트샤우는 '배에 실린 60통의 사워크라우트'를 이 여행기에 대한 기사 제목으로 내세웠다.

민중의 삶에서 문학의 귀중한 소재를 발견한 낭만주의자들의 시에서 사워크라우트는 독일 민족의 국민 음식으로 칭송과 찬양을 받게 된다. 울란트Ludwig Uhland의 다음 시는 그 대표적인 예다.

우리의 고귀한 사워크라우트를
우리는 결코 잊어서는 안 되리.
독일인이 이것을 최초로 만들었으니,
이것은 분명 독일의 음식.
사워크라우트 속에 들어 있는 희고 연한 고기 한 점,

그야말로 그림이로구나.
장미 속에 들어 있는 비너스처럼.

이 시는 독일의 사워크라우트 애국주의가 우리의 김치 애국주의에 못지않다는 것을 여실히 보여준다. 괴테와 더불어 독일 최고의 서정시인으로 꼽히는 하이네도 사워크라우트를 조국의 음식으로 찬양하였다. 하이네의 『독일, 겨울동화*Deutschland, Ein Wintermärchen*』에 나오는 다음 구절은 독일문학사를 통틀어 사워크라우트를 노래한 가장 유명한 구절로 남아 있다.

식탁이 차려졌다. 이 식탁에서 나는
온전한 옛 게르만식 음식을 본다.
내 인사를 받으시라, 나의 사워크라우트여,
그대의 냄새는 참으로 사랑스럽구나!

위의 시에서 "내 인사를 받으시라, 나의 사워크라우트여"라는 구절은 사워크라우트를 소개하는 글에 빠짐없이 인용되고 있으며, 독일 음식을 소개하는 책의 제목으로도 사용되고 있다. 『독일, 겨울동화』는 시로 쓴 여행기다. 하이네는 나폴레옹의 패전 후 메테르니히가 주도한 왕정복고시대의 억압적 체제를 비판하다가 검열당국의 요시찰 인물이 되어, 1831년 이후 생애의 후반기를 프랑스 파리에서 망명객으로 보내야 했다. 망명 후 12년이 지난 1843년에 그는 독일에 잠입하여 가을과 겨울에 걸쳐 고국을 여행하는데, 이때의 체험을 장편시로 읊은 것이 『독일, 겨울동화』다. 이 여행시집의 제9장에서 그는 쾰른을 거쳐 하겐에

도착했을 때 그의 앞에 차려진 전형적인 독일식 식탁을 보며, 그리웠던 조국의 음식을 묘사하고 있다. 위의 시는 그중 첫번째 음식으로 사워크라우트를 노래한 것이다.

그 외에도 독일문학사에서 사워크라우트를 예찬한 유명한 예로는 에두아르트 뫼리케의 시와 빌헬름 부슈의 시가 있다. 앞에서 인용한 두 시에서 사워크라우트는 "독일인이 최초로 만든 독일의 음식" "옛 게르만식 음식"으로 표현되고 있는데, 위에서 살펴보았듯이 이는 역사적으로 볼 때 잘못된 것이다. 어쨌든 이 시들은 사워크라우트가 독일인들의 의식에 조국을 대표하는 음식으로 확고하게 자리잡았음을 증언해준다. 또한 거꾸로 이 시들은 사워크라우트를 게르만족의 대표적 음식으로 독일인의 의식에 각인시키는 데 결정적으로 기여하였다.

사워크라우트와 관련하여 개인적으로 체험한 에피소드를 소개하는 것으로 이야기를 마무리하고자 한다. 내가 독일에 유학하였던 1990년대는 급작스러운 통일로 인해 독일이 정치적·경제적으로 여러 가지 어려움을 겪던 시기였다. 당시 독일이 직면한 심각한 정치적 문제 중 하나는 극우세력의 발호였다. 외국인에 대한 테러, 방화 등 흉흉한 소식과 나치의 망령이 되살아나는 징후에 대한 지식인들의 경고가 당시 독일 신문의 지면을 드물지 않게 장식했다.

이러한 상황에서 어느 날 학생식당 입구 벽면에 누군가 이런 글귀를 스프레이로 크게 써놓은 사건이 발생했다. "바나나, 토마토, 석유-이런 외국의 요소들을 독일 땅에서 추방하자!" 외국의 요소를 추방하자는 것으로 보아 극우파가 써놓은 글이라는 것은 나로서도 쉽게 알 수 있었지만, 독일인들이 즐겨 먹는 바나나와 토마토 그리고 현대 경제에 없어서는 안 될 석유를 왜 추방하자는 것인지 이해할 수 없었다.

길게 늘어선 줄에 끼어 나는 매일 이 글을 보며 식당으로 입장하다가, 어느 날 함께 식당에 간 독일 친구에게 내 궁금증을 토로하였다. 그는 잠시 얼굴을 붉히며 망설이다가 바나나는 황인종, 토마토는 홍인종, 석유는 흑인종을 각각 의미한다고 내게 설명했다. 그러면서 대부분의 독일 대학생들은 저런 몰지각한 선동을 부끄러워하니 개의치 말라고 덧붙였지만, 함께 식사하는 내내 어색한 분위기를 떨쳐버릴 수 없었다.

며칠 후 그 독일 친구는 신문기사 하나를 오려 내게 가지고 왔다. 그 내용은 대략 다음과 같은 것이었다. "요즘 외국의 요소들을 추방하자는 선동적인 글귀가 곳곳에서 눈에 띈다. 부끄러운 일이다. 이런 선동에 대해 한 가지 지적해두고자 한다. 우리 독일인들 대부분이 모르고 있는 사실이지만, 우리 식탁에 빠지지 않고 올라오는 사워크라우트, 우리가 독일을 대표하는 음식으로 여기는 이 발효 음식도 원래는 독일의 것이 아니라 그리스에서 건너온 것이다. 그런 선동을 하는 자들은 사워크라우트 없는 독일 식탁을 원하는 것인가?" 그날 그 친구와 나는 식당에서 함께 소시지와 사워크라우트를 먹으며 그 기사에 대해 이야기를 나누었다. 그 친구는 사워크라우트가 독일 고유의 음식이 아니라는 사실은 자신도 처음 알았다고 하면서, 그 기사가 많은 독일인에게 신선한 문화적 충격을 주었을 것이라고 이야기했다.

이번에 사워크라우트에 대한 글을 쓰면서 당시의 기억을 떠올리다가, 이런 짓궂은 의문이 솟아났다. 고대 그리스 음식에 소금에 절인 양배추가 있었던 것은 사실이지만, 오늘날 독일인들이 먹는 사워크라우트는 그리스에서 건너온 것이 아니라 몽골족이 전해준 것이다. 그때 그 기사를 쓴 지식인은 이 사실을 몰랐던 것일까? 아니면 혹시 그는 독일을 대표하는 음식 사워크라우트가 그리스에서 유래하였다는 것은 받아들일 수 있지만, 그것이 동양에서 유래하였다는 것까지는 용인할 수 없었던 것이 아닐까? 오늘날의 독일 지식인들은 나치의 게르만족 중심 인종주의는 청산했지만, 문화적 유럽 중심주의는 여전히 극복하지 못한 것은 아닐까?

안성찬_서울대학교 인문학연구원 HK부교수

독일 레겐스부르크 대학에서 독문학, 철학, 예술사를 공부하고, '숭고'의 개념사에 대한 논문으로 서강대학교에서 문학박사 학위를 받았다. 문학사회학을 비롯한 현대문학이론에 흥미를 느껴 공부의 길에 들어섰다가, 한동안은 통일 이후 독일 사회상에 대해 연구하였으며, 최근에는 18세기 독일문화에 관심을 쏟고 있다. 앞으로는 독일 지성사와 매체이론 연구에 집중할 계획이다. 『숭고의 미학』 『이성과 감성의 평행선』 『변화를 통한 접근』 등의 저서와 「전인교육으로서의 인문학」 「크리스티안 볼프의 중국과 헤르더의 중국」 「아방가르드와 매체」 등의 논문은 필자가 학문의 노정에서 걸어온 갈지자 행보의 소산이다.

미심쩍고
수상한
미지의
작물

프랑스 계몽주의와 감자의 권리 선언

감자! 우리에게 매우 친근하고, 온 세계 사람들의 식생활에서 빼놓을 수 없기에 아주 오랜 옛날부터 지금까지 언제나 우리 밥상 위에 있었을 것만 같은 식용작물. 하지만 감자가 원산지를 벗어나 세계로 퍼져나간 것은 농경의 긴 역사에 비하면 정말 최근에 벌어진 일이다. 감자의 전래는 15세기 말에서 16세기 초, 소위 '신대륙'의 발견과 함께 일어난 일이기 때문이다. 같은 아메리카 대륙 출신인 옥수수, 고구마, 고추, 토마토, 초콜릿 등과 함께 감자가 널리 퍼진 것은 넓은 의미에서 '세계화'의 결과이며, 금과 은을 찾아 떠났던 스페인과 포르투갈의 정복자들이 자기들도 모르는 사이에 발견하여 전파한 '신세계'의 가장 귀중한 보물이 바로 감자이기도 하다. 초콜릿이나 토마토, 또는 고추가 없었더라면 우리 식탁이 그저 조금 더 단조로웠을 뿐일지 모르지만, 옥수수, 고구마, 그리고 감자가 없었더라면 많은 사람들이 아직도 굶주림과 그에 따른 병으로 고생하고 있을 것이 틀림없다. 그리고 아마도 세계 인구가 오늘날처럼 폭발적으로 늘어날 수도 없었을 것이다. 그러나 안데스 산맥의 땅 밑에 숨어 있던 감자가 유럽으로 건너오고, 이어서 아시아, 아프리카 등 말 그대로 이 세상 끝까지 전해지기까지는 많은 우여곡절, 오해와 편견, 그리고 여러 어려움을 극복한 인간의 의지가 숨어 있다.

그런대로 먹을 만한 알 수 없는 작물

—

콜럼버스를 비롯한 유럽의 탐험가들이 '새로운 세계'라고 부른 땅에 도착해서 만나게 된 아메리카 대륙 원주민들의 주식은 옥수수였다. 옥수수는 남북 아메리카 두 대륙의 거의 모든 지역에서, 9000년 전으로 거슬러올라가는 오랜 옛날부터 원주민들이 재배해온 작물이었다. 옥수수는 반죽하여 만든 전병에서 수프, 발효시킨 술에 이르기까지 다양한 방식으로 요리되어 소비되고 있었다. 그러나 감자는 '신대륙'에서조차도 널리 알려진 먹을거리는 아니었다. 옥수수와 달리 감자는 남아메리카 대륙 안데스 산맥의 고지대에서만 자라고 있었기 때문이다.

감자는 이미 기원전 3000년경부터 안데스 산맥 고지대에서 재배되고 있었다. 잉카인들이 오늘날의 페루 지역을 점령하여 대제국을 세운 기원후 1400년 무렵, 그곳 주민들은 색, 크기, 맛, 성장 조건이 다양한 여러 품종의 감자를 재배하고 있었고, 잉카 제국의 언어인 케추아어로 '파파스papas'라 불렸던 감자는 옥수수, 고추, 때로는 여러 육류를 곁들여 먹는 주된 식량 역할을 맡고 있었다. 전설로 전해오던 잉카 제국의 금과 은을 노리고 온 스페인의 피사로Francisco Pizarro가 제국을 정복하는 과정에서 유럽인들은 처음으로 감자와 만나게 되었다. 피사로와 그의 병사들은 그때 감자를 처음 맛보게 되었고, 그런대로 먹을 만하다고 판단했다. 그러나 그들은 자기들이 맛본 이 식물의 정체가 과연 무엇인지는 잘 알 수가 없었다. 감자는 그때까지 유럽 사람들이 소비하던 작물과는 다른 점이 매우 많았기 때문이다. 16세기 유럽인들에게는 덩이줄기 식물 자체가 매우 낯선 것이었다. 물론 그들도 당근이나 순무를 먹었지만 감자는 이 두 가지 뿌리와는 생김새가 매우 달랐다. 특히 유럽인들에게 생경했던 것은 그 재배 방식이었다. 그들이 알던 대부분의 작물은 씨앗을 뿌려서 재배하는 것이었는데, 안데스 산맥의 주민들은 감자 자체를 잘게 잘라 심었고, 신기하게도 그 작은 부분이 하나의 완전한 식물로 자라났던 것이다. 유럽인들에게 익숙하지 않은 이러한 특성들은 감자를 둘러싼 많은 오해와 편견의 원인이 된다.

잉카 화가 과르만 포마 데 아얄라(Guarman Poma de Ayala)가 그린 감자 심는 장면, 1615~1616.
감자는 이미 기원전 3000년경부터 잉카 문명 지역에서 재배되고 있었다.

『백과전서』의 '감자' 항목

유럽, 특히 프랑스의 18세기를 흔히 '계몽주의 시대'라고 부른다. 인간 이성에 대한 신뢰를 바탕으로 이 세상 모든 현상과 사물, 제도에 대한 합리적 인식과 개혁을 지향하는 계몽주의 정신은 서양 최초의 대규모 백과사전인 달랑베르와 디드로의『백과전서』에서 그 종합적인 위용을 확인할 수 있다. 이『백과전서』는 프랑스에서 1751년에서 1772년까지 전 17권의 텍스트와 11권의 동판 화보, 그리고 몇 권의 부록과 찾아보기를 포함해 전 35권으로 출간되었다. 달랑베르와 디드로 외에도 몽테스키외, 볼테르, 루소를 비롯한 수백 명의 프랑스 학자가 집필하였고 다루는 항목의 표제어만도 어림잡아 7만 개에 달하는 이 사전은 당시 유럽이 인간, 자연, 사회에 대해 가지고 있던 모든 지식의 집합체라고 말할 수 있다.

『백과전서』에는 '감자'를 뜻하는 프랑스어 단어인 'pomme de terre'라는 표제어를 가진 항목 두 개가 잇달아 실려 있다. 첫번째이자 대표 항목이라 할 수 있는 것은 조쿠르Louis de Jaucourt가 집필한 'Pomme de terre, (Botan.)' 항목이다. 'Botanique', 즉 '식물학'이라는 항목의 분류에 걸맞게 조쿠르의 기술은 매우 객관적이고 학술적이다. 저자는 먼저 우리가 먹는 부분인 뿌리(사실은 덩이줄기이지만 당시에는 아직 뿌리와 덩이줄기를 구별할 줄 몰랐다)의 모양을 묘사하고, 이어서 학명(Solanum tuberosum esculentum)을 소개한다. 그리고 이 식물의 여러 부분, 즉 뿌리, 줄기, 잎, 꽃 등을 오늘날의 어떤 백과사전에도 뒤지지 않을 만큼 체계적이고 상세하게 묘사한다. 끝으로 이 식물의 원산지를 언급하고, 아메리카 원주민들과 유럽인들이 각기 감자를 소비하는 방식을 소개한다. 두번째는 브넬Gabriel François Venel이 집필한 'Pomme de terre, Topinambour, Batate, Truffe blanche, Truffe rouge, (Diete.)'라는 긴 제목을 가진 항목이다. 'Diététique', 즉 '식생활'이라는 분류에 걸맞게 이 항목은 프랑스에서 감자가 소비되는 방식을 주로 다루고 있다. 제목이 이렇게 긴 이유는 프랑스에서 사용되는 감자의 다양한 명칭을 소개하기 위해서다. 조쿠르는 원래 의학자 출신으로서 『백과전서』의 항목들 가운데 약 4분의 1을 집필하고, 1759년 이후 『백과전서』의 실질적 편집자 역할을 맡은 사람이다. 또 브넬은 당시 의학, 약학, 화학 분야의 최고 전문가로서 화학자 라부아지에의 스승이기도 했다. 이 두 항목은 1760년대에 프랑스에서 최고의 지식인이자 전문가들이 감자에 대해 가지고 있던 견해, 그렇지만 오류와 편견에서 반드시 자유롭지만은 못했던 지식을 보여준다고 평가할 수 있다.

이름에 남은 오해의 흔적

—

감자는 그 명칭이 무척 다양했다. 먼저 『백과전서』의 두 항목을 대표하는 표제어이자, 오늘날에도 '감자'를 일컫는 가장 대표적인 프랑스어 어휘인 'pomme de terre(폼 드 테르)'가 있다. 이 단어는 '땅terre'이라는 말과 '사과' 또는 '열매pomme'라는 말이 합쳐진 것으로 18세기에야 프랑스어에 등장하는 어휘다. '감자'가 스페인 사람들로부터 전해져서 16세기 말부터 독일에서 재배되기 시작해 프랑스에는 독일을 거쳐 수입되었다는 점을 생각해보면, 'pomme de terre'는 마찬가지 뜻인 네덜란드어 'aardappel(아르다펄)'이나 일부 지역에 남아 있는 옛 독일어

'erdapfel(에르트아펠)'의 직역일 가능성이 높다. 그리고 이 두 단어들 역시 라틴어 어휘인 'malum terrae(말룸 테라에)'를 옮긴 것일 가능성이 높다. 'Malum terrae'는 13세기, 다시 말해서 감자가 유럽에 수입되기 훨씬 전부터 땅속에서 자라나는 여러 종류의 덩이줄기 및 뿌리를 지칭하는 데 사용되어왔다. 그러던 것이 언젠가부터 감자를 지칭하게 되었는데, 이처럼 학자들이 사용한 학명마저 지칭 대상이 여럿이라는 점은 유럽인들이 감자의 정체를 파악하는 일을 더욱 어렵게 만든다.

브넬이 두번째 이름으로 제시한 'topinambour(토피낭부르)'는 실제로는 감자와 아무런 상관도 없는 전혀 다른 종류의 식물이다. 학명은 'Helianthus tuberosus', 영어로는 'jerusalem artichoke(예루살렘 아티초크)' 'sunroot' 'earth apple' 등의 이름을 가지고 있다. '예루살렘 아티초크'라는 이름은 그 맛이 아티초크와 비슷하다는 데서 유래되었지만 이 식물은 예루살렘이나 이스라엘과는 아무런 관계가 없다. 실제로는 이 식물도 아메리카 대륙에서 전해진 것이기 때문이다. 근대 초기까지 유럽인들은 신기한 사물들은 모두 아시아에서 왔다고 믿는 경향이 있었다. 다른 예를 들자면 옥수수는 한동안 '터키 밀turkish wheat'이라고 불렸다. 'Earth apple'은 위에서 보았다시피 'pomme de terre' 'aardappel' 'erdapfel'과 같은 뜻이다. 실제로 이 작물도 'malum terrae'라는 라틴어 이름으로 불린 적도 있다. 우리말로도 '돼지감자'라고 부르는 것을 보면, 마찬가지로 땅속에서 덩어리의 형태로 자라나며, 또 마찬가지로 아메리카 대륙에서 '구세계'로 전해진 이 식물과 '감자' 사이의 혼동은 이해할 만하다.

세번째 명칭인 'batate(바타트)' 역시 '감자'와는 유전적으로는 별 관계가 없는 별개의 식물이지만, 동서양을 막론하고 사람들의 머릿

속에서는 떼려야 뗄 수 없는 관계를 가지고 있다. 'Batate'라는 이름의 기원이 된 식물은 1500년경 유럽인들이 신대륙에 진출할 때 카리브 해 연안 및 페루의 저지대를 포함한 아메리카 대륙의 따뜻한 지역에서 널리 재배되던 것으로, 카리브 해 지역에서 많이 쓰이던 타이노Taino 언어로 'batatas'라고 불렸다. 이는 바로 우리가 알고 있는 고구마다. 고구마는 1492년 이후 곧바로 스페인에 도착했고, 그 달콤한 맛 때문에 금세 상당히 인기를 끌었다. 이어서 감자가 도착하자 사람들은 'batatas'와 'papas'라는 비슷하게 생긴 이 두 식물을 혼동하게 되었다. 아마도 어릴 때 감자와 고구마를 구별하기 어려워했던 사람이 필자만은 아닐 것이다. 이 두 단어의 헷갈리는 결합에서 프랑스어로는 'patate(파타트)', 영어로는 'potato'라는 단어가 생겨났고, 이 단어는 점차 고구마보다는 감자를 지칭하게 되었다. 어떻게 보면 이름을 빼앗긴 셈이 된 고구마에게는 억울하겠지만, '달콤한 감자', 즉 'patate douce(파타트 두스)', 또는 'sweet potato'라는 단어가 새로 만들어져서 오늘날 고구마를 지칭하는 대표적인 단어가 되었다.

브넬은 이어서 '흰 트뤼프', 또는 '붉은 트뤼프'라는 명칭을 소개한다. '송로버섯'이라고 흔히 번역되는 트뤼프 또는 트러플truffle은 감자와는 비교할 수 없을 만큼 귀하고 비싼 식재료로서, 그 뛰어난 향 때문에 서양 음식에서 매우 각광받는 음식이다. 그런 차이에도 불구하고, 정복자들은 감자를 보자마자 그것을 트러플과 비교했다. 아마도 둘 다 땅속에서 발견되고 게다가 어떤 감자 종은 검은색을 띠기 때문이었던 것으로 추정된다. 이탈리아인들도 감자가 수입되자 그것을 '작은 트러플'을 의미하는 'tartuficolo(타르투피콜로)' 'tartufoli(타르투폴리)' 등 여러 이름으로 불렀다. 또 이 단어가 독일어로 넘어가면서 변화되어 오늘날의

'kartoffel(카르토펠)'이 되었다고 한다.

이러한 다양한 명칭은 감자가 유럽인들에게 얼마나 당혹스럽고 이해하기 힘든 사물이었는지 잘 보여준다. 그리고 낯설고 이해하기 어려운 사물들은 또한 많은 편견을 낳기 마련이다.

감자는 의심스럽다

—

유럽에 들어온 감자는 처음에는 별로 인기를 끌지 못했을 뿐만 아니라, 사람들이 상당히 꺼리던 식물이었다. 울퉁불퉁하고 못생겼으며 더러는 시커멓기까지 한 외모는 말할 것도 없거니와, 땅 밑에서 자라난다는 점, 그리고 별다른 노력을 들이지 않아도 잘 자란다는 점까지, 아직 미신적 사고에서 벗어나지 못한 유럽인들에게 감자는 뭔가 악마의 계략과 관계가 있는 것이 아닐까 하는 미심쩍고 수상한 느낌을 주었다. 특히 중세 유럽에서 흑마술의 재료로 사용되었고 실제로 독성이 강한 벨라도나Belladonna, 아름다운 귀부인이라는 뜻의 꽃과 감자의 꽃이 생김새가 비슷하다는 점은 의심을 더욱 키웠다.

감자에 대한 첫번째 편견은 감자가 나병을 일으킨다는 생각이었다. 나병은 유럽인들이 가장 두려워하던 병 가운데 하나였다. 이러한 편견은 아마도 감자의 껍질이 매우 거칠고 울퉁불퉁해서 나환자의 피부를 연상시켰기 때문일 것이다. 감자가 일찍 수입된 프랑스의 몇몇 지방에서는 이 이유를 들어 감자 재배를 금지하기도 했다. 두번째 편견은 감자가 미약媚藥, 즉 성적 흥분제의 역할을 한다는 생각이었다. 사실 처음 이런 의혹의 대상이 되었던 것은 토마토와 고구마였는데, 감자는 고구마와 생김새가 비슷했기 때문에 덩달아 의심을 받게 된 것으로 보인다. 이후에 아일랜드와 북유럽 등 감자를 많이 먹게 된 지역에서 높은 인구 성장률을 보이자, 이것도 감자의 최음 효과 때문이라고 해석되기도 했다. 이는 물론 감자 덕택에 그 지역 주민들의 영양상태가 좋아졌기 때문일 따름이다.

『백과전서』의 오류와 편견

이런 무시무시한 의혹에 비하면 브넬이 『백과전서』의 항목에서 보여주는 편견은 그다지 심각한 수준은 아니다. 조쿠르가 감자에 대해 "유럽인들은 재 밑에서 익혀서 껍질을 벗기고 양념을 해서 먹으며, 설탕당근panais, parsnip, Pastinaca sativa과 맛이 비슷하다"고 상당히 객관적인 평가를 내린 데 반해, 브넬의 평가는 별로 호의적이지 못했다.

> 이 지역(프랑스의 동북부) 주민들, 특히 농민들은 한 해의 대부분 동안 이 식물의 뿌리를 가장 일반적인 식량으로 사용한다. 그들은 감자를 끓는 물이나 오븐, 또는 재 밑에서 익히기도 하고, 그것으로 여러 가지 투박하고 촌스러운 잡탕을 만들기도 한다. 조금 여유가 있는 사람들은 버터로 양념을 하거나, 고기와 함께 먹거나, 일종의 튀김을 만들기도 한다. 하지만 어떻게 요리하건 간에 이 뿌리는 맛이 없고 잘 부스러진다. 이것은 결코 쾌적한 음식이라고는 볼 수 없다. 하지만 그저 양분을 섭취하는 것 이상을 바라지 않는 사람들에게는 푸짐하고 건강한 먹을거리를 제공해준다. 감자가 방귀를 뀌게

만든다는 비난은 맞는 말이다. 하지만 농민과 노동자의 건강한 신체에 방귀쯤이야 무슨 문제가 되겠는가?

감자는 그저 돼지 먹이로나 어울리고, 서민들이 생계를 유지하기 위해 어쩔 수 없이 먹는 음식이라는 생각은 생명력이 끈질겼던 것으로 보인다. 오늘날에도 감자를 고급 식재료로 쳐주지는 않는다. 잠깐 옆길로 빗나가자면, 그래서인지 서양의 유명한 화가들 가운데 감자를 소재로 한 작품을 남긴 이는 별로 없다. 하지만 두 명의 뛰어난 예외가 있으니, 여러 의미에서 '민중화가'라는 칭호가 어울리는 19세기의 밀레와 고흐가 그들이다.

한편, 어쩌면 개인적인 취향에서 비롯됐다고 봐야 할 감자에 대한 편견보다도 더 심각한 문제는 브넬과 조쿠르 모두 감자의 원산지에 대해 잘못된 정보를 제공하고 있다는 사실이다. 그들에 따르면 감자는 북아메리카의 버지니아에서 유럽으로 전해진 것이 되는데, 이는 상당 기간 동안 실제로 많은 사람이 지지했던 의견이다. 하지만 앞에서 살펴보았듯이, 감자의 원산지는 분명히 오늘날 칠레와 페루에 해당하는 안데스 산맥의 고지대다. 버지니아 기원설이 널리 퍼지게 된 주된 원인은 1597년 발간된 존 제라드John Gerard의 『식물도감*Great Herball, or Generall Historie of Plantes*』 때문인 것으로 보인다. 이 책의 저자는 고구마와 구별하기 위해 감자에 '버지니아 고구마Battata virginiana'라는 이름을 붙여주었다. 감자가 스페인 사람들을 비롯한 여러 항해가에 의해 당시 잉글랜드의 식민지였던 버지니아에 수입되었고, 이어서 영국으로 전해졌다는 설이 있었지만 이 설은 근래 부정되고 있다. 오늘날에는 감자가 북아메리카 동부에 소개된 것이 영국에 소개된 것보다 나중의 일이라고 본

존 제라드의 『식물도감』에 묘사된 감자.

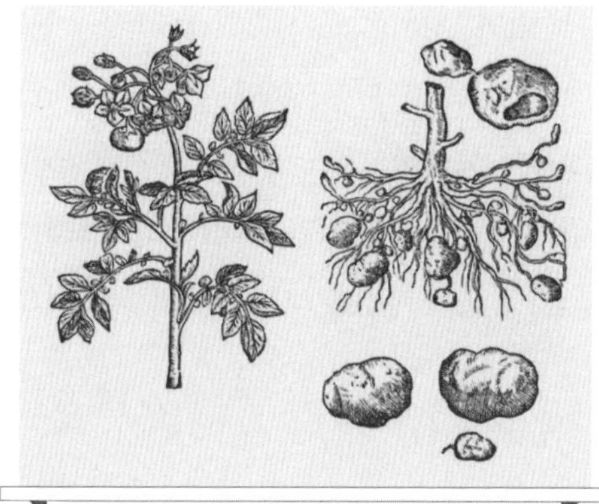

샤를 드 레클뤼즈가 『희귀 식물』에서 묘사한 감자.

고흐, 〈감자 먹는 사람들〉, 1885.

다. 반면, 거의 같은 시기인 1601년에 앤트워프에서 발간된 『희귀 식물 *Rariorum Plantarum Historia*』에서 샤를 드 레클뤼즈Charles de l'Écluse는 감자를 정확히 묘사하고, 그 기원에 맞게 'Papas peruanorum'이라는 정확한 명칭으로 부르고 있다. 요컨대 조쿠르와 브넬은 어떤 이유에서건 제라드의 잘못된 학설을 그대로 받아들인 것으로 보인다.

파르망티에와 감자의 권리 선언

—

감자를 둘러싼 여러 편견 때문에, 17세기와 18세기 유럽의 농부들은 감자 재배에 그다지 열성적이지 않았다. 그러나 아일랜드에서만은 달랐다. 아일랜드의 춥고 습한 기후는 감자 재배에 매우 적합했다. 더군다나 17세기 중반 무렵, 아일랜드에 감자가 널리 퍼져 재배된 데는 이러한 자연 조건보다 더 중요한 이유가 있다. 아일랜드는 오랫동안 잉글랜드와의 갈등과 전쟁에 시달려왔다. 17, 18세기에 아일랜드 대부분의 토지는 잉글랜드에 거주하는 지주들의 소유였고, 지주들은 환금성이 높은 수출용 작물 재배나 가축 사육을 위해 그 땅을 사용했다. 즉 농민들의 실제 필요와는 상관없이 토지가 사용되었다는 뜻이다. 끊임없는 기근과 질병에 시달리던 아일랜드 농민들에게 넓은 땅이나 농기구도 필요 없고, 돌볼 필요도 별로 없는 감자는 그야말로 하늘의 선물이나 마찬가지였다. 더구나 감자는 땅속에서 자라고 오랫동안 보관되기 때문에, 서리를 비롯한 악천후나 전쟁의 말발굽에도 상당히 안전하다는 장점이 있었다. 한편, 유럽의 다른 지역에서는 정부가 강력하게 개입하여 감자 재배를 권장하기도 했다. 계몽주의 이상을 받아들여 위로부터의 개혁을 추진한다는 구실로 절대적인 권력을 행사했던 '계몽전제군주' 프로이센의 프리드리히 2세는 1756년 국민들에게 감자 재배를 강요하는 '감자 칙령'을 내리기도 했다. 하지만 입맛이 까다롭기로 이름난 프랑스, 특히 '프렌치 프라이'라는 유명한 요리법의 고향인 프랑스에서는 감자 재배가 그다지 활발하지 않았다. 이러한 상황을 바꿔놓기 위해 여러 계몽주의자가 많은 노력을 기울였는데, 그 가운데서도 파르망티에의 기여가 결정적이었다.

앙투안 파르망티에Antoine Parmentier는 1737년 프랑스 북부의 생디디에라는 소도시에서 태어나 약학을 공부하고, 1756년부터 1763년까지 계속된 '7년 전쟁'에 종군 약사로 복무하게 된다. 그는 프로이센군의 포로가 되어 독일에서 1년이 넘게 감금생활을 하면서 거의 감자만으로 끼니를 때워야 했는데 그때 감자가 가진 식품으로서의 장점을 몸소 체험하게 된다. 프랑크푸르트에서 화학을 더 연구한 뒤, 1763년 프랑스로 돌아온 그는 감자의 보급을 위해 힘쓴다. 1769년 대흉작을 겪은 후, 1771년 브장송 아카데미는 '기근의 참화를 줄일 수 있는 식량 연구'라는 주제로 논문을 현상 공모한다. 여기서 감자를 비롯한 여러 식물에서 쉽게 전분을 분리해낼 수 있다는 것을 밝힌 파르망티에의 논문이 상을 받게 된다. 논문에서 파르망티에는 "지난 전쟁에서 우리 병사들은 감자를 상당히 많이 먹었다. 과도하게 섭취한 경우도 있었지만 부작용은 없었다. 나도 2주 동안 감자만 먹고 지낸 적이 있지만 피로하거나 아프지 않았다"고 밝혔다. 그러나 아이러니하게도, 브장송 법원은 1748년 감자 재배 금지령을 내렸고 그 금지령은 여전히 유효했다. 1772년 파리 의과대학은 감자 소비가 위험하지 않다는 결론을 내린다. 파르망티에는 『감자의 화학적 분석*Examen Chimique de la Pomme de Terre*』(1773), 『감자로 빵 만드는 방법*Manière de Faire le Pain de Pommes de Terre*』(1778) 등의 연구서를 발표한다.

계몽주의자들의 특징은 그들의 이론을 삶 속에 조화롭게 실천했다는 데 있다. 파르망티에도 마찬가지여서 그의 업적은 단순히 이론적인 영역에 머무르지 않았다. 하루는 파르망티에가 친구들을 초대해서 만찬을 베풀었는데, 그날 차려진 음식들은 모두 감자를 재료로 한 것들이었다. 초대받은 손님은 디드로와 함께 『백과전서』의 책임편집자였던 달랑베르, 화학자 라부아지에, 그리고 벤저민 프랭클린 등이었다고 한다. 다른 계몽주의자들의 마음을 얻은 그는 이제 국가의 최고 권력에 접근한다. 1785년 8월, 베르사유에서는 루이 16세의 생일을 축하하는 파티가 한창이었다. 그때 수많은 귀족을 헤치고 한 남자가 연보랏빛 꽃으로 만든 꽃다발을 국왕에게 바친다. 국왕은 그 꽃, 바로 감자꽃을 왕비 마리 앙투아네트의 가슴에 꽂아준다. 감격한 파르망티에는 "폐하, 이제 굶주림이란 불가능합니다"라고 외쳤다고 전해진다. 또한 국왕을 따라하려는 수많은 귀족이 감자꽃을 찾는 바람에 그 천대받던 식물의 꽃값이 무려 금화 열 냥까지 올랐다는 이야기도 전해진다.

이제는 서민에게 다가갈 차례다. 파르망티에의 주장에 동의한 루이 16세는 파리 근교의 땅을 하사했고, 파르망티에는 그 땅에 감자를 재배했다. 그리고 그 밭에 경계를 서는 병사들을 배치했다. 그러나 병사들은 낮에만 감시를 하는 척하다가 밤에는 사라져버렸다. 아주 귀중한 것을 지키는 양 보는 이의 호기심을 자극해서 서민들이 이 '금지된 과일'을 훔쳐다 맛보고, 또 재배하도록 하는 것이 실제 목표였기 때문이다. 몇몇 귀족들은 파르망티에의 노고를 치하하는 의미에서 감자를 '파르망티에르'라 부르자고 제안했다고 한다. 루이 16세는 그에게 생-미셸 훈장을 수여한다. 파르망티에의 이름은 다진 고기와 으깬 감자로 만드는 프랑스의 대표적인 가정 요리인 '아시 파르망티에hachis parmentier'를 비롯한 여러 요리 이름에 지금도 남아 있다.

파르망티에를 비롯한 여러 학자의 노력에도 불구하고, 18세기 후반 프랑스는 극심한 흉작과 기근에 시달렸으며 여러 가지 사회 불안은 혁명으로 이어진다. 하지만 혁명이 한창이던 1794년, 한 여인이 오로지 감자만을 주재료로 삼은 31가지 요리를 소개하는 요리책을 출간한다. 그 책의 제목은 『혁명파 요리사*La Cuisinière Révolutionnaire*』다. 파르망티에의 노력이 마침내 민중에게도 뿌리를 내린 것이다.

의심하라, 의심할 수 없는 것까지

—

오해와 편견에서 시작해 오늘날 우리 식탁에 놓이게 된 감자의 전래는 뜻밖에 '지식'에 대한 성찰을 제공한다. 『백과전서』의 첫번째 권에 디드로는 「스키티아의 양Agnus Scythicus」이라는 항목을 집필, 게재한다. 이 항목의 주제가 되는 '스키티아의 양'이란 페르시아의 동쪽에 위치하고 유럽인들에게는 야만 지역을 대표하는 스키티아 또는 스키타이에서 발견되며 양羊처럼 생겼다고 전하는 특이한 식물이다. '양'이라는 이름에 걸맞게 이 식물은 겉모습이 양처럼 생겼고 털로 뒤덮여 있을 뿐 아니라, 그 주변에서는 다른 식물들이 자라나지 못하며 늑대들이 즐겨 먹는다고 알려져 있었다. 그러나 실제로 학자들이 조사해본 결과, 이 식물은 상당히 긴 솜털로 뒤덮인 고사리와 닮은 식물에 불과했다고 디드로는 전한다. 여기에서 디드로의 주된 관심은 이 허황된 식물의 실체보다는 이러한 전설이 생겨나고 전해져서 많은 사람이 믿게 된 과정에 초점이 맞춰져 있다. 디드로에 따르면 처음으로 이 식물을 소개한 사람은 17세기의 유명한 자연학자이자 예수회 수도사인 아타나시우스 키르허Athanasius Kircher다. 이어서 당대의 유명한 학자들, 심지어는 베이컨마저도 키르허의 '권위'만을 믿고 이 허황된 이야기를 사실로 받아들여서 전파하게 되고, 또 이 이야기는 이 학설을 지지하는 바로 그 유명한 사람들의 '권위'에 힘입어 점점 의심할 수 없는 진리로 굳어져갔다는 것이다. 결국 디드로가 이 항목을 통해서 보여주려던 것은 아무리 권위자의 것일지라도 모든 말과 글, 심지어는 학술 서적과 백과사전의 항목조차도 무조건적으로 받아들이지 말고 합리적인 비판의식을 통해 체로 치듯 걸러봐야 한다는 것이다. 하지만 우리가 직접 보았듯이, 책임편집자 디드로의 경고에도 불구하고『백과전서』의 항목들마저도 오류와 편견에서 완전히 자유롭지는 못했다. 오늘날의 모든 지식 생산자와 보급자들, 그리고 소비자들도 항상 깊이 고민해볼 일이다.

이영목_서울대학교 불어불문학과 부교수

서울대학교에서 프랑스 문학을 공부하고, 프랑스 파리 7대학에서 디드로의 『백과전서』에 관한 연구로 박사학위를 받았다. 우연히도 파리 7대학의 정식 명칭은 파리 7-드니 디드로 대학이다. 현재 서울대학교 불어불문학과 교수로 재직하고 있다. 디드로, 라메트리, 몽테스키외 등 18세기 프랑스 문학과 사상에 대한 연구를 계속하면서 다른 한편으로는 프랑스어권 아프리카 문학에 관한 연구를 병행하고 있다. 이는 계몽주의의 중심 주제인 문화의 보편성과 다양성에 대한 성찰을 오늘날에 계승, 발전시키려는 노력이다. 계몽주의와 프랑스어권 아프리카에 대한 여러 학술논문과 저서를 발표했고, 에르제의 만화 『땡땡의 모험』 시리즈 12권을 번역했다.

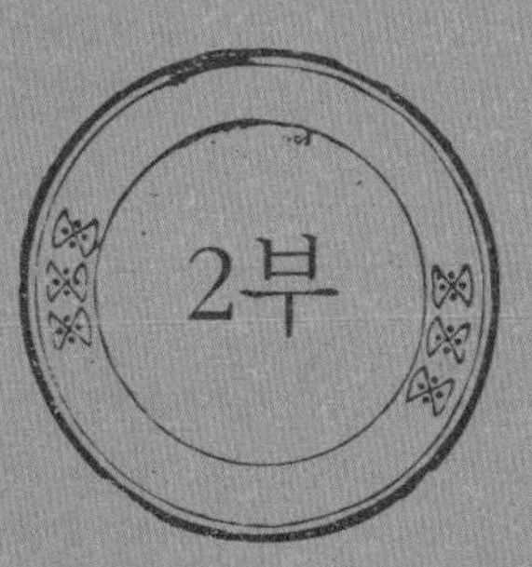
2부

일용할 양식에
도사린
통치술과
가난의 그림자

건륭제가
사랑한
강남의
맛

황제가 맛본 거지닭과 생선조림

드라마 〈황제의 딸〉에서였다. 청나라 건륭제乾隆帝, 재위 1735~1796는 미복微服한 채 여행중이었다. 건륭제와 제남濟南의 규수 사이에서 태어났지만 자신의 정체를 황제에게 알리지 못한 '백일홍', 그녀를 도와주는 '제비', 이 두 여인을 좋아하는 청년들과 함께였다. 황제의 여행단은 수레를 멈추고 야외에서 식사를 했다. 닭을 잡아 손질한 후 연잎에 싸고 진흙을 발라 달궈진 모래 속에 넣어 익혀 먹었다. 거지들의 조리 방법을 본떠 만든 요리인 '거지닭叫花鷄'이라는 음식이었다. 드라마의 이 장면은 건륭제의 일생에서 가장 중요한 두 가지 키워드를 함축하고 있다. 그것은 바로 '여행'과 '음식'이다. 건륭제는 여섯 차례의 강남 순행에서 강남의 맛에 반했다. 그는 거기에서 멈추지 않고 강남의 맛을 강북으로 이식해 만주족의 음식과 한족의 음식이 융합되는 기회를 제공했다. 여행과 음식을 위해서라면 돈을 아끼지 않았던 건륭제, 그의 식생활은 황제의 식단이 그대로 기록된 당안檔案, 청의 정부 문서에 고스란히 담겨 있다.

건륭제, 강남 가다

—

건륭제가 자신의 일생을 회고하면서 "내가 나라를 다스린 지 오십 년, 그중에서 두 가지 큰일을 꼽아보라면, 하나는 서부 변경을 안정시킨 일이고 하나는 남방 순행이다"라고 했듯 그의 정치, 경제, 문화 노선에 있어 가장 큰 영향을 미친 것이 남방 순행이었다. 건륭제는 재위 16년1751, 22년1757, 27년1762, 30년1765, 45년1780, 49년1784 등 모두 여섯 차례에 걸쳐 남순南巡을 했다. 그는 수도인 북경에서 출발해 산동을 거쳐 양주, 진강鎭江, 장강 하류 지역, 소주, 가흥嘉興, 항주까지 순수했는데 이중 양주, 진강, 소주, 가흥, 항주는 모두 강남 지역으로 볼 수 있다. 중국의 강남은 보통 장강 이남 지역을 지칭하지만 양주의 경우 장강 이북임에도 불구하고 강남과 매우 인접해 있는데다 같은 문화권역에 속하므로 넓은 의미의 강남으로 본다.

황제 일행은 수도에서부터 항주까지의 구간을 40개의 역으로 나누어 하루에 일정 거리만큼만 움직였으며 도중에 행궁 30곳을 두어 휴식했다. 당시 건륭제는 원칙적으로, 자신이 가는 길을 정비하거나 건물을 새로 짓는 등의 일로 재원을 낭비하거나 백성들을 괴롭히는 일이 없도록 했다. 그러나 지방 관리들은 황제의 시찰에 앞서 '황제가 공식적으로는 원하지 않았던' 일을 했다. 이때 큰 역할을 한 이들이 소금 생산과 유통을 통해 중국 전체 염상들 중 가장 많은 부를 축적했던 장강과 대운하 지역의 소금 상인들이었다. 특히 양주 염상들은 양주 천녕사天寧寺와 고민사高旻寺, 평산당平山堂 행궁의 건축과 조경 등에 돈을 쏟아부었다. 첫 남순 때 건륭제가 지은 「평산당의 매화를 읊다詠平山堂梅花」라는 시에서 건륭제는 스스로 주석을 달아 "평산당에 이전에는 매화가 없었으나 내가 남순한다고 염상들이 돈을 들여 만 그루를 심었다. 좋은 경치를 만들 뿐만 아니라 빈민들에게도 이익이 되겠기에 금하지 않았다"라고 기록했다. 이것만 보아도 염상들이 황제의 여행단을 만족시키기 위해 얼마나 애썼는지 알 수 있다.

건륭제가 남방을 순시한 명분은 치수 문제를 해결하고 강남 지방에 대한 통치를 강화하는 데에 있었다. 그는 남방을 순행하면서 숨은 인재를 발굴해 한족 지식인들을 포섭하는 한편, 곡부曲阜, 공자의 고향의 공자 사당, 소흥紹興의 우임금 능묘, 강녕江寧의 명 태조 능묘에 배향하여 자신이 중화의 대통을 잇는 인물임을 부각시켰다. 그러나 역마살이 대단한 이 황제에게 남순은 또다른 의미를 지니는 것이었다.

황제도 반한 강남의 맛

건륭제의 식생활은 선조들의 그것과 달랐다. 강희제康熙帝, 재위 1661~1722의 경우 한 번의 식사에 한 가지 맛만 올라오면 되었다. 예컨대 닭고기면 닭고기, 양고기면 양고기를 먹지 이 두 가지를 한 상에 올리지 못하게 했던 것이다. 옹정제雍正帝, 재위 1722~1735의 식습관 역시 매우 소탈하여 정찬이라 할지라도 일고여덟 가지 이상을 넘기지 않도록 했다. 이에 반해 건륭제는 정찬 때마다 40~50가지 음식을 받았고 남은 음식은 황후, 비빈, 신하 들에게 하사해 자신의 호의를 표시하곤 했다. 대식가는 아니었지만 여러 가지 음식을 받아 다양한 맛을 즐길 줄 아는 황제였던 것이다.

그의 혀끝이 섬세했던 만큼 황제가 먹는 음식을 만들었던 어차선방御茶膳房의 조리사들은 재료 선택에서부터 심혈을 기울여야 했다. 예를 들어 모든 음식의 기본인 물도 엄선한 물만을 사용했다. 자금성에 있을 때는 건륭제가 직접 '천하제일의 물'이라고 감별한 옥천玉泉의 물을, 강남 순행 때는 진강의 중령천中泠泉과 항주 호포천虎跑泉의 물만을 썼다. 호포천은 당나라 승려 성공선사性空禪師가 항주의 사찰에 머물 때 호랑이가 와서 파준 샘이라는 전설로도 유명한데, 건륭제는 특히 호포천 물로 우려낸 서호용정차西湖龍井茶, 항주 서호 일대에서 생산되는 녹차를 매우 좋아했다.

건륭제를 따라 어차선방의 조리사들도 남하했다. 그들은 식재료 수급에 차질이 없도록 젖소 75마리, 양 1000여 마리까지 배에 실었다. 황제는 하루에 정찬 두 끼, 그 사이에 간식을 두 번 먹었는데 묘시卯時, 오전 5시~7시에 먹는 조선早膳, 아침식사과 미시未時, 오후 1시~3시에 먹는 만선晩膳, 오후 식사, 그 사이에 먹는 조점早點, 오전 간식과 만점晩點, 저녁 간식이 그것이다(『양길재총록養吉齋叢錄』). 남순 때에도 황제의 식사는 북경에 있을 때와 마찬가지로 정해진 시각에, 정해진 가짓수대로 차려졌다. 다만 그 장소만 꽃밭, 염상의 정원, 하루에 두 차례 바닷물이 거꾸로 밀려오는 전당강錢塘江이 내려다보이는 곳 등으로 다양해졌을 따름이다.

건륭 30년 2월 15일 묘시, 건륭제는 수로를 유람하며 선상에서 아침식사를 했다. 접이식 식탁을 펴고 '뜨거운 솥에 담아낸, 볶은 닭고기가 들어간 가정식 모둠 숙회炒鷄家常雜膾熱鍋' '실처럼 가늘게 찢은 오리

건륭제의 남순을 기록한 『남순성전南巡盛典』에 실린 평산당 전경.

건륭 36년에 양강총독两江總督 고진高晉이 건륭제의 행적과 시를 모아 편찬한 책으로 120권으로 이루어졌다.

출처 『중국청대궁정판화中國清代宮廷版畫』, 안후이미술출판사, 2002

고기가 어우러진 제비집燕窩鴨絲' '양고기 편육羊肉片' 등의 음식을 받았다. '뜨거운 솥熱鍋'은 숯을 넣어 열기를 유지할 수 있도록 만든 만주족 특유의 식기였다. 그러나 오리고기는 중국 남부 지방의 대표적 식재료로서 본래 유목생활을 한 만주족이 즐겨 먹던 음식이 아니었다. 만주족이 가장 좋아한 고기는 뭐니뭐니해도 양고기였다. 따라서 이날 아침식사는 만주족의 일상적인 식사에 남방의 식재료가 가미된 것이었다. 그러나 이날 건륭제가 반한 것은 어차선방에서 바친 음식들이 아니었다. 소주의 관리인 보복普福의 집에서 일하는 조리사들이 만든 '찹쌀을 넣은 오리糯米鴨子' '실처럼 가늘게 찢은 닭고기가 어우러진 제비집燕窩鷄絲' '봄 죽순과 술지게미에 절인 닭고기春筍糟鷄' '훈제오리로 만든 소를 넣어 지진 완자鴨子火燻餡煎粘團' '실처럼 가늘게 찢은 닭고기를 넣은 시금치 두부 탕菠菜鷄絲豆腐湯'이 건륭제를 감동시켰다. 그는 음식에 만족한 나머지 "보복 집안의 조리사인 장성과 송원, 장동관에게 각각 한냥쯤 되는 은덩어리 두 개씩을 상으로 주어라"라고 명했다(『청궁양주어당淸宮揚州御檔』).

그날 오후 미시, 건륭제의 식사에는 이들 세 사람의 음식이 또 다시 올랐다. '살진 닭과 휘주 두부肥鷄徽州豆腐' '봄 죽순과 술지게미에 절인 고기燕筍糟肉'는 장성과 송원이 만든 것이었고 여기에 곁들여진 '과일 떡果子糕'은 장동관이 만든 것이었다. 고기를 술지게미에 넣어두었다가 조리하는 방식은 남방의 조리법인데 아침식사에 이어 오후 식사에도 이런 음식이 오를 수 있었던 것은 건륭제가 그 맛에 거부감을 느끼지 않았음을 말해준다. 덕분에 세 사람의 소주 조리사들은 이후에도 건륭제와 일정을 함께하며 음식 솜씨를 선보일 수 있었다. 이들은 '제비집 모둠탕燕窩攢湯' '달콤한 닭볶음糖炒鷄' '식초 소스를 가미한 연잎에 싼 닭고기醋溜荷包鷄' 등으로 건륭제의 입맛을 사로잡았다.

북경으로 돌아간 황제는 강남의 맛을 잊지 못해 어차선방에 강남의 음식을 재현하라고 명하곤 했다. 이에 따라 건륭 39년 11월에는 '술지게미에 절인 거위알糟鵝蛋' '술지게미에 절인 오리알糟鴨蛋' '술지게미에 절인 무糟蘿蔔'가, 건륭 41년 5월 초하루에는 술지게미에 절인 거위알, 술지게미에 절인 오리알, '건조시킨 메주豆豉'가 항주에서 올라왔다(『진소채저당進小菜底檔』). 건륭제는 북방에서 남방의 맛을 즐겼던 것이다.

건륭 49년 건륭제 일생에서 마지막 남순이 시작되었다. 2월 28일 미시, 황제의 오후 식사가 양주 천녕사 행궁의 화원花園에 차려졌다. 여느 때처럼 우유차奶茶로 시작해 '뜨거운 솥에 담아낸 들오리野鴨熱鍋' '뜨거운 솥에 담아낸, 계란 떡과 술로 훈제한 오리鷄蛋糕酒燻鴨子熱鍋' 등이 올랐다. 흥미로운 것은 소주에 있어야 할 장동관이 49년의 이 문서에도 이름을 올리고 있다는 점이다. 그는 이날 '뜨거운 솥에 담아낸, 계란 떡과 술로 훈제한 오리'를 만들었다. 그가 만든 음식을 잊지 못한 황제가 일부러 그를 다시 부른 것일까?

황제의 식단을 기록한 『절차조상선저당節次照常膳底檔』 중 건륭 48년 5월 30일의 기록을 보자. 건륭제는 열하熱河, 지금의 청더承德 피서산장避暑山莊, 청나라 황실의 피서지의 연훈산관延熏山館이라는 전각에서 오후 식사를 받았다. 먼저 우유차를 마신 건륭제는 '제비집과 술로 훈제한 오리燕窩把酒燻鴨子'를 먹었다. 그런데 이 문서는 장동관이 황제의 피서산장에서 음식을 만들었다고 기록하고 있다. 왜일까? 그것은 장동관이 건륭 30년에 발탁되어 동료 조리사들과 함께 황제의 어가를 따라 북경으로 갔기 때문이다. 그는 이후 황제가 어딜 가든 동행하여 건륭제의 마지막 남순 때에도 일흔이 넘은 몸으로 황제의 식사를 준비했다.

미식가 황제의 남순은 조리사들의 남하를 의미했다. 이로써 황제의 조리사들은 낯선 식재료와 조리법을 접할 기회를 얻었고 남방의 조리사들은 황제에게 발탁되어 북경으로 갈 수 있는 기회를 얻었다. 또한 남북 조리사들의 조우는 조리 기법과 양식에 변화를 가져왔다. 청대 음식문화 발전사에서 건륭제의 역할을 비중 있게 다루는 것도 이 때문으로 건륭제 일생의 두 가지 키워드, 전략적인 남순과 음식에 대한 애호가 합쳐져 청대 음식문화의 집대성인 만한석滿漢席이 만들어지게 된다. 본래 조정의 연회를 담당하는 광록시光祿寺의 규정에 따르면 만주족 음식을 일컫는 '만석滿席'과 한족 음식을 뜻하는 '한석漢席'은 한자리에 차려지지 못했다. 만석은 속칭 '발발석餑餑席'이라고 하는데 신분의 고하, 연회의 종류에 따라 여섯 등급으로 나뉘었다. '발발'은 만주족의 전통 음식으로 찐빵, 국수, 떡 등 우리가 흔히 딤섬點心이라고 부르는 음식에 가깝다. 한석은 예부시의 시험관과 담당 관리를 위해 차려지던 연회상으로 세 등급으로 나누어졌다. 이처럼 만석과 한석은 그 목적 자체가 달랐기 때문에 함께 차려질 수 없었다. 그러나 건륭제의 남순을 계기로 이 음식들이 한자리에 오르게 되어 건륭 41년1776, 『양주화방록揚州畫舫錄』에 만한석이라는 단어가 처음으로 등장하기에 이른다. 18세기 청나라의 키워드인 '만한일체滿漢一體'가 음식의 만한일체로 이어진 것이다. 만한일체란, 한족 또한 만주족과 똑같은 청나라의 백성으로 대하겠다는 뜻으로 강희제 이후 청나라의 민족정책을 일컫는 말이다.

잊을 수 없는 맛, 기억할 만한 이야기

건륭제의 남순에 대한 후세 사람들의 시각은 비판적이었다. 강희제가 남순으로 낭비한 국고를 옹정제가 채우고 건륭제가 남순으로 또다시 비웠다는 지적은 건륭제가 내실을 꾀하기보다는 소비를 앞세웠음을 비판한 것이다. 그러나 건륭제의 소비는 다른 방향에서 성공을 거두었다.

건륭제는 자신의 정치권력과 군사력만으로는 이토록 다양한 민족을 다스려나갈 수 없음을 인지했을 것이다. 그는 물리적인 거리보다 심리적인 거리가 더 멀었던 남방을 순수하면서 그의 면면을 과시하는 방법을 택했다. 가는 곳마다 시와 문장을 남겨서 자신이 문화적인 군주임을 알렸고 미복을 한 채 백성들과 만난 숱한 일화로 민간의 뇌리에 깊게 파고들었다.

비 내리는 어느 날, 정체를 알 수 없는 귀인이 문 앞에 서서 한 끼 식사를 청했다. 가난한 주인은 그의 청을 거절하지 못해 생선대가리

반쪽과 두부 한 덩어리를 두반장豆瓣醬, 누에콩으로 담근 매콤한 맛이 나는 중국의 장으로 간한 생선조림을 내놓았다. 그 맛을 잊지 못한 귀인은 3년 후 다시 찾아와 같은 음식을 청하였다. 귀인은 가난한 주인을 위해 은자를 내어 주며 '왕윤흥주루王潤興酒樓'라는 이름의 식당을 차리도록 해주었다. 참고로, '왕윤흥주루'라는 이름의 핵심 의미는 '윤潤' 자에 있다. 이 글자를 파자해보면 '비 오는 날氵 문門에 서 있던 황제王'라고 풀이할 수 있는데, 여기서의 황제는 바로 이 이름을 지어준 건륭제를 지칭한다. 현재 항주에 있는 왕윤흥주루는 1934년에 문을 연 식당으로 당시 황제에게 대접했던 음식을 재현하고 있다.

5년 후 이곳을 다시 찾은 귀인은 또 생선조림을 청했고 변함없는 맛에 감동하여 그 식당에 '황제의 식사'라는 뜻의 '황반아皇飯兒' 세 글자를 써주었다. 그 귀인은 바로 건륭제였다. 이런 일화들을 통해 건륭제는 금방이라도 문을 두드릴 것 같은 귀인, 미복을 한 채 관리들을 감찰하여 비리를 척결해줄 것 같은 황제의 이미지로 남았다. 19세기에 완성된 『건륭남순기乾隆南巡記』라는 소설에서 건륭제가 미복을 한 채 풍속을 감찰하고 악인을 처단하는 모습으로 그려진 것도 그러한 그의 이미지를 반영한 결과다. 비록 건륭제는 여행과 음식을 위해 적자를 무릅썼지만 그는 몇 백 년이 지난 지금까지 자신의 이미지를 이어갈 수 있는 무형의 흑자를 남긴 셈이다.

2012년 9월 30일, 중추절. 항주 서호西湖는 나들이 나온 사람들로 넘쳐났다. 주변 도로가 한시적으로 일방통행으로 운영된 탓에 차편을 구하려는 사람과 반짝 대목을 보려는 봉고차, 자가용 영업 기사들이 뒤엉켜 실랑이가 벌어졌다. 가까스로 붙잡은 불법 자가용 영업 기사

항주의 왕윤흥주루. ©정세진

건륭제와 한 가난한 백성의 이야기가 담긴 이곳은 황제의 한 끼를 먹고자 하는 사람들로 늘 북적인다.

는 왕윤흥주루가 2년 전에 문을 닫았다며 진짜 황제가 밥을 먹은 식당으로 안내하겠다고 말했다. 공안公安에게 들키지 않기 위해서 혼잡한 대로변에 내려주었음을 알아차렸을 때 그 차는 이미 사라진 뒤였다. 다행히 가짜 황제의 식당에서 그리 멀지 않은 곳에 진짜 황제의 식당이 있었다. 중추절을 맞이하여 황제의 한 끼를 먹기 위해 몰려든 사람들이 대기자 명단에 이름을 올렸다. 그들은 거지닭과 생선조림, '솔방울처럼 칼집을 내어 다람쥐 꼬리 모양으로 튀겨낸 새콤달콤한 쏘가리松鼠桂魚, 건륭제가 좋아했다는 생선 튀김'를 먹으면서 황제의 일화를 떠올리는 듯했다.

시드니 민츠는 『음식의 맛 자유의 맛』(조병준 옮김, 지호, 1998)에서 이렇게 말했다.

> 인간이 먹어온 음식에는 그것을 먹는 사람들의 과거와 연결된 역사가 담겨 있다. (…) 사람들은 그저 단순히 음식을 먹기만 하는 것이 아니다. 음식을 소비하는 데에는 언제나 의미가 뒤따랐다. 이 의미들은 상징적인 것이며 또 상징적으로 소통되었다. 그 의미들 역시 나름의 역사를 지니고 있다.

강남 여행을 즐겼던 황제가 반한 강남의 맛, 그것은 역사가 담긴 맛을 즐기려는 사람들에게 아직도 유효한 맛이었다.

정세진_ 서울대학교 중어중문학과 강사

경북과학고등학교를 거쳐 서울대학교 식품영양학과를 졸업했다. 몸에 맞지 않는 옷 같은 이학 공부를 그만두고 한시가 좋아 서울대학교 중어중문학과 대학원에 진학했다. 동 대학원에서 「소식蘇軾 음식시飮食詩 연구」(2006)로 석사학위를, 「오대시안烏臺詩案의 사회문화적 함의 연구」(2012)로 박사학위를 받았다. 이제 출발선에 선 인문학자로서 소식을 비롯한 송대 문인들의 문화사, 동아시아의 필화 사건, 중국의 음식문화 등에 관심을 두고 있다. 할머니가 될 때까지 묵묵히 공부하는 연구자, 학생들과 소통할 줄 아는 좋은 선생이 되는 것이 바람이다.

한 푼에
취하고
두 푼이면
만취

영국 빈민을 사로잡은 진 광풍

역사적으로 영국 사람들이 즐겨 마시던 술은 맥주였다. 맥주보다 알코올 농도가 높은 증류주는 16세기경부터 보급되었으나, 수입품으로 가격이 매우 비쌌던 까닭에 귀족이나 부유층이 주로 마셨고 서민들은 접하기 힘들었다. 그러나 18세기 초반에 진Gin이라 불리는 값싼 증류주가 대량으로 공급되면서 영국에서는 소위 '진 광풍Gin Craze'이라 불린 알코올 과잉 섭취 열풍이 유행처럼 번져 심각한 사회문제로 떠올랐다. 이 현상은 1720년대 초에 본격적으로 시작되어 약 30년간 지속되었으며, 도시 빈민층, 특히 런던 빈민가를 중심으로 크게 확산되었다. 소설가 헨리 필딩Henry Fielding, 1707~1754은 「최근 절도범이 증가하는 이유」라는 글에서 이러한 사회적 열풍을 크게 우려하면서, 만일 이와 같은 현상이 앞으로 20년간 더 지속된다면 진을 마실 수 있는 서민층이 더이상 존재하지 않을 것이라고 경고하기도 했다.

조금만 마셔도 취할 수 있는 빈민의 술

—

진은 17세기 네덜란드에서 처음 개발된 음료로, 맥아malt를 원료로 하여 만든 증류주를 노간주나무 열매로 가미하고 다시 증류하여 부드럽고 마시기 좋게 만든 술이다. 그래서 노간주나무의 이름genèvre에서 유래해 처음에는 지니바Geneva라고 불렸다. 진이라는 이름도 이것이 변형된 것이다. 진은 영국 내에서 생산되기 전까지 네덜란드에서 수입되었기에 홀란드Hollands라고 불리기도 했는데, 그 가격이 만만치 않았다. 그러다 1720년 즈음 영국의 증류주 생산자들이 곡물을 이용해 맛을 어느 정도 보장할 수 있는 증류주를 만들어내는 데 성공한다. 당시 영국의 곡물 가격이 하락하면서 보다 더 질 좋은 곡물을 증류주 재료로 쓸 수 있었던 것이 성공의 발판이 되었다. 영국에서 진은 두 단계의 생산 과정을 거쳐 상품화되었다. 먼저 대규모 주조장에서 곡물을 원료로 알코올 농도가 높은 순수 증류주를 생산했다. 그러면 이 증류주를 영세한 제조자가 공급받아 물에 희석시키고 설탕과 과일즙(노간주나무 열매, 아니스 씨, 체리 등에서 추출한 것)을 첨가하여 상품으로 판매했다. 이렇게 생산된 진은 마치 과일 주스 같은 맛이 나는데다 싼값에 공급되었기에 저소득층 사이에서 인기가 높았다. 더욱이 진은 맥주와 달리 알코올 농도가 높았기 때문에 조금만 마셔도 취할 수 있었다. 18세기 영국의 진 광풍은 이렇게 값싼 진이 다량으로 널리 보급되면서 일어난 현상이다.

마셔라 마셔라 마셔라

—

18세기 영국에 불붙었던 진 소비 풍조는 그야말로 광풍이었다. 역사적 사료에 따르면 18세기에 진의 연간 소비량은 수백만 갤런(영국에서 1갤런은 4.55리터)에 달했다고 한다. 1700년부터 진 열풍이 나타나기 시작한 1720년 사이에 영국의 진 판매량은 두 배로 늘었다. 그리고 9년 만인 1729년에 진 판매량은 또다시 두 배로 증가했다. 이렇게 급증하는 진 소비와 이에 따른 부작용을 막기 위해 정부는 주세를 인상하는 등의 조치를 취하기 시작했다. 1700년에 영국의 성인 한 명이 1년 동안 마신 진은 3분의 1갤런이 조금 넘었는데 30년 후에는 그것이 2.2갤런으로 일곱 배 가까이 증가했으며, 진 광풍이 절정을 이룬 1743년에는 약 800만 갤런의 진이 소비되었다.

진 광풍의 심각성은 진을 소비한 계층이 극히 일부 서민층에 한정돼 있었다는 데 있다. 즉 인구가 밀집한 대도시의 저소득층, 특히 수도 런던의 빈민가에서 진이 주로 소비된 것이다. 18세기 초 런던은 유럽에서 가장 큰 도시였으며, 이미 60만에 육박하던 인구는 계속 늘어나는 추세였다. 지방에서 일자리를 찾아 몰려온 빈민들은 주로 런던의 동쪽 지역East London이나 웨스트민스터Westminster 지역에 밀집해 살았다. 이들 지역은 심한 주택난과 도시 위생 문제에 시달렸으며, 구걸과 매춘, 음주로 인한 소란 행위 등이 만연했다. 절도와 같은 각종 범죄 또한 증가하여 많은 사회적 우려를 낳았다. 그리고 진 광풍 또한 이러한 지역에서 가장 심하게 나타났다. 맥주가 광범위한 지역의 다양한 계층에서 비교적 '온건하게' 소비된 점을 생각해보면, 이러한 현상은 이례적인 것이었다.

윌리엄 호가스(William Hogarth), 〈진 거리Gin Lane〉, 38×32㎝, 1751, 영국 박물관 소장.
이 판화에서 호가스는 런던 빈민가에 만연한 진 중독 사태의 심각성을 고발하고 있다.

진은 주로 '진숍gin shop'이라 불리는 곳에서 팔았는데, 이 또한 빈민가에 밀집되어 있었다. 1736년의 어느 기록에 의하면 당시 영국 전역에 진숍이 무려 12만 곳이나 있었다고 한다. 바꿔 말하면 열 가구당 한 곳이 진숍이었다는 뜻이다. 다소 과장된 이 기록의 정확성은 확인할 수 없으나 진을 파는 주점들이 빈민가에 밀집되었던 것은 사실이고, 이외에도 길거리에서 무허가로 진을 판매하던 사람들도 있어 진은 어디서나 쉽게 구할 수 있었던 술이라는 점은 분명하다. 이러한 상황은 또한 가격 경쟁을 일으켜 진의 값을 내리는 데도 한몫을 하였다.

진의 가격은 매우 싸서 1페니면 진 4분의 1파인트(약 142밀리리터로, 오늘날 사용하는 30밀리리터짜리 스트레이트 잔으로 넉 잔 넘게 마실 수 있는 양)를 살 수 있었는데, 이는 작은 빵 한 덩어리 값과 같았다. 진 광풍의 심각성을 알리기 위해 화가 윌리엄 호가스가 그린 〈진 거리〉라는 그림을 보면, 주점 입구에 "1페니로 취할 수 있고, 2페니면 만취할 수 있다"라는 광고 문구까지 나붙어 있을 지경이었다. 맥주를 대량으로 마셨던 영국인들에게 술에 취한 사람들의 모습은 새로울 것이 없었다. 그러나 강한 알코올에 익숙하지 않았던 영국 서민들은 진을 맥주 마시듯이 마셨고, 심지어는 내기를 하면서 진 4파인트(약 2.27리터)를 연속으로 들이켜 사람이 죽었다는 기록도 있다. 더욱이 영양 상태가 좋지 않았던 대부분의 도시 빈민들은 이렇게 강한 술을 견뎌낼 수 없었고, 그래서 더 빨리 취했을 뿐만 아니라 건강도 급속히 악화되었다. 이렇게 만취한 사람들을 위해 2페니 정도의 돈만 내면 술이 깰 때까지 잠을 재워주는 방도 등장했으며, 여러 사람이 빽빽이 누워 자던 이런 방이 항상 만원이었다는 사실에서 진 광풍이 얼마나 심각한 사태였는지를 짐작할 수 있다. 이런 방을 이용할 형편이 못 되는 사람들은 곧잘 길거리에 쓰러져 잤으며,

지나가는 마차에 깔리거나 하수구에 빠져 변을 당하는 경우도 흔했다. 헨리 필딩은 진이 이들의 주식主食이었다고 묘사했으며, 기록에 의하면 진 광풍이 한창일 때 우유 소비량이 줄었다고 한다.

술 마시는 여자

진 광풍의 또하나 특이한 점은 진이 저소득층 여성들에게 매우 인기 있는 술이었으며, 여성들은 진의 소비자일 뿐만 아니라 판매자로도 등장한다는 점이다. 그래서 진은 '여성들의 기쁨the Ladies' Delight' '마담 지니바Madam Geneva' 혹은 '진 어머니Mother Gin'와 같은 이름으로도 불렸다. 여성들이 진을 판매할 수 있었던 이유는 비교적 적은 돈으로, 단속의 손이 잘 미치지 않았던 빈민가에서 무허가 노점상을 할 수 있었던 데 있다. 이처럼 저소득층 여성이 무방비 상태로 진에 중독되자, 이에 대한 사회적 비판이 봇물 터지듯 쏟아져나왔다. 진 가게에서 여성이 남성과 어울려 술을 마시는 것은 전에 못 보던 모습으로 사회적 비난의 대상이 되었다. 더욱이 임산부나 유모의 진 중독은 태아나 어린아이의 건강에 악영향을 미치기에 더욱 심각한 우려를 자아냈다. 호가스의 그림 〈진 거리〉의 중앙에는 진에 만취한 한 여인이 무릎에 안고 있던 아이가 계단 아래로 떨어지는 줄도 모르고 퍼질러 앉아 있는 모습이 그려져 있다. 이 여성의 다리에는 성병의 증상으로 보이는 염증이 여럿 있는데, 이처럼 진에 중독된 여성은 성적으로 문란하거나 매춘 등에도 노출돼 있다고 여겼다. 가임기 여성이 진에 중독된 경우, 병약한 아이를 출산한다는 점도 우려의 대상이었다. 당시 식민지를 거느리고 제국으로 발돋

움하던 영국은 군인과 노동자 등 많은 인력을 필요로 했다. 그러한 측면에서, 미래의 노동력인 아이들의 건강을 위협하는 진 광풍은 막대한 국가적 손실을 초래하는 일이었다. 이렇듯 저소득층의 주음료가 된 진은 지배층에게는 혐오와 우려의 대상이었다. 그리하여 진 판매를 규제해야 한다는 여론이 높아지는 가운데 정부는 1729년부터 1751년 사이, 수차례에 걸쳐 각종 규제와 법안을 통과시켜 이 문제를 해결하려고 하였다.

진 없이는 국왕도 없다

진을 반대하는 사람들은 진 중독이 사회적 질서를 위협한다고 보았다. 『로빈슨 크루소』의 저자 대니얼 디포는 이미 1727년에 진 판매를 규제하라고 주장했다. 영국의 지배계층은 진에 찌들어 통제가 불가능해진 저소득층과 빈민층의 불만이 폭동으로 이어질 수 있다고 우려했다. 동시에 진을 매춘, 살인, 절도 등 각종 범죄를 증가시키는 원인이라고 보았다.

무분별한 진 소비와 무허가 진 판매를 막기 위해서 영국 정부는 수차례에 걸쳐 주세 인상과 진 판매 허가제, 무허가 판매 단속 등 각종 규제 조치를 시행했으나, 18세기 중반까지는 큰 성과가 없었다. 그런데 진 광풍 뒤에는 몇 가지 복합적인 정치·경제적 요인과 이해관계가 얽혀 있었다. 우선 주류에 부과된 세금은, 당시 프랑스와 전쟁중이었고 이로 인해 재정난을 겪고 있던 영국 정부에 매우 중요한 수입원이었다. 또한 영국의 양조업체는 막강한 세력을 행사했는데, 그들 뒤에는 증류주의 주원료인 곡물을 제공하는 지주들이 버티고 있고 곡물 가격이 하락세를

작자 미상, 〈마담 지니바의 불행한 추락 The Lamentable Fall of Madam Geneva〉, 34.6×29.6㎝, 1736, 영국 박물관 소장.
1736년 영국 정부가 진 판매를 규제하기 위해 강력한 조치를 취하자, 서민들은 강하게 반발했다. 같은 해에 그려진 이 판화는 그 당시 정부가 취한 규제를 풍자하고 있다.

보이던 18세기 초에 진 생산은 곡물 가격을 높게 유지하는 데 기여하였다. 이처럼 진 뒤에는 정부와 의회에서 막강한 세력을 행사하던 집단들의 이해관계가 얽혀 있었으며, 이런 복합적인 관계는 진 판매에 대한 정부의 규제가 단순히 진의 소비를 줄이는 데만 그 목적이 있었던 것은 아니라는 점을 보여준다.

1729년부터 통과된 일련의 법들이 효과를 보지 못하고 무허가 진 판매가 난무하자 1736년, 영국 의회는 획기적인 조치를 취했다. 진을 포함한 모든 주류에 부과된 세금을 인상하고, 진을 판매하려면 50파운드라는 천문학적인 영업 허가료를 내도록 하는 법을 통과시킨 것이다. 당시 세관 직원의 연봉이 50파운드 정도였으니, 이 금액이 얼마나 큰돈이었을지는 충분히 짐작할 수 있다. 이 법은 서민들에게 엄청난 반발을 샀다. 런던에서는 "진 없이는 국왕도 없다No Gin, No King"는 구호와 함께 일련의 폭동이 일어났으며, 이 법을 풍자하는 『진 여왕의 폐위와 죽음*The Deposing and Death of Queen Gin*』이라는 극작품까지 등장했다. 결국 현실성 없는 이 법은 1743년에 폐지되었고, 영국 정부는 1751년에 마지막 진 규제법을 통과시키면서 진에 부과하는 세금을 올리고 판매 규제를 강화했다.

그러나 마지막 진 규제법이 통과될 즈음 진 소비가 처음으로 감소세를 보이기 시작하면서 진 광풍은 수그러들기 시작한다. 그리고 18세기 후반에는 그 같은 감소세가 더욱 가팔라져, 1인당 연간 진 소비량이 0.6갤런(약 2.73리터) 정도에 머물면서 안정적인 소비 경향을 보이기 시작했다. 진 광풍이 이렇듯 수그러든 것은 정부의 법이 효력을 발휘한 때문만은 아니었다. 18세기 중반 영국은 몇 차례나 심각한 흉작을 겪었으며, 이는 곡물 가격을 상승시켰다. 동시에 18세기 중반부터 인구 증가로 저소득층의 평균 임금이 하락하면서 진의 주소비자였던 빈곤층의 경제적 형편이 더 어려워졌다. 이와 함께 진이 온갖 범죄와 성적 문란, 무질서 등을 조장하여 사회의 안정을 해친다는 이유로 반反음주 운동에 적극적이었던 개혁파의 역할도 무시할 수 없을 것이다.

18세기 영국의 진 광풍은 복합적인 성격을 띤 현상으로, 이는 마치 현대사회의 마약중독과도 같은 일종의 신드롬이었다. 이는 도시 빈곤층 형성, 중독성 물질의 대량생산과 유통, 범죄, 국민 건강 문제 등 도시화된 현대문명에서 발생할 수 있는 각종 사회적 문제들을 일찍이 예고한 현상으로 주목된다.

문희경_고려대학교 영어영문학과 교수

문희경은 영국 옥스퍼드 대학에서 영문학으로 학사를 받고 동 대학에서 석사학위와 박사학위를 취득했다. 17·18세기 영문학을 전공했고, 중세 르네상스를 포함한 고전영문학을 강의하고 있으며, 저서로 『고전영문학의 흐름』 등이 있다. 주된 관심사는 17세기와 18세기 영국 여성작가들과 여행을 주제로 한 문학이다.

행복을
약속하는
번영의
맛

맥주가 영국을 흥하게 하리라

> 영국 맥주는 유럽에서 제일가는 것이다. (…) 싸움에서 담판을 지을 때면 꼭 두세 사발의 맥주를 들이켜야 했다. 영국에서 맥주 없이 성사되는 거래란 없기 때문이다.
>
> —제어빈 로시포트 Jarevin de Rochefort, 1672

맥주는 영국의 음료수였다. 식수 자원이 한정되어 있는 영국에서 오랜 시간 식수를 대체하는 음료로, 노동과 행군의 피로를 씻어주는 활력의 근원으로 사랑받던 것이 맥주였다. 맥주가 처음 등장한 16세기 이후부터 각종 제조업이 본격적으로 발달하기 시작한 19세기 이전까지 맥주 주조 산업은 영국 산업의 근간을 차지하는 주요 생산업 중 하나였다. 이 기간 동안 맥주는 생산과 판매, 소비 전역에 걸쳐 영국의 경제와 문화 전반을 아우르는 주요한 상징이자 핵심 물품으로서의 기능을 담당했다. 특히 18세기에 이르러서 거주양식과 생활양식이 도시 중심, 상업 중심으로 급격하게 재편되는 과정에서 맥주는 누구나 일상적으로 소비하는 품목이 되어 18세기 영국 문화와 경제에 지대한 영향을 미쳤다. 이는 커피, 초콜릿, 담배, 브랜디처럼 상류계급이 즐겨 소비하던 수입 사치품이나 진과 같은 저렴한 대체재와는 또다른 맥락에서 이해할 수 있다. 특정 계급과 지역, 문화권에서 소비되던 사치품과 달리, 맥주는 그런 것에 구속받지 않고 폭넓게 소비되었으며, 이러한 까닭에 맥주는 광범위한 소비대중을 이어주고 이들의 결속을 다지게 하는 중요한 매개체가 되었다.

생산에 활력을 불어넣는 맥주의 힘

18세기 커피하우스가 공론의 장이라는 공적 영역을 형성한 것과 유사하게, 맥주를 판매하던 에일하우스alehouse, 혹은 펍pub, 퍼블릭하우스public house의 줄임말이라 불리던 술집은 소비를 통해 얻을 수 있는 집단적 쾌락을 공유하는 여흥의 공간을 형성했다. 커피하우스에 모여든 사람들은 이성적이고 합리적인 토론을 즐기면서 자신들의 사회적·정치적 정체성을 형성하고 확인했다. 이와 유사한 맥락에서, 에일하우스에 모인 사람들은 먹고 마시는 것을 즐기면서, 즉 소비의 쾌락을 공유하면서 공동체적 정체성을 만들고, 또 확인했던 것이다. 비슷한 기능을 하던 태번tavern, 숙소와 식당, 술집이 함께 있는 여흥 공간과 인inn, 고급 숙소와 술집이 결합된 형태이 점차 고급화되고 진숍이 기층민을 빠르게 흡수해가는 와중에도 맥주

작자 미상, 〈위트브레드 주조장의 맥주 광고 Whitbread's Porter〉, 18세기.

를 주로 판매하던 에일하우스와 펍은 그 수와 영향력을 꾸준히 확대해 나갔다.

그런데, 맥주는 앞서 언급한 소비재들과는 다른 한 가지 중요한 차이점이 있었다. 대부분의 사치재가 영국의 교역 확대에 힘입어 국내 유입이 증가된 수입품이었던 데 반해, 맥주는 원료와 생산시설 모두 영국의 내수 경제에 기반을 두고 있었다. 18세기 들어 농업이 급속도로 발전했으며, 맥주 주조 업체는 대규모 생산시설을 갖추기 시작했다. 국가 경제에서 맥주가 차지하는 비중도 자연스레 커져갔다. 맥주는 단순히 영국의 오래된 전통 음료일 뿐 아니라, 성장하는 영국의 미래를 보장하는 기간 품목으로 인식되었던 것이다.

그러한 당대의 인식을 명확히 보여주는 것으로 18세기 들어 커다란 인기를 얻었던 포터porter 맥주 '위트브레드'의 광고가 있다. 포터는 에일이라 불리던 기존의 맥주보다 더 진하고 도수도 높아서 18세기에 크게 유행한 맥주 종류를 일컫는 말이다. 광고 도안은 남성으로 의인화된 맥아(왼쪽)와 여성으로 의인화된 호프(가운데)의 결합으로 포터 맥주(오른쪽)가 생겨난다는 이야기를 보여주고 있다. 그런데 이야기의 중심이 되는 세 인물 뒤에 보이는 배경의 의미에 주목할 필요가 있다. 광고는 맥주의 탄생을 건강한 가정의 축복받은 생산으로 의인화했을 뿐만 아니라, 그 생산의 배경으로 이야기를 확장시킨다. 왼쪽의 농장과 오른쪽의 주조 공장은 맥주가 상징하는 행복감과 번영, 축제의 정서가 단순히 개인적 차원에서 이루어지는 상품의 소비에만 기인하는 것이 아니라, 그 상품을 만들어내는 경제 기반의 확장과 연결된다는 점을 나타내고 있다. 그러므로 맥주는 사적이고 소모적인 쾌락을 주는 단순한 술에 그치는 것이 아니라, 국가적 번영의 포석이 되는 상품이었던 것이다. 이러한 인식은 이 한 장의 광고에 그대로 드러나 있다.

번영의 이미지가 가득한 맥주 거리

—

윌리엄 호가스의 판화 〈맥주 거리〉 역시, 맥주를 국가 경제적 번영과 연관지어서 그려내고 있다. 호가스의 판화는 당시 큰 문제가 되고 있던 진의 폐해를 강조하기 위해 그린, 앞 장에서 본 〈진 거리〉와 함께 연작으로 출간되었다. 활력을 상징하는 맥주와, 각종 사회적 폐해를 낳는 진을 극명히 대비해 보여주고자 한 것이다. 축제의 장인 맥주 거리를 관통하는 이미지는 건강과 번영이다. 호가스는 왕의 건강을 기원하고 경축하는 국가적 행사인 국왕의 생일에 벌어진 한바탕 축제의 순간을 묘사하면서 이를 〈맥주 거리〉라는 이름으로 명명하고 있다. 〈맥주 거리〉를 보면, 그림의 중앙에 맥주통이 매달려 있고(〈진 거리〉에서 동일한 위치에 매달려 있는 것은 관이다), 다양한 직업을 가진 사람들이 한데 모

윌리엄 호가스, 〈맥주 거리Beer Street〉, 38×32㎝, 1759, 영국 박물관 소장.

여 한바탕 축제의 기분에 빠져들어 있다. 화가는 붓을 들고, 생선장수는 생선 꾸러미를 이고, 마부는 열쇠를 쥐고, 푸줏간 주인은 돼지 넓적다리를 들고 휴식을 취하면서 맥주를 즐기고 있다. 〈진 거리〉 중앙에는 병색이 완연한 매춘부가 아이가 떨어지는 것도 모른 채 취해 있지만, 〈맥주 거리〉 중앙 하단에 있는 남녀의 다정한 모습이나 다른 인물들의 육중한 신체 묘사는 다양한 종류의 육체적 건강을 맥주와 연결시키고 있다. 이러한 건강은 단순히 개개인의 신체적 건강을 의미할 뿐만 아니라 경제적인 건강성과 활력을 뜻하기도 한다. 축제에 모여든 군중은 단순히 쾌락을 향유하는 소비자가 아니라 자신의 직업을 잘 수행하고 있는, 경제적 생산 주체임이 분명하게 드러나고 있기 때문이다. 번영하는 거리에서 단 한 군데 폐업 상태인 곳이 전당포라는 점 역시 이를 반증한다. 경제가 건강하지 못할 때, 즉 생산이 더이상 담보되지 못할 때 번성하는 곳이 전당포인데, 전당포가 문을 닫았다는 것은 경제가 건강하다는 것을 의미하기 때문이다.

호가스의 판화에서 맥주가 선사하는 건강과 번영은 단순히 생산을 담당한 노동계급에만 국한되지 않는다. 맥주가 영국의 재료와 기술로 생산되는 상품인 만큼, 이는 당시 영국의 국가 정체성과 긴밀한 연관을 지닌다. 일례로, 1751년판 호가스의 〈맥주 거리〉를 보면, 검은 옷을 입은 대장장이가 프랑스인을 집어들어 패대기치려는 행동을 취하고 있다. 이 장면은 맥주에 내포된 국가중심적, 혹은 민족주의적 정서를 단적으로 보여준다. 대장장이는 단순히 하나의 직업이라기보다, 국가의 위용을 과시하는 군수물자와 각종 생산의 수단이 되는 도구들을 만든다는 점에서 영국의 힘을 상징하며, 이러한 상징성을 부여받은 대장장이가 세련된 차림을 한 프랑스인을 거리 한가운데에서 힘으로 제압

윌리엄 호가스,
〈맥주 거리〉(부분), 1751,
영국 박물관 소장.

하는 설정은 맥주 축제가 찬양하는 번영과 건강이 영국이라는 국가 전체의 번영을 뜻한다는 해석을 뒷받침해주고 있다. 실제로 맥주는 프랑스에서 수입되는 와인의 주요 경쟁 상품이었으며, 끊이지 않던 프랑스와의 무역 마찰과 정치적 충돌 속에서 맥주의 국가적 위상과 문화 정체성은 한층 강화되었다. 호가스의 판화 하단에 인용된 타운리 목사Rev. J. Townley의 시는 이를 명료하게 보여준다.

> 맥주! 우리 섬의 축복받은 특산물,
> 늠름한 힘을 줄 수도 있고,
> 또 노고에 지쳤을 때,
> 사나이 마음을 북돋아줄 수도 있네.
>
> 노동과 예술은 당신 덕에

성공적으로 발전하고,
우리는 당신의 감미로운 즙을 기쁘게 들이켜고,
맹탕은 프랑스로 떠나네.

건강의 수고자, 당신의 기분 좋은 맛은
신의 음료와 견줄 만하고,
넓은 영국인의 가슴을 따뜻하게 하네
자유와 사랑으로!

이 축시가 묘사하는 맥주의 맛은 개인적·국가적 '건강'을 이루는 신성한 맛이며, 자유와 사랑이라는 이념과 정서로 공동체를 아우르는 맛이다. 건강, 활기, 축제와 같이 맥주가 수반하는 긍정적인 개념들은 맥주 산업이 국가에 가져다주는 경제적 번영과 무관하지 않으며 맥주의 맛은 이러한 번영에 대한 직관적 묘사라 할 수 있다.

거래는 펍에서

—

맥주는 그 자체로 영국의 번영을 상징하는 문화적 소비재였을 뿐 아니라, 실제로 급속하게 성장하는 국가 경제의 한 축으로 기능했다. 당대 크게 유행했던 또다른 주류인 진과 맥주를 비교해보면, 맥주가 영국의 국가 경제에 끼친 영향을 간명하게 이해할 수 있다. 맥주와 진은 여러모로 흥미로운 긴장관계를 형성했다. 주로 국가의 통제 범위 밖에서 유통되고 소비되었던 '위험한 술' 진과는 달리 맥주는 여러 가지 규제하에 생산되고 유통된 '관리 가능한 쾌락'의 대표적 상품이었다. 음성적으로 뻗어나간 진의 유통 경로와는 달리 맥주를 판매하는 대부분의 장소는 합법적인 인허가를 받은 곳으로, 판매량에 대한 세금을 꾸준히 지불했으며 맥주 제조업체들도 점차 대형화되어가면서 경영이나 운영 방식이 더욱 투명해졌다. 맥주 제조는 단순한 가내수공업 형식을 벗어나 합법적인 기업 형태로 진화했다. 한 예로, 1747년 발간된 잡지『런던 상인*The London Tradesmen*』에서는 당시 유행하던 포터 맥주 주조장을 만드는 데 들어가는 자본 규모가 은행을 제외한 모든 사업 중 가장 크다고 설명했을 정도다.

이렇게 양성화된 맥주 산업은 불법적인 진에 대한 폭발적인 수요를 제어하는 역할까지 담당했다. 18세기 내내 폭증했던 진의 수요는 정부의 골칫거리였다. 진의 생산과 유통을 양성화하여 이를 제어하고자 수차례에 걸쳐 다양한 세법과 인허가법을 입법했으나, 결과적으로 진 유통의 지하화는 더욱 심해졌다. 이에 대한 대책으로 영국 의회가 선택한 방법 중 하나가 합법적인 맥주 유통을 활성화하는 법안이었다. 1830년 마침내 공표된 비어하우스 법Beerhouse Act은 이러한 노력을 집대성한 법안이다. 이 법안은 가정이나 펍에서 맥주를 팔기 위해 내야 하는 인허가세를 2파운드로 크게 하향 조정했고 이전에 요구되었던 요식 행위들을 모두 철폐하였다. 맥주의 유통을 확산시킴으로써 음성적인 진의 유통을 위축시키는 이러한 방법을 통해 18세기 내내 음성적으로 생산되고 소비되어 각종 사회 경제적 문제를 일으키던 진은 그 영향력이 크게 감소하였다.

맥주는 다양한 경제행위에서 거래의 윤활유 역할을 하기도 했다. 흔히 18세기 커피하우스의 역할을 논할 때 이곳에서 이루어졌던 상거래와 정치적 토론이 함께 다루어지곤 하는데, 각종 보험 업무를 제외한 상거래 행위 대부분은 태번이나 인, 에일하우스와 같이 맥주를 주로 파는 장소에서 이루어졌다. 주식거래소나 영국은행 근방에 있는 태번은 거래자들로 항상 성황을 이뤘고, 각종 이익단체나 클럽에서는 단골 에일하우스나 펍을 지정해서 그곳을 중심으로 자신들의 사업을 논하고 각종 계약을 체결했다. 맥주는 이들에게 일정 정도의 흥분을 허락하면서, 그 흥분의 경험을 공유하는 동료들과의 상호 교류를 통해 더 큰 이익을 만들어내는 역할을 담당했다. 맥주는 흥정을 부추기고 거래를 성사시키는 매개였던 셈이다.

이처럼 맥주는 단순히 전통적 의미에서 영국 문화를 상징하는 소비재일 뿐 아니라, 18세기 들어 나타난 성장의 징후들, 다시 말해 도시화, 상업화, 산업화와도 불가분의 관계를 맺고 있는 중요한 상품이었다. 호가스의 〈맥주 거리〉가 찬양하는 맥주의 맛, 번영과 만족, 행복의 맛은 18세기 전반에 걸쳐 나타난 시장경제에 대한 기대와 낙관을 압축적으로 드러내고 있다.

민자영_이화여자대학교 영어영문학과 BK21 박사후과정 연구원

듀크 대학에서 18세기 영국 소설로 2011년 박사학위를 받은 후 귀국하여 현재 이화여대 영어영문학 BK21 프로젝트에서 연구원으로 활동하고 있으며 고려대학교에서 초기 영국 소설을 강의중이다. 박사논문의 제목은 「소설 중독: 18세기 영국 대중소설의 소비Novel Addiction: Consuming Popular Novels in Eighteenth-century Britain」이며 문화 연구와 장르론, 18세기 근대성 이론 등이 주요 관심사다.

스파게티를
먹는
사람들

파스타,
우아하게 혹은
걸신들린 듯이

파스타라고 부를 수 있는 것은 모두 다 파스타다. 파스타는 다양한 길이와 너비로 잘라 만든 국수에 여러 종류의 소스를 얹은 요리를 말한다. 펜네, 마카로니, 스파게티, 링귀네, 푸실리, 라사냐와 같이 모양에 따라 이름도 다채롭고, 다른 재료를 섞은 것으로 라비올리와 토르텔리니 같은 변형도 있다. 이름이 다양한 만큼이나 모양과 맛, 색깔, 냄새도 다양하다. 현재 파스타의 종류는 수백 가지에 이를 테지만, 가능한 종류는 그보다 더 엄청날 것이다.

그리고 우리는, 그런 파스타를 사랑한다. 파스타는 세계 어디에서나 사랑받는 이탈리아의 대표적인 음식이다. 우리나라에서는 이탈리아 레스토랑에 가야 제맛을 볼 수 있는 비교적 값비싼 음식으로 인식되지만, 18세기 이탈리아에서 파스타는 서민들이 길거리에서 즐겨 먹는 일상의 기본 식단으로 등장했다. 한때 파스타라는 말은 그저 반죽 덩어리를 의미했으며 파스타가 지금과 같은 형태를 가리키게 된 것은 18세기부터였다. 여기에는 인구의 증가, 생산과 저장 기술의 발전, 그리고 식재료의 다양화와 같은 요인들이 작용했다.

마카로니는 곧 '완전과 우아'라네

이탈리아 요리는 고대 에트루리아와 로마 시대까지 거슬러올라가는 오랜 역사를 자랑한다. 그러나 우리가 이탈리아 요리의 대명사로 알고 있는 파스타와 피자 같은 음식들이 이탈리아에 정착된 것은 18세기에 들어서면서부터였다. 반도라는 지리적 위치 때문에 이탈리아 요리는 주변 지역의 요리법과 식재료를 받아들이면서 더욱 다양하고 섬세해졌다. 그런 과정에서 파스타는 피자와 함께 이탈리아를 대표하는 음식으로 자리를 잡았다.

18세기 유럽에서 계몽주의 국가 프랑스의 영향력은 단연 지대했으며, 이탈리아는 그에 가려 역사의 그늘에 숨어 있었다. '이탈리아'라는 용어는 아직까지 정치적으로 독립된 국가 단위를 가리키지 못했지만, 적어도 요리의 측면에서는 하나의 통일된 맥락을 분명하게 가리키고 있었다. 프랑스가 일찍이 구축한 근대국민국가 체제를 등에 업고서 요리법 책자를 발간하고 보급함으로써 요리법의 주류를 확립하고자 했다면, 이탈리아는 그러한 통일된 체계에 저항하면서 지역적 특성과 개별적인 입맛을 살리는 방향으로 자체의 요리법을 세워나갔다. 따라서 '이탈리아'라는 용어는 정치 단위보다는 음식의 차원에서 먼저 구체성을 획득했고, 파스타는 이러한 역사적 흐름에서 이탈리아의 맛으로 탄생했다.

파스타의 역사는 길고 복잡하며 신화와 모순으로 가득하다. 그만큼 파스타는 언제 어디서 생겼는지 확실한 정보가 부족하고, 또 파스타가 수많은 사람이 사랑하는 음식으로 자리를 잡은 과정도 단순하지 않다. 파스타의 기원에 관해 널리 퍼진 설은 마르코 폴로가 13세기에 동아시아까지 여행하고 돌아오면서 이탈리아에 파스타를 들여왔다는 것인데, 이는 완전히 잘못된 설로 판명되었다. 우리가 확인할 수 있는 파스타에 대한 최초의 언급은 기원전 1000년경 고대 그리스 문명까지 거슬러올라간다. 그리스어로 '라가논Laganon'이라는 용어는 반죽을 만들어 길게 자른 형태의 평평하고 넓은 빵을 가리키는 말이었다. 기원전 8세기 무렵 그리스인은 이탈리아로 이 반죽을 들여왔고, 라틴어로 '라가눔Laganum'이라고 불렀는데, 여기서 오늘날 파스타의 한 종류인 '라사냐'라는 용어가 나왔다. 라가눔이라는 말은 키케로와 호라티우스 같은 로마 작가들이 언급했고, 당시 가장 널리 알려진 미식가 마르쿠스 가비우스 아피키우스는 최초의 요리책이라 할 만한 『요리에 대하여*De re coquinaria*』에서 라가눔이라는 표현을 사용한다. 이후 14세기에는 보카치오의 『데카메론』 중 마소가 환락의 나라를 묘사하는 대목에서 파스타에 대한 언급이 나온다.

> 마소는 그런 돌들은 대부분 베를린초네라는 바스크인들의 땅에 있다고 대답했어요. 그곳은 사람들이 벤고디라고 부르는 지방에 있는데, 그곳에서는 소시지로 포도나무를 묶고 한 푼만 있어도 거위 한 마리를 살 수 있으며 거기에 병아리를 덤으로 준다면서 말입니다.

뿐만 아니라 그곳에는 파르마산産 치즈가 산처럼 쌓여 있고, 그 산에 사는 사람들은 다른 일은 할 것도 없이 **마카로니와 라비올리를 만들어 닭을 삶은 수프에 넣어 요리하면 되고,** 그걸 아래로 던지면 먹고 싶은 사람이 얼마든지 먹는다고도 했지요. 또 근처에는 물 한 방울 섞이지 않은 진짜 백포도주 강이 흐르고 있어서 아무나 실컷 마실 수 있다는 말도 덧붙였어요.

—『데카메론』「여덟번째 날 세번째 이야기」

이어 16세기에 들어 파스타는 이탈리아의 식생활에 본격 등장하지만, 그때까지만 해도 일상의 필수적인 음식은 아니었다. 파스타는 장식용으로 쓰이거나 디저트로 만들어졌으며, 비싼 가격 때문에 부유층만 소비할 수 있었다. 실제로 1770년대까지 마카로니라는 말은 영국에서 '완전과 우아'를 의미하는 단어로 받아들여졌다. 당시 영국에서 "그게 마카로니야"라는 속어는 대단히 좋은 것을 묘사할 때 쓰였다.

18세기 들어 파스타가 대중적인 음식으로 등장한 것은 건조기술 덕분이었다. 이전에 파스타의 보존 기간은 길어야 삼사 일을 넘지 못했지만 이를 말려서 오랫동안 보관할 수 있게 되자 대량생산과 유통이 가능해졌고 그에 따라 가격도 엄청나게 저렴해졌다. 특히 베네치아, 제노바, 피사, 아말피와 같은 해양 도시에서 건조 파스타를 찾는 수요가 급증했다. 이들 도시에서 이뤄지는 무역량이 증가하면서 장기간 항해하는 배에 쉽게 저장할 수 있는 유형의 음식을 찾는 수요가 크게 늘어난 것이다. 요즘도 시장 한구석에서 판매되는 신선한 파스타를 볼 수 있지만, 건조 파스타는 단연 파스타의 전형으로 받아들여지고 있다.

파스타를 먹는 길거리의 사람들

—

18세기 파스타 제작 기법의 최고 안내서는 파리의 파스타 제조업자인 폴 말루앵Paul-Jacques Malouin이 1767년에 발간한 요리책이었다. 이러한 사실은 파스타가 국경을 넘어선 대중적인 음식으로 퍼졌다는 증거이기도 하지만, 다른 한편으로는 프랑스의 영향력이 절대적이던 당시 상황을 반영하는 것이기도 하다. 프랑스는 요리법을 통일했고, 이탈리아는 그에 저항했다.

어쨌든 말루앵의 책은 건조 파스타가 새로운 기술에 힘입어 극적으로 등장한 배경을 설명해준다. 당시 파스타 제작기술은 중세와 르네상스 시대의 요리법에 머물러 있었고, 그 종류는 주로 베르미첼리, 마카로니, 라사냐의 세 가지로 분류되었다. 그러나 말루앵은 파스타의 범주를 한껏 넓혔다. 그는 분명 나폴리에서 다양한 종류의 파스타를 만드는 기술을 습득한 것으로 보인다. 그의 책에 의하면, 당시 나폴리에서는 30가지 이상의 파스타가 생산되고 있었다.

파스타가 18세기에 이탈리아의 국민 음식으로 자리잡기 시작한 곳은 단연 나폴리였다. 18세기 후반 나폴리는 시칠리아와 이탈리아 본토 남부를 포괄하는 왕국의 수도이자 40만의 인구를 자랑하는, 이탈리아에서 가장 큰 도시로 떠올랐다. 천성적으로 소리와 색에 민감했던 예술적 기질 탓에 나폴리 사람들은 파스타를 입으로 맛보았을 뿐 아니라 눈으로도 감상하고 음미했다. 비단 나폴리뿐만 아니라 지중해의 강렬한 빛과 그 아래서 성장한 식물은 저마다 원색을 자랑한다. 요즘도 흔하게 볼 수 있는 광경이지만, 괴테는 『이탈리아 기행』에서 나폴리 장사치들의 바구니에 담긴 음식 재료들의 형형색색에 반했던 기억을 떠올린다. 괴테의 묘사에 의하면 당시 나폴리에서는 익힌 마카로니를 어디서든 팔았고, 아주 싼값에 어느 가게에서나 살 수 있었다. 괴테는 이탈리아 식단 역사의 가장 중요한 발전을 목격한 것이었다. 사실 그 바로 전까지만 해도 나폴리 사람들은 마카로니와 친하지 않았다. 17세기에 나폴리는 브로콜리와 양배추의 도시였다. 그래서 18세기로 접어들 때만 해도 나폴리인들은 '잎을 먹는 자들'로 묘사되었다. 채소와 과일, 그리고 나폴리 앞바다가 풍부하게 제공해주던 생선이 그들의 주된 식단이었다. 그러나 18세기 들어 나폴리 사람들은 '마카로니를 먹는 자들mangiamaccheroni, maccheroni'이라 불리게 된다. 부드럽게 구부러진 해안의 푸른 햇살로 연기를 피워올리고 밤이면 번쩍거리며 불을 내뿜는 베수비오 산과 함께 파스타는 나폴리의 상징이 되었다. 1700년에 나폴리에는 마카로니를 파는 가게가 60여 곳이 있었으나 1785년에는 그 수가 300곳까지 늘어났다.

처음에 파스타 제조업자는 긴 벤치에 앉아서 발로 밟아 파스타를 반죽했다. 나폴리의 왕 페르디난도 2세는 위생 문제를 비롯해서 미관상으로도 좋지 않던 이런 식의 제조법을 싫어했고, 체사레 스파다치니라는 유명한 기술자를 불러들여 개선책을 강구하도록 했다. 그 결과 발로 반죽하던 것이 기계로 대체되었다. 18세기 들어 나폴리 인구는 엄청나게 증가했고 이에 따라 음식 공급 문제가 심각해지던 상황에서 반죽 기계의 보급은 파스타를 훨씬 낮은 가격에 생산할 수 있도록 해주었다. 이에 따라 수공 파스타의 전통은 점차 사라졌고, 19세기 산업혁명기에 이르러 파스타는 중산계층의 필수적인 일상 식단으로 확고하게 자리를 잡았다. 바다에 근접한 도시인 나폴리에서는 파스타를 쉽게 말릴 수 있었고, 건조된 파스타는 오랜 시간 보관할 수 있었다. 기계도 없고 위생적인 시설도 갖추고 있지 않던 가정에서는 이제 파스타를 따로 만들 이유가 없었다. 그저 싼값에 대량으로 유통되는 파스타를 구매하기만 하면 되었다. 18세기 나폴리에서 파스타는 이미 대중의 음식이었다.

나폴리의 '마카로니를 먹는 자들' 중 대표적인 존재는 라차리lazzari였다. 요즘으로 말하면 홈리스에 가까웠던 이들은 무엇보다 게을렀는데, 일하기 싫어서가 아니라 무기력을 명예의 상징으로, 육체노동을 그들 존엄성의 위협으로 간주했기 때문이다. 이들은 런던이나 파리의 하층민과 달리 종교적인 신앙심이 강했고, 특히 나폴리의 수호성인 산젠나로를 열렬히 떠받들었다. 그들은 유리병에 보존된 그의 마른 피가 신비롭게 액화되어 도시를 재난에서 보호할 것으로 믿었다. 그들은 술에 취하지 않았고 반란이나 폭동에 가담하지도 않았다. 그들은 순진무구한 삶의 기쁨을 누렸다. 그들에게는 파스타를 먹을 때보다 더 즐거운 때가 없었다. 엄청난 양의 파스타가 그들 실존의 중심 목표였다. 그들은 하루 동안 넉넉히 파스타를 먹을 돈 몇 푼을 벌면 내일을 전혀 걱정하지 않았다. 하던 일도 그만두었다. 라차리의 형성 과정에는 사회적·경제적인 배경이 복잡하게 얽혀 있다. 하지만 어떤 면에서 그들의 파스타에는 일종의 안빈낙도의 삶을 향한 염원이 스며들어 있지 않았을까. 1763년과 그 이듬해에 발발한 대기근으로 사회적 약자들이 죽어갔고 외국 지배 세력의 억압과 수탈이 일어나는 상황에서 라차리는 점차 마피아와 비슷한 집단으로 변해갔지만, 여전히 폭력과는 거리가 멀었다. 대기근 동안 3만에서 5만으로 추정되는 라차리들은 굶주려 죽어가면서도 당국 청사를 습격하기보다는 산젠나로 상 앞에 엎드려 구원을 호소했다.

어떤 식탐도 만족시키는 파스타

—

거리에서 파스타를 먹는 나폴리 대중의 곤궁하지만 낙천적인 모습은 당시 이탈리아에서 유행한 콤메디아 델라르테commedia dell'arte의 인물들 중 한 부류인 풀치넬라Pulcinella의 이미지로 남아 있다. 콤메디아 델라르테는 줄거리가 단순하고 등장인물들이 정형화되어 서민들이 아무런 부담 없이 즐길 수 있는 길거리 연극이었다. 풀치넬라는 헐렁한 튜니카tunica, 고대 그리스 로마 사람들이 입던, 소매가 짧고 무릎까지 내려오는 겉옷 차림에 길고 뾰족한 모자, 구부러진 코가 툭 튀어나온 검은 가면을 쓴 전형적인 모습으로 친숙했지만, 무엇보다 파스타를 걸신들린 듯 먹어대는 이미지로 인기가 있었다. 그에 따라 파스타를 먹는 풀치넬라(독일에서 그려진 풀치넬라는 주로 소시지를 먹는다)를 그린 그림들이 등장했고, 또 그런 그림이 들어간 주전자와 물병이 인기를 끌었다.

풀치넬라라는 용어는, 부리처럼 생긴 코가 달린 그의 가면이 연상시키듯 '어린 칠면조나 닭'을 의미한다. 1628년 나폴리의 배우 실비오 피오릴로가 창안한 풀치넬라는 프랑스와 영국에까지 알려졌다. 1734년에 출판된 콤메디아 델라르테의 한 대본에서는 풀치넬라가 다음과 같이 언급돼 있다.

> 풀치넬라는 코비엘로에게 자기가 아버지가 태어나기 전에 태어났다고 설명한다. 코비엘로가 그건 불가능하다고 말하자 풀치넬라는 아버지가 톨레도에서 길을 걸으면서 깜박 졸았는데 그때 달리는 마차에 거의 치일 뻔했다고 대답한다. 마부는 지나가면서 아버지에게 이렇게 소리를 질렀다고 한다. "어제 태어난 놈이냐!" 이 일이 일어

알레산드로 마냐스코(Alessandro Magnasco), **〈풀치넬라와 콜롬비나의 만찬**The Supper of Pulcinella and Colombina〉, **노스캐롤라이나 미술관 소장.**

그림에서 풀치넬라는 부엌에서 손으로 스파게티를 먹으며 빈둥거리고 있다. 늘어질 듯 튀어나온 배는 그의 왕성한 식욕을 보여준다. 그의 주변에는 게으른 하인들이 있고, 거기에 섞여 있는 작은 풀치넬라들도 보인다.

주세페 그리치(Giuseppe Gricci), **〈스파게티 먹는 사람들**The Spaghetti Eaters〉, 1750, **메트로폴리탄 미술관 소장.**

1750년경 주세페 그리치가 만든 자기에는 '스파게티 먹는 사람들'이라는 제목이 붙어 있다. 풀치넬라는 한 손으로 배를 꼭 부여잡고 다른 손으로는 마카로니가 담긴 통의 손잡이를 쥐고 있다. 파스타 맛을 보려는 것인지, 아니면 이미 반쯤 먹고 나서 더 못 먹겠다고 하는 것인지는 알기 힘들다. 벗어버린 모자가 파스타 통 옆에 뒹군다.

제작자 미상, 〈스파게티 먹는 사람들The Spaghetti Eaters〉, 1780, 메트로폴리탄 미술관 소장.

1780년경 제작된 도자기는 풀치넬라가 세 명의 작은 풀치넬라와 함께 스파게티를 먹는 모습을 보여준다. 어린아이들은 마치 어미 새가 물어다준 먹이를 받아먹는 어린 새처럼 보인다. 작은 풀치넬라들도 풀치넬라와 똑같은 의상을 입었다.

제작자 미상, 〈풀치넬라Pulcinella〉, 1759~1780, 메트로폴리탄 미술관 소장.

풀치넬라 혼자서 스파게티를 먹는 모습을 담은 자기. 이 작품에서 풀치넬라는 오른손으로 스파게티를 한 움큼 쥐고 치켜든 채 입을 크게 벌리고 받아먹으려는 자세를 취한다. 오른손을 높이 쳐들었기 때문에 왼손은 흘러내린 소매에 가려 보이지 않는다. 곁에는 스파게티를 담은 통이 아마도 보온을 위해서인 듯 천으로 덮여 있고, 파르미자노 치즈가 체와 함께 놓여 있으며 포도주 병도 보인다. 특이하게 가슴에 고추를 달고 있다. 아마 그의 괄괄하고 예측 불가능한 기질을 상징하는 것 같다.

난 지 일 년밖에 되지 않았으니, 풀치넬라는 자기가 아버지보다 먼저 태어났다고 주장하는 것이다.

게으르고 약삭빠르고 방자한 하인으로 등장하는 풀치넬라는 유쾌해 보이지만 격한 성격도 지니고 있다. 언제나 마음 내키는 대로 행동하고 사회질서를 얕잡아보고 주인을 갖고 논다. 그의 식탐은 전설적이다. 그는 파스타 냄새를 대단히 잘 맡고 또 파스타를 끔찍이도 즐긴다. 파스타가 주어지기만 하면 언제 어디서든, 얼마만큼의 양이든, 다 해치우고 만다. 그런 풀치넬라의 모습은 그림과 형상으로 다양하게 등장했다.

18세기에 파스타가 그림이나 자기의 소재로 등장하는 것은 파스타가 대량 보급되면서 서민들이 아무데서나 먹을 수 있는 요리가 되었기 때문이다. 특히 풀치넬라와 같이 서민적이고 낙관적인 인물이 파스타를 손으로 게걸스럽게 먹는 장면에서 그와 비슷한 경험을 해봤을 나폴리 대중은 깊은 공감을 느꼈을 것이다. 이처럼 이탈리아 요리의 대명사 파스타는 중앙의 정통 요리에 대한 지역의 서민 음식으로 출발하여 오늘날 전 세계 사람들의 입맛을 사로잡고 있다.

박상진_부산외국어대학교 이탈리아어과 교수

한국외국어대학교에서 이탈리아 문학을 전공하고, 영국 옥스퍼드 대학에서 문학이론으로 박사학위를 받았으며, 하버드 대학과 펜실베이니아 대학에서 비교문학을 연구했다. 『열림의 이론과 실제』와 같은 문학 이론서와 『비동일화의 지평』과 같은 비교문학서를 출간한 이후에는 주로 단테 연구에 집중하고 있다. 『단테 신곡 연구』를 출간했고, 그에 이어 단테에 대한 연구서와 해설서를 집필하고 있다. 『신곡』과 『데카메론』을 비롯해 이탈리아 문학과 철학 책들을 번역했다.

굶주린 백성에게 솔잎을

구황 '식물'

—

오늘날 '보릿고개'는 추억의 단어일 뿐이다. 하지만 먹을거리가 부족했던 조선시대에는 봄만 되면 대부분의 백성들이 배를 곯아야 했다. 춘궁의 고통은 백성의 생활에 늘 가까이 있었다. 어쩌다 심한 기근이나 역병이 돌기라도 하면 문제는 더 심각해졌다. '구황'의 본래 뜻은 천재지변 등 위급한 상황에 대응하는 것이지만, 조선시대의 현실은 항상 구황식물을 필요로 했을지도 모르겠다.

국가가 예비곡식을 준비해두었다가 황년기세荒年飢歲, 수재와 한재 등으로 곡식이 여물지 않은 해에 창고를 열어 백성들을 배곯지 않게 한 진대賑貸야말로 구황 제도의 핵심이다. 이미 『주례周禮』에 진대의 정신이 자세히 설명되어 있었던 만큼 삼국시대 이래 고려, 조선을 거치면서 구황의 제도들이 점차 완비되었음은 물론이다.

조선 정부는 곡식을 마련하여 기근이나 춘궁기에 곡식을 제공하는 이외에 1664년현종 5 읍마다 주자의 사창社倉 제도에 따라 지방민들이 구황 물자를 준비하여 흉년에 대비하도록 명했다. 주자의 사창이 지역민의 자율적 구제 활동이었다면, 조선은 이를 수령에게 맡겨 국가 주도로 시행하였다. 두 번의 전쟁 끝에 이상기후마저 잦았던 17세기 중엽, 조선의 구황 대책은 매우 급박했다. 수령은 매년 관할 지역의 읍단위마다 진휼곡賑恤穀, 기근에 대비하여 비축한 곡식을 비축하도록 명하였고 이를 연말에 각 도의 감영에 보고했다. 다시 감영은 진휼곡 비축 상황을 비변사에 보고하였고 이를 기초로 국가는 전국적인 진휼곡 비축 상태를 파악하여 기근에 대비했다(『만기요람萬機要覽』「재용편財用篇」5).

국가가 주체가 되든 아니면 지역민이 중심이 되든 진휼곡을 비축했다가 이를 풀어 굶주린 백성을 구제하는 일은 구황 대책의 기본이었지만 진휼곡이 항상 넉넉하지는 않았다. 때문에 주곡主穀을 대신하여 비상시에 먹을 수 있는 각종 식물食物 정보를 제공해야 했다. 일찍이 기근에 연명하는 방법을 서술한 구황방救荒方이 필요했던 이유다.

똥구멍이 찢어지는 가난의 고통

—

이미 세종대에 『구황벽곡방救荒辟穀方』이 저술되었다고 알려져 있다. 현재 실물은 남아 있지 않아 전모를 알 길이 없지만 후대에 인용된 내용으로 유추해보면 솔잎을 주로 이용한 구황법으로 추측된다. 현

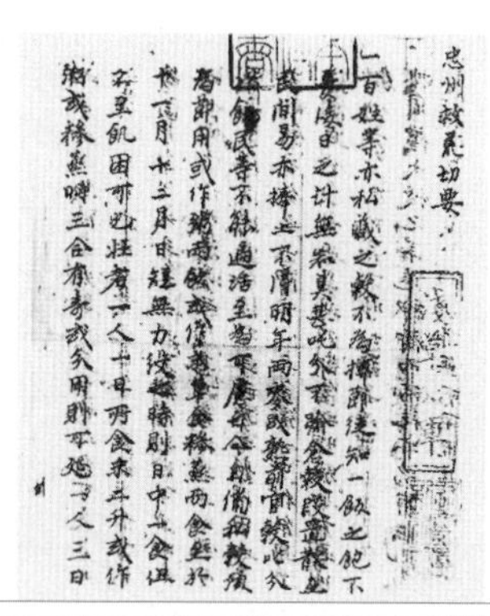

안위가 간행한 『충주구황절요忠州救荒切要』

존하는 조선 최초의 구황서는 충주에서 지방관으로 재직하던 안위安瑋가 1541년 간행한 『충주구황절요』다. 이 책에도 솔잎은 중요한 구황 식품으로 기록되어 있다. 안위는 흰죽에 솔잎 가루를 섞어 먹는 방법을 제시하면서 이렇게 하면 그냥 흰죽을 먹는 것보다 기력에 도움이 된다고 설명하였다.

솔잎 먹는 방법은 간단하다. 솔잎을 따다가 절구에 찧어 즙을 빼고 덩어리를 지은 후 이를 온돌이나 양지에 말렸다가 다시 찧어 가루를 낸다. 이를 곡식 가루와 섞어 죽을 쑤어 먹는 것이다.

> 솔잎은 먹을 수 있으니 연명에 도움이 된다. 송엽을 따다가 방아에 찧어 즙을 빼고 덩어리지은 후 온돌이나 양지에 말렸다가 다시 찧어 가루를 낸다. 이를 곡식 가루 2홉과 섞어 묽은 죽을 쑨다. 4푼짜리 큰 사발에 먼저 곡식 풀죽 1푼을 담아 마셔 장위腸胃를 윤활하게 한 다음 풀죽 2푼에 솔잎 가루 4홉을 섞어 마신다. 마지막으로 풀죽 1푼을 마시면 체하는 일도 없으며 입안의 깔깔한 기운도 남지 않는

다. 흰죽만 먹는 것보다 훨씬 좋다. 만일 하도下道가 막혀 대변을 볼 수 없다면 날콩을 여러 차례 씹어 삼키면 통한다.

문제는 솔잎을 많이 먹으면 '변비'가 생긴다는 사실이다. 『충주구황절요』에서는 날콩을 씹어먹어 이 문제를 해결할 수 있다고 했지만 그리 쉬운 일이 아니었던 것으로 보인다. 지금이야 우스갯소리로 들리지만 '똥구멍이 찢어지는 가난의 고통'은 당시 먹을 게 없던 사람들이 죽지 못해 솔잎으로 연명하며 실제로 체험한 고통이었다.

솔잎이 느릅나무 껍질을 만났을 때

—

1554년명종 9 영호남 지방에 기근이 닥쳤다. 조선 정부는 세종대의 『구황촬요救荒撮要』를 언해하여 전국에 반포하였다. 국가가 구황방을 언해해 전국적으로 보급한 첫번째 사례였다. 서문을 쓴 우부승지 이택李澤은 "서울 사람들의 습속이 사치스러워 화려한 것을 숭상하는데 더욱이 죽 먹는 일을 부끄럽게 여겨 아침에 좋은 밥을 지어먹고는 저녁에 밥 짓는 연기가 사라져버리니 참으로 한탄스럽다"고 토로하고 느릅나무 껍질, 솔잎 등은 오곡보다도 사람의 위장에 유익하고 성명性命, 인간의 본성과 목숨을 유지하는 데 도움이 된다고 설명하였다.

『구황촬요』에는 솔잎을 먹으면 반드시 뒤따르는 변비의 고통을 해결하는 데는 유피楡皮, 즉 느릅나무 껍질을 우려낸 물이나 가루가 효과적이라고 강조하였다.

> 구황에는 솔잎이 가장 좋지만 느릅나무 껍질의 즙을 함께 섞어 사용해야 대변이 막히는 걱정이 없을 것이다.
>
> —『구황촬요』「송엽松葉」

> 느릅나무 껍질의 성질은 매끄럽다. 오래 복용하면 배고픔을 느끼지 않으니 기근 때 이를 채취하였다가 먹어야 한다. 껍질의 흰 부분을 채취하여 햇볕에 말린 후 찧어 가루 내어 사용한다. 그러나 껍질의 즙을 우려내어 사용하는 것이 더 쉽고 효과적이다.
>
> —『구황촬요』「유피楡皮」

기근에 대비하여, 늙거나 어린 나무이거나 상관없이 느릅나무 껍질을 많이 채취하여 껍질을 벗긴 후 절구에 찧어 잘게 부순 후 이를 항아리에 넣고 물을 부어두면 진한 느릅나무즙을 우려낼 수 있었다. 바로 이 느릅나무 껍질을 활용함으로써, 솔잎은 구황식물 중에서도 으뜸의 지위를 유지할 수 있었다.

솔잎을 오래 먹으면 나타나는 변비 문제는 느릅나무 껍질로 해결할 수 있었다지만 문제는 쓴맛이었다. 솔잎 자체도 쓴데 느릅나무즙을 첨가하면 그 맛이 더욱 나빠졌기 때문이다. 이에『구황촬요』에는 솔잎의 쓴맛을 제거하기 위한 다양한 방법들이 소개되어 있다. 첫째, 솔잎을 찧어 말린 후 가루 낸 다음 그대로 사용하는 대신 다시 한번 솥에 찐 후 말렸다가 가루 내어 복용하는 것이다. 가루 내는 과정을 두 번 거치면서 쓴맛을 제거할 수 있었지만 문제는 두 번의 찌고 말리는 과정에서 솔잎의 효능도 함께 사라진다는 것이었다. 이에 두번째 방법이 강구되었다. 솔잎을 찧은 후 자루에 넣거나 헝겊에 싸매어 흐르는 물속에 담가 삼사일이 지난 뒤 꺼내어 햇볕이나 구들장 위에 펼쳐 말린 다음 이를 가루 내어 먹는 방법이다. 흐르는 물속에 담가 솔잎의 쓴맛을 제거하는 것이다. 구황에 솔잎을 활용하기 위해서는 풀어야 할 문제들이 많았다.

먹을 수 있는 것을 더 찾으라

솔잎을 대신할 구황식물을 찾는 일이 시급했다. 16세기 중엽 어숙권魚叔權이 편찬한 『고사촬요攷事撮要』는 일종의 백과사전으로 후일 여러 차례 수정 증보되었는데, 17세기 초 간행될 때 전에 없던 「구황방」이 첨가되었다. 『고사촬요』 「구황방」은 1554년의 『구황촬요』를 기본으로 하면서도 솔잎 사용법 외에 다양한 구황식물 정보를 수록하였다. 솔잎을 구황식물의 으뜸으로 소개하면서도, 도라지를 무르게 삶아 밥 위에 쪄서 먹는 방법, 메밀을 수확 전에 어린 줄기째 베어 볶아 미숫가루로 활용하는 방법, 칡뿌리를 깨끗이 씻어 껍질을 벗겨내고 무르게 찧은 후 가루 내어 쌀과 함께 죽을 쑤어 먹는 방법, 냉이로 죽을 쑤어 먹는 법, 삽주국화과의 여러해살이풀. 위장병을 치료하는 데 사용한다 뿌리를 캐어 식량을 대신하는 방법 등 다양한 구황식물 활용법을 소개하였다.

그렇지만 솔잎은 가장 중요한 구황식물의 자리를 내주지 않았다. 1554년 솔잎 위주의 구황법을 기술한 『구황촬요』와 17세기 초 다양한 구황식물을 활용한 「구황방」은 1660년에 이르러 하나의 책으로 합쳐졌다. 신속申洬이 지은 『신간구황촬요新刊救荒撮要』가 그것이다. 증보 과정에서 편찬자 신속은 두 책을 합치는 데 그치지 않고 자신이 경험하고 견문한 바를 첨가하였다. 이 가운데 솔잎의 쓴맛을 제거하기 위한 획기적인 방법이 제시되었다. "솔잎을 따다가 방아로 충분히 찧으면 이긴 흙처럼 될 것인데, 곡식 가루를 조금 넣어 죽을 쑨 후 이렇게 솔잎 이긴 것을 함께 넣어 풀어 먹으면 좋다." 이 방법은 예전에 솔잎을 찧어 말린 후 가루 낸 것을 곡식 가루와 섞어 죽을 쑤는 것과 달리 곡식 가루로 죽을 쑨 후 찧어 뭉갠 상태의 솔잎을 죽에 풀어 먹는 방법이었다. 신속은 "옛 방법은 처음에 솔잎을 찧어 덩어리를 만든 후에 햇볕에 말리고 다시 찧어 가루 내어 사용하였으므로 만드는 법이 더디고 맛도 좋지 않았다. 또 느릅나무즙을 넣으면 그 맛이 더 나빠져 먹기 어려웠다. 그러나 이 방법은 맛이 좋다"고 부언하였다.

솔잎을 먹다보면 나타나는 변비를 해결하기 위해 느릅나무즙을 넣었더니 변비 문제는 해결되었지만 맛이 나빠졌다. 이에 신속은 솔잎을 날로 짓이겨 진흙처럼 된 것을 그대로 죽에 넣어 먹는 방법을 고안함으로써 쓴맛을 해결하였다. 그리고 느릅나무즙을 넣지 않아 생기는 변비의 고통은 콩가루를 물에 타 먹는 방법으로 해결하였다.

신속은 솔잎의 쓴맛을 없애는 방법을 제시한 것 외에도 다양한 구황식물을 소개했다. 검은콩과 대추살대추의 붉은 껍질을 제거한 속살을 이용하는 방법, 순무 씨를 달인 후 말려 가루 내어 복용하는 방법, 무를 구워 먹는 방법, 들깨나 황정黃精, 둥굴레, 천문동백합과의 여러해살이풀. 뿌리를 약재로 활용한다 뿌리, 하수오마디풀과의 여러해살이풀. 뿌리를 약재로 활용한다 뿌리, 연근 등을 쪄 먹는 방법 등이 그것이다.

채취에서 재배로

—

신속의 『신간구황촬요』는 조선 전기 구황 지식의 집대성이자 18세기 새로운 구황법의 방향을 제시하였다. 다양한 구황식물을 채취하는 데 머물지 않고 재배를 장려한 것이다. 이미 17세기 초 『고사촬요』 「구황방」에서도 토란의 재배를 권장하였지만 여전히 구황은 '재배'보다 '채취'가 중심이었다. 그러나 18세기에 이르러 상황이 달라졌다. 『산림경제山林經濟』 「치포治圃」 항목을 보자. 여기에는 주로 구황식물의 재배법이 소개되어 있다.

> 곡식이 잘되지 못한 것을 기飢라 하고 채소가 잘되지 못한 것을 근饉이라 한다. 오곡 이외에 채소가 또한 중요하다. 하물며 농가는 도시와 멀리 떨어져 있으므로 고기반찬을 해먹기 어려우니 마땅히 거주하는 곳 근방에다 채소밭을 만들고 채소를 심어 일상의 반찬을 해야 한다. 이에 채소밭을 가꾸는 방법을 기록하여 제4편을 삼는다.

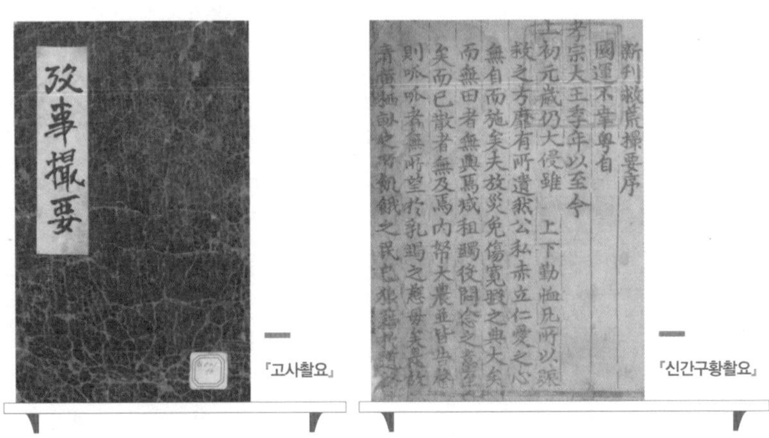

新刊救荒撮要序
國運不幸粤自
孝宗大王季年以至今
上初元歲仍大侵雖 上下勤恤凡所以賑
救之方靡有所遺
無自而施矣夫救災免傷寬賦之典大矣

『고사촬요』

『신간구황촬요』

더불어 「치포」편에서는 소루쟁이마디풀과의 여러해살이풀. 뿌리를 약재로 사용한다처럼 구황에 중요한 식물의 재배와 관리법을 상세하게 소개했다.

이는 『산림경제』에만 국한된 이야기가 아니다. 18세기 후반 고구마 재배법과 감자 재배법 등을 정리한 『종저보種藷譜』가 널리 소개되기도 했고 『농포문답農圃問答』 같은 농서에서도 다양한 채소를 재배하여 흉년을 대비하도록 제안했다. 이처럼 조선 후기의 구황은 수동적인 채취에서 적극적이고 능동적인 재배로 변화하고 있었다.

여기에 더하여 기왕의 솔잎 이용법도 다양한 방식으로 진화하였다. 솔잎에 그치지 않고 소나무 순松筍, 소나무 속껍질松皮, 송홧가루 등 여러 가지 재료가 활용되었다. 솔잎 활용의 종합판은 19세기 후반 편찬된 『찬송방餐松方』이다. 1870년 경주에 살았던 최두익崔斗翊은 기왕의 솔 이용법을 모두 수집하고 자신의 경험을 덧붙여 '솔 먹는 법'을 편찬했다. 그는 서문에서 "사람이 하루에 두 끼를 먹지 못하면 배를 곯게 되며, 맹자가 말했듯이 배고픈 사람은 사람도 쉬이 잡아먹으니 기근이라면 비록 채소, 초목처럼 거친 음식이라도 달게 먹는 것이 사세의 필연"이라고 강조했다. 특히 고대 의학의 경전인 『내경內經』을 인용하여, 오곡으로 몸을 기르고 오채五菜로 배를 채우는 것이라며, 비록 사람이 곡식을 먹어야 하지만 만일 곡식이 익지 않았다면 채소를 먹어서라도 배를 채워야 하고 채소조차 익지 않았다면 들판의 풀이라도 임시방편이 될 수 있다고 주장했다. 최두익은, 이미 옛사람들이 토란으로 기근을 견디고 약이藥餌, 약재와 과품菓品, 과일 등의 먹을거리으로 굶주림을 면하는 방법을 자세하게 말하였지만 이러한 구황식물을 미리 재배하거나 저장해두지 않으면 실제 기근이 닥쳤을 때 아무 소용이 없다고 비판했다.

그렇다면 가장 좋은 방법은 무엇인가? 전국 산천에 사시사철

푸르게 자라 귀천과 남녀노소를 막론하고 이용할 수 있는 구황식물로 소나무만 한 게 없다는 것이 그의 주장이다. "소나무야말로 백 가지 나무의 으뜸이니 공공의 쓰임이 크고도 넓다고 하겠다. 그런데도 어리석은 자들이 솔을 먹는 것이 어렵다고 하거나 믿지 않으니 어찌 옳겠는가?" 최두익은 솔 먹는 법은 최악의 경우에도 목숨을 부지할 수 있는 마지막 방법임을 강조했다. "올해의 흉년을 보건대 사람들이 굶주리고 북부 지방은 특히 심하여 1두의 쌀값이 천 냥에 가깝다. 게다가 유행병마저 퍼져 죽는 이들이 늘어나는데도 그저 울기나 할 뿐 구제할 방법이 없으며, 여인들은 그저 캄캄한 방에서 아욱죽마저 먹지 못하여 한탄하니 어찌 슬프지 아니하리오?" 이에 솔을 먹는 방법을 다양하게 정리하여 『찬송방』을 저술한 것이다.

그는 솔잎을 잘게 잘라 먹는 법, 가루 내어 먹는 법, 김치 담가 먹는 법, 즙을 내어 먹는 법, 환으로 지어 먹는 법 등 다양한 방법을 소개하면서 가장 좋은 방법은 잘게 썰어 먹는 것이라 했다.

> 솔잎을 잘게 썰어 물을 부은 후 국수를 만들어 먹으면 곡식을 끊을 수 있으며 악질을 치료할 수 있다. 솔잎을 잘게 썰어 다시 빻은 후에 매일 식전에 술로 두 돈씩 먹으면 좋다. 또한 솔잎을 끓여 즙을 내어 죽을 쑤어 먹는 방법도 좋다. 처음 먹을 때는 조금 힘들지만 오래되면 익숙해진다. 사람을 늙지 않게 하고 몸을 가볍게 해주고 기운을 북돋는다. 곡식을 끊어도 배고프거나 목마르지 않다. 마지막으로 솔잎을 좁쌀 크기로 잘게 썰어 물에 섞어 먹거나 혹 미음으로 끓여 먹는다. 혹 콩가루와 섞어 먹어도 좋다.

변비와 쓴맛이 문제였던 솔잎을 가루 대신 잘게 썰어 먹도록 권함으로써 솔잎 활용의 최선책을 새롭게 제안한 것이다. 그동안 솔잎을 대신할 다양한 구황식물이 개발되고 재배되었지만, 『찬송방』으로 솔잎은 구황의 고통을 해결할 소중한 음식의 지위를 계속 유지하게 되었다.

먹을 게 풍족하여 비만이 사회문제가 되는 오늘날 우리는 주변의 소나무를 사철 푸른 나무 정도로 생각한다. 그러나 조선시대에 소나무는 없어서는 안 될 귀하디 귀한 비상 식물이었다.

대학 수업 시간에 학생들과 함께 조선의 대표 구황식인 솔잎죽을 만들어 먹은 적이 있다. 당시 목으로 넘기기 힘든 솔잎죽을 먹으며 잠시나마 조선 사람들의 고통을 체험할 수 있었다. 한 학생이 어찌 이를 매일 먹을 수 있었냐며 눈물이 난다고 말했던 게 기억난다. 이보다 가슴 아픈 음식이 또 어디 있으랴.

김호_경인교육대학교 사회교육과 교수(한국사 전공)

서울대학교 국사학과를 졸업해 허준의 동의보감 연구로 박사학위를 취득했다. 조선시대 질병 및 의료사, 조선 후기의 법의학과 살인 사건 사례 등을 연구하고 있다.

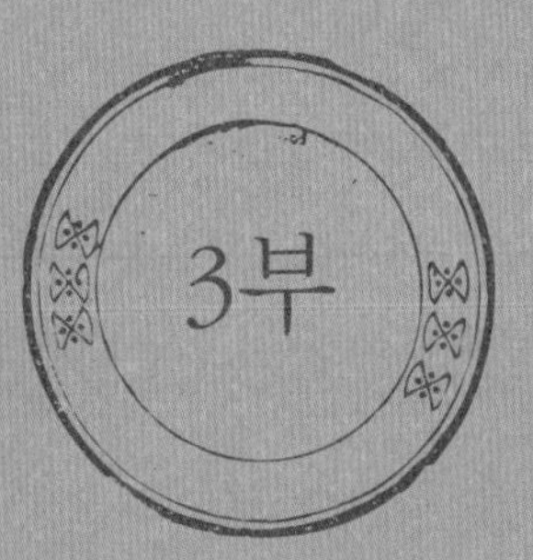

3부

이국에서 건너온 놀라운 맛의 매혹

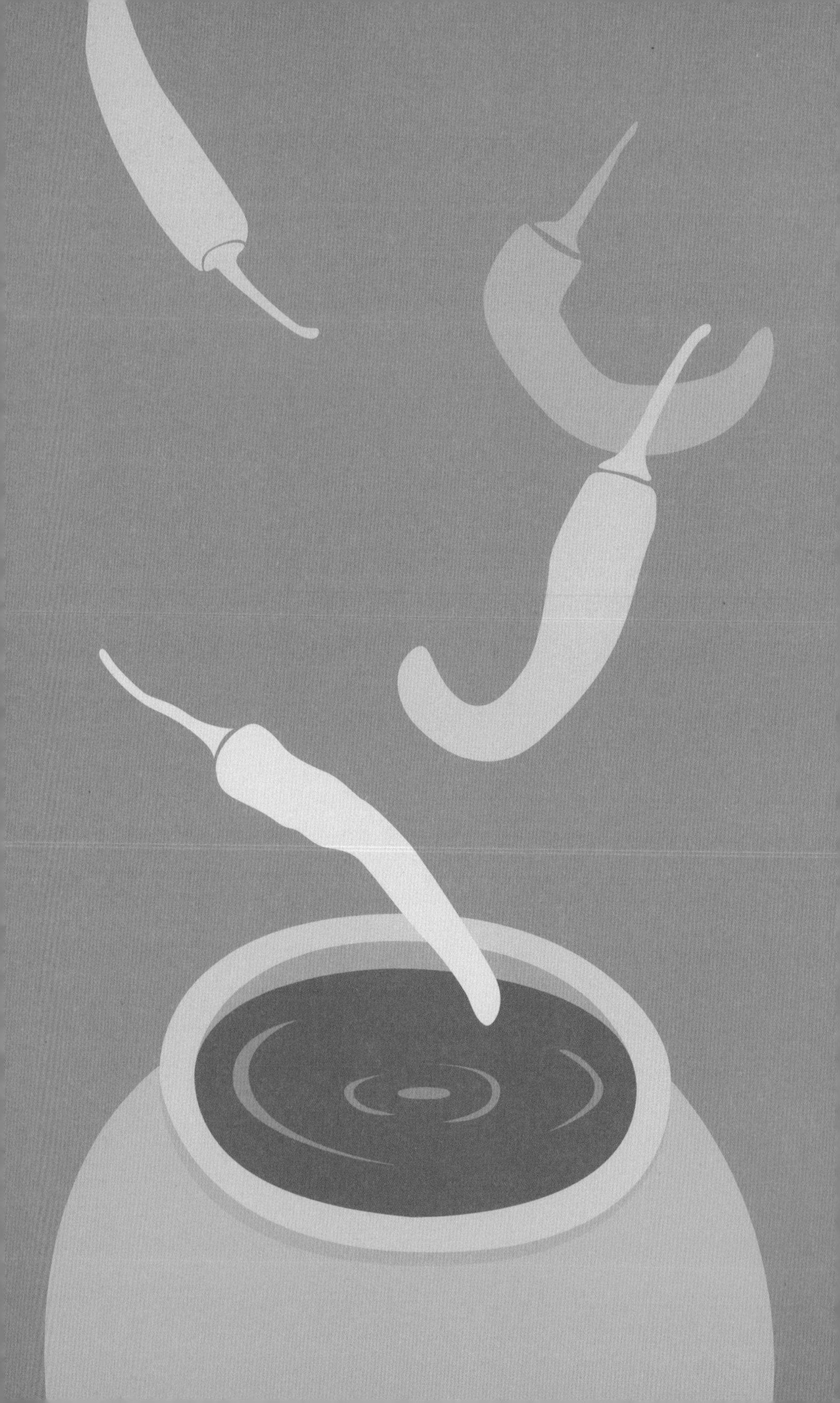

입맛을
돋우는
매콤달콤한
맛

영조의 식성과 고추장 사랑

영조의 식성

—

전근대 조선 사람들은 어떤 음식을 먹었으며, 어떤 음식을 좋아했을까? 조선의 음식문화를 살피는 데 있어서 임금의 밥상은 다른 어떤 것보다 중요하다. 임금은 권력의 정점에 있었을 뿐만 아니라 음식문화에서도 맨 꼭대기에 있었기 때문이다. 선택할 수 있는 음식의 폭이 넓었고, 누구보다 앞서 새로운 음식을 접했다. 그러므로 임금이 무엇을 먹었는지 무엇을 좋아했는지는 조선 음식문화의 변동을 파악하는 데 관건이 된다. 다행스럽게도 임금의 식사는 비교적 세세히 관찰되고 기록되었다. 왕조 국가인 조선에서, 임금의 건강은 무엇보다 중요한 사안이었기 때문이다.

조선 후기 문화의 전성기라고 할 수 있는 18세기 조선에는 모두 네 임금이 있었다. 숙종, 경종, 영조, 정조다. 이 가운데 영조는 18세기의 한가운데를 절반 이상 통치한 임금이다. 무려 53년 동안 집권했다. 영조를 통해 한 인간의 청년, 장년, 노년의 식사를 모두 살필 수 있다. 이 글에서는 임금의 말 한마디, 움직임 하나까지 세세히 기록한 『승정원일기』를 중심 자료로 삼아 영조의 식생활을 살펴보고, 아울러 조선 음식문화 변화의 일단을 엿보기로 한다.

『승정원일기』는 먼저 영조의 식성에 대해 먹는 음식의 양이 적다고 기록하고 있다. 영조는 기본적으로 소식을 했다. 또 면은 즐기지 않았고 때때로 타락죽駝酪粥을 먹었다(『승정원일기』, 1733. 10. 19). 타락은 우유를 뜻하는 말이다. 타락죽은 우유를 섞어 쑨 죽으로, 영조는 물론 숙종 등 역대 조선 임금이 가장 즐긴 음식이다. 소화가 잘되면서도 단백질과 지방 등을 골고루 섭취할 수 있는 보양식이었다. 이런 식성을 볼 때 영조는 소화 기능이 원활하지 않았던 듯하며 음식을 즐기지도 않았던 듯하다.

밥을 잘 못 먹는 사람은 떡과 같은 간식으로 식사를 대신하는 경우가 적지 않다. 영조처럼 소화 기능이 별로 좋지 않았던 듯한 영조의 모후母后 인원왕후는 절편과 병자餠炙 등 군것질을 즐겼다. 병자는 두부 등을 넣어 끓인 포탕泡湯의 다른 이름이라는 기록도 있고, 떡볶이와 비슷하다고 해석되기도 한다. 하지만 영조는 이런 군것질마저도 좋아하지 않았다. 영조는 어릴 때는 떡을 조금 먹었지만 마흔이 넘어서는 별로 좋아하지 않게 되었다고 한다(『승정원일기』, 1734. 5. 24). 조선시대에는 남자들의 군것질을 채신머리없는 일로 보았다. 남몰래 떡집을 드나들다가 사돈에게 들켜 망신당한 남자 이야기 등이 그런 의식을 보여준다. 반면 여성은 군것질을 즐긴 이야기가 많은데, 식구들 몰래 가루를 내어 떡을 해먹다 들킨 아내 이야기 등이 그렇다(정병설, 『조선의 음담패설』, 예옥, 2010). 이처럼 군것질에 대한 남성과 여성의 인식 차이가 큰 상황에서 임금이 떡을 좋아한다고 말하기는 어려웠을 것이다. 이런 의식 때문이었는지 정말 식성 때문이었는지 정확히 알 수는 없지만, 영조는 떡이라면 그저 담증을 내리는 데 좋다고 하여 떡국이나 먹는 정도였다(『승정원일기』, 1746. 6. 24).

영조의 약한 소화력은 그가 꺼린 음식으로도 짐작이 된다. 영조는 차고 설익은 음식에 대해 부정적이었다. 젊고 건강한 사람은 음식을 가리지 않는 법이다. 하지만 노인 등 기운이 약한 사람에게는 이런 음식이 부담스럽다. 영조는 냉면을 잘 먹지 못했다. 그도 젊을 때는 냉면을 먹었다고 하는데, 중년 이후 꺼려졌던 모양이다. 사도세자가 열세 살 때 한여름에 냉면調氷水麪과 청도靑桃를 먹었다가 탈이 난 일이 있었다. 영조는 이런 것들은 모두 아주 해로운 것皆甚害之物이라고 했다(『승정원일기』, 1747. 5. 22).

보리밥에 조기 반찬

—

영조가 즐긴 맛은 담백함이다. 생선으로는 조기를 좋아했다. 조기는 한자로 석어石魚라고 하는데, 어떤 신하가 영조에게 석어를 우리말로는 조기助氣라고 한다고 말하기도 했다. 영조가 조기를 좋아하는 것을 보고 임금 뜻에 맞추기 위해, 조기가 기운을 돕는 데 좋다고 말한 것이다. 영조는 민어보다 조기가 더 좋다고 했다. 기름기가 많은 민어보다

〈연잉군 초상〉(부분), 국립고궁박물관 소장.
영조가 왕이 되기 이전 연잉군 시절의 초상.

담백한 맛의 조기를 더 좋아했던 것이다. 영조는 조기는 강화도에서 난 것이 좋으니 그것을 인원왕후께 올리라고 명령하기도 했다. 자기보다 더 담백한 것을 좋아한 모후를 배려한 것이다.

영조는 또한 보리밥麥水剌을 좋아했다(『승정원일기』, 1730. 5. 17). 보리밥은 주로 여름철에 먹는데, 물에 말아 먹는 일이 많았다. 민간에서 그렇게 한 것처럼 영조도 보리밥을 물에 말아 먹었다. 아마 간간한 조기를 반찬으로 삼았을 것이다. 입맛이 없는데도 억지로 밥술을 드는 환자의 식사 모습을 보는 듯하다.

『승정원일기』가 보여주는 영조의 식성은 세간에 알려진 그의 성격과 통한다. 영조의 성격은 그의 초상에도 잘 드러나 있다. 왕위에 오르기 전에 그려진 그의 초상을 보면, 비쩍 마른 몸에다 매부리코로, 신경질적이고 날카로운 인상이다. 이십대 초 '불안한 왕자'의 처지가 극명히 드러나 있다.

영조는 태어났을 때 왕자에 불과했다. 왕위에 오를 수 없는 왕자였다. 이복형인 경종이 이미 세자로 정해져 있었기에 그저 일개 왕자로 살다가 죽을 수밖에 없는 운명이었다. 조선처럼 절대 왕권이 지배하는 국가에서 왕위에 오르지 못한 왕자의 운명은 극히 불안할 수밖에 없었다. 정조의 이복형제들이 그랬던 것처럼 왕위에 오르지 못한 왕자들은 이런저런 이유로 역모 혐의를 받아 사형당했다. 이런 운명을 잘 아는 젊은 영조가 마음이 편할 리 없었다. 언제 죽을지 모르는 불안과 긴장이 젊은 시절을 지배했다. 혜경궁도 시아버지 영조가 즉위 전과 즉위 초의 여러 가지 정치적 위기로 인해 신경증이 생겼다고 했다. 젊어서 죽을 고비를 넘나드는 경험을 한 것이 영조의 성격을 그렇게 만들었다는 것이다(정병설, 『권력과 인간』, 문학동네, 2012). 젊어서 이렇게 마음고생을 했으니 왕위에 올라 자리가 안정된 다음에도 식사를 제대로 하지 못했을 것이다. 아무리 산해진미가 많아도 소화를 시킬 수 없었던 것이다.

고추장 사랑

—

영조처럼 식욕이 떨어진 사람은 입맛을 돋우는 일이 중요하다. 영조는 간간한 조기와 시원한 김치를 좋아했지만 그것만으로는 떨어진 입맛을 살리지 못했다. 뭔가 더 강렬한 자극이 필요했다. 나이가 들어 입맛이 떨어질수록 자극은 더 간절했다. 칠십대 중반을 넘어선 노인 영조가 어느 날 오래간만에 잘 먹었다. 영조가 말했다. "송이, 생전복, 새끼 꿩, 고추장은 네 가지 별미라, 이것들 덕분에 잘 먹었다. 이로써 보면 아직 내 입맛이 완전히 늙지는 않았나보다"(『승정원일기』, 1768. 7. 28). 여기서 열거한 식재료 중에 눈길을 끄는 것이 고추장이다. 고추장은 단순히 매운맛만 있지 않다. 매우면서도 달콤하다. 두 맛이 어우러져 감칠맛을 낸다. 입맛을 잃은 사람에게 더없이 좋은 벗이다. 영조는 고추장에 매료되었다.

영조는 1749년 7월 24일 처음 고추장을 언급했다. "옛날에 임금에게 수라를 올릴 때, 반드시 짜고 매운 것을 올리는 것을 보았다. 그런데 지금 나도 천초川椒 같은 매운 것과 고추장苦椒醬을 좋아하게 되었다. 식성이 점점 어릴 때와 달라지니 이것도 소화 기능이 약해져서 그런가?" 영조는 숙종과 경종의 밥상에 짜고 매운 양념이 오르는 것을 보았다. 아버지와 형님의 밥상을 떠올리며 자기도 마찬가지라고 하면서 고추장을 거론했다. 이후 영조는 고추장 사랑에 빠졌고, 고추장 없이는 밥을 못 먹는 지경이 되었다. 내의원에서 연일 고추장을 올렸다. 원래 임금의 음식은 사옹원에서 맡지만 고추장은 궁궐의 병원인 내의원에서 올렸다. 내의원은 사옹원 못지않게 임금의 식사를 중시하는 기관이니 고추장을 맡을 만하다. 때로는 임금의 수라를 사옹원 대신 내의원이 맡기도 했다. 그런데 영조는 궁중에서 만든 것보다 궁 밖에서 만든 고추장을 더 좋아했다.

영조는 조종부趙宗溥 집에서 담근 고추장을 좋아했다. 그런데 사헌부 지평 조종부가 탕평파 영의정인 이천보의 비리를 거침없이 비판하자, 그를 괘씸히 여겼다. 비리 때문에 비판했다고 보지 않고 당파심黨派心을 가지고 상대편을 공격했다고 여긴 것이다. 신하들이 당파를 내세워 자신이 세운 탕평책을 부정하는 것을 그 무엇보다 더 미워한 영조였다. 그러나 조종부는 미워도 그 집 고추장만은 도저히 미워할 수 없었다. 심지어 그가 죽고 5년이 지난 후에도 그가 화제話題에 오르자 고추장을 떠올렸다(『승정원일기』, 1751. 윤5. 18, 1754. 11. 20, 1761. 8. 2).

스무 해 가까이 이어진 영조의 고추장 사랑도 노인이 되어 약해지는 입맛에는 마침내 무너지고 말았다. 내의원 도제조 김치인이 근래에 올리는 고추장이 어떠냐고 물으니, 영조는 이것도 이제는 물렸다고 대답했다(『승정원일기』, 1769. 6. 17). 고추장이 더이상 영조의 입맛을 돋우지 못하게 된 것이다. 이즈음에는 전에 그토록 칭찬하던 건공탕建功湯에 대해서도 잔뜩 불평을 늘어놓던 참이었다. 건공탕은 원래 이중탕理中湯이라는 이름의 탕약이었는데, 건강을 유지하는 데 공이 크다고 해서 영조가 새로 이 이름을 내렸다. 이런 건공탕마저도 더이상 듣지 않는 상황이었다(김종서, 「건공탕에 반영된 영조의 노년 건강과 심사」, 『장서각』 20, 2008). 백약이 무효였다. 고추장도 마찬가지였다. 하지만 달리 선택할 것이 없었다. 그 옛날 맛있던 고추장을 찾지 못해 안타까울 뿐이었다. 고추장이 물린다고 말한 이듬해에 영조는 내의원에서 만든 고추장이 사부가士夫家에서 만든 것만 못하다고 했다. 조종부 집의 옛 솜씨가 그리웠던 듯하다. 참고로 밝히면 조종부의 본관은 순창이다. 흔히 말하는 '순창 고추장'의 연원이 조종부 집과 연관될 가능성이 있다고 생각한다. 이는 다른 글을 통해 밝히고자 한다.

고추장과 맛의 변화

영조의 고추장 사랑은 18세기 중반 조선 입맛의 변화를 보여주는 대표적인 사례라 할 수 있다. 고추장은 이 무렵 처음 조선 사람의 밥상에 등장했다. 종전에는 대개 고추장이 18세기 후반에 등장했다고 보았지만(이성우, 『한국식품문화사』, 교문사, 1984), 위에서 살핀 것처럼 『승정원일기』를 통해 그 등장 시기를 1749년 이전으로 소급할 수 있게 되었다. 물론 권대영 등은 임진왜란 이전의 15세기 문헌인 『향약집성방』 『의방유취』 등에 이미 고추장의 다른 이름인 '초장椒醬'이 나온다면서 고추장의 연원을 훨씬 앞 시기로 소급한 바 있지만(권대영 외, 『고추 이야기』, 효일, 2011), 이 의견이 설득력을 가지려면 문헌 비판 등 먼저 해결해야 할 문제가 여럿 남아 있다. 무엇보다 그 '초장'이 과연 지금의 고추장과 유사한 것인지부터 따져보아야 한다.

『승정원일기』를 보면 고추의 직접적인 한자 표기라 할 수 있는 '고초苦椒' '고초古椒' '고초枯椒' 역시 1749년 이전에는 보이지 않는다. 호초胡椒, 번초番椒, 남초南椒, 당초唐椒 등 고추와 유사한 식물의 이름은 이전에도 다수 나오지만, '고추'는 단 한 번도 보이지 않는다. 또 이들 고추와 유사한 식물들은 술에 넣어 먹기도 하고, 차로 만들어 먹기도 했으며(『승정원일기』, 1700. 9. 6), 심지어 알약처럼 환胡椒丸으로 만들기도 했지만(『승정원일기』, 1760. 5. 18), 고추장과 비슷한 장으로 만들어 먹었다는 정보는 찾을 수 없다. 후대에 고추장을 가리키는 말로 쓰이기도 한 '초장'이 15세기에도 고추장이었는지 추정할 수 있는 근거가 없는 것이다. 15세기에 초장이 정말 있었다면, 그것은 현재의 고추장 같은 것이라기보다 간장에다 고추과 식물을 넣은 것으로 보아야 하지 않을지 유의할 필요가 있다.

적어도 고추장은 18세기 중반만 해도 그리 널리 퍼지지 않았던 듯하다. 서울대학교 규장각한국학연구원에는 『혜빈궁일기』라는 책이 있다. 1760년대 중반 사도세자의 부인인 혜경궁 홍씨가 머문 궁궐 집의 공식 기록이다. 여기에는 김치와 메주 등 궁궐 내에서 필요한 음식을 준비한 내용이 보이는데, 고추나 고추장에 대한 것은 일절 보이지 않는다. 궁궐에서 고추장의 본격적인 등장을 보여주는 예는 1795년에야 나타난다. 이해 혜경궁은 환갑을 맞아 아들 정조를 따라 수원 화성으로 행차했는데, 이 행차의 과정을 기록한 의궤, 곧 『원행을묘정리의궤』에 고추장이 등장한다. 비로소 고추장이 왕실의 정식 메뉴가 되었던 것이다.

고추장은 궁궐 밖에서도 서서히 퍼져나갔다. 전라도 고창의 선비로 서울에 와서 벼슬을 산 황윤석의 일기를 보면, 1767년 어느 날에 '초장 한 그릇'을 보냈다는 기록이 있다. 또 1796년 연암 박지원은 안의 현감으로 있으면서 자신이 손수 담근 '초장 한 단지'를 아들에게 보냈다(『고추장 작은 단지를 보내니』, 박희병 옮김, 돌베개, 2005). 황윤석과 박지원의 기록에 보인 '초장'은 고추장으로 짐작되는데, 이들을 통해 고추장이 경향 각지로 퍼져나갔음을 알 수 있다. 특히 연암이 현감으로 있던 안의는 『규합총서』에서 명물 고추장의 산지로 꼽은 경상도 함양에 부속된 지역이다. 연암은 고추장 명산지에서 자신이 직접 담근 고추장을 아들에게 보냈던 것이다. 18세기 중엽 이후 조선은 고추장의 매운맛과 감칠맛에 중독되어갔다.

정병설_서울대학교 국어국문학과 교수

한글소설을 중심으로 주로 조선시대의 주변부 문화를 탐구해왔다. 지은 책으로 기생의 삶과 문학을 다룬 『나는 기생이다–소수록 읽기』, 그림과 소설의 관계를 연구한 『구운몽도–그림으로 읽는 구운몽』 및 『조선의 음담패설–기이재상담 읽기』와 『권력과 인간–사도세자의 죽음과 조선 왕실』이 있으며, 『한중록』(문학동네, 2010)을 번역하고 해설하기도 했다. 「조선시대 한문과 한글의 위상과 성격에 대한 일고一考」 「조선후기 한글·출판 성행의 매체사적 의미」 「무정의 근대성과 정육情育」 외 다수 논문이 있다. 한국문화의 성격과 위상을 밝히는 연구를 필생의 과업이라 여기고 있다.

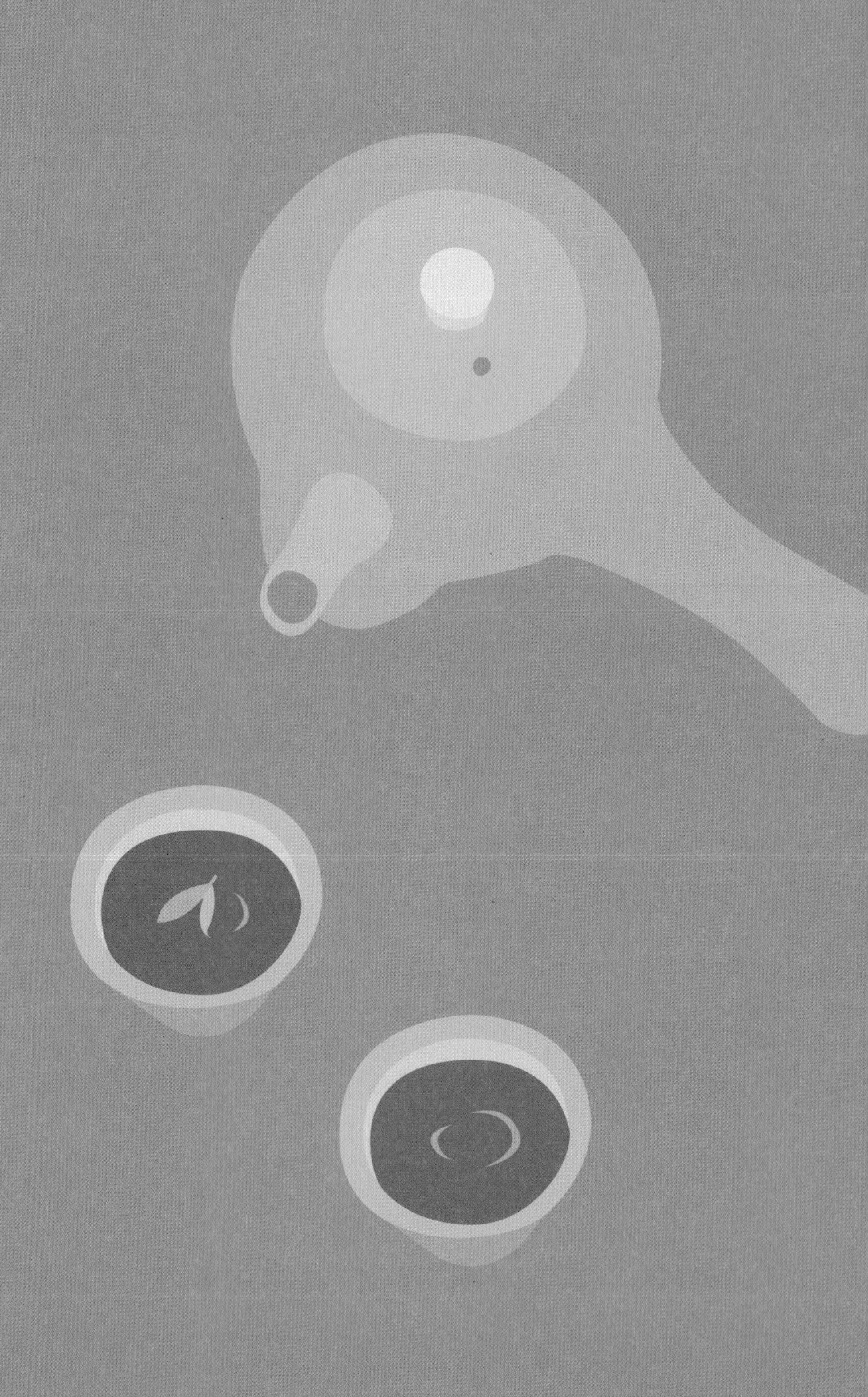

차茶, 표류선이 깨워준 미각

잊혀진 차문화와 무너진 다풍

—

고려청자 다완茶碗의 비췻빛은 고려시대 차문화의 은성殷盛했던 기억을 떠올려준다. 고려시대의 차문화는 불교의 성행과 함께 더 활성화되었다. 구한말 대원군이 아버지 남연군의 묘를 이장할 때 일이다. 지관이 3대에 걸쳐 군왕이 날 땅으로 지목한 터가 하필이면 고려 때 절인 가야사의 돌탑이 서 있던 자리였다. 대원군은 절에 불을 지르고, 우뚝 선 돌탑을 허문 뒤 그 자리에 아버지 묘를 이장했다. 그런데 돌탑을 허물자 탑 안의 사리공舍利孔에서 여러 가지 장엄莊嚴과 함께 이상한 물건이 나왔다. 꺼내보니 700년 전 탑을 처음 세울 때 함께 넣어둔 용단승설龍團勝雪, 사각형 틀에 넣어 표면에 용무늬를 찍어낸 고급차 떡차찻잎을 찧어 둥글고 네모진 덩

현재 충남 예산에 있는 남연군의 묘

이로 만든 차 네 덩이였다. 새긴 글씨까지 또렷한 진품이었다. 송나라 황제에게 바칠 공물로 만들어진 이 희귀한 차가 어떤 경로로 고려의 불탑 속에 간직될 수 있었을까? 이 실물은 당시 이상적李尙迪 등 여러 사람의 증언을 통해 생생하게 전해진다. 고려 탑 속의 떡차는 당시 고려의 차문화 융성을 증언하는 구체적인 실물이었다.

고려 멸망 이후 왕실과 귀족 계층을 중심으로 이어오던 차문화의 맥락은 완전히 끊겼다. 중국과 활발하던 교역이 단절되면서 고급차는 더이상 반입되지 않았다. 숭유억불의 기조에 따라 절집의 다풍도 점차 무너졌다. 사찰에서 생산되는 차의 양은 승려들이 약용으로 먹기에도 부족했다. 예나 지금이나 차 마시기는 일종의 문화적 소비 행위에 속한다. 차는 그 자체의 효능보다 분위기를 타는 기호음료다. 분위기가 사라지자 차문화도 시들해졌다.

세종은 신하들과 대화를 나누는 자리에서 도대체 중국인들은 어째서 차를 저렇게 마시고, 우리는 이처럼 차를 안 마시는지 모르겠다고 궁금해했다. 실록에 나온다. 임진왜란 때 명의 장수 이여송은 조선은 왜 차를 만들어 무역하지 않느냐고 선조에게 물었다. 조선 산야에 자생하는 차나무가 잡목 취급받는 현실을 그는 쉽게 이해하지 못했다. 개화기 때 위안스카이도 이여송과 같은 말을 했다. 왜 조선은 차를 만들어 무역하지 않는가? 국부 창출의 좋은 기회를 어째서 제 발로 차버리는가? 조선 초기부터 구한말까지 중국인들이 같은 질문을 계속했지만 아무도 그 말에 귀를 기울이지 않았다. 아니면 알고도 무시했다. 왜 그랬을까? 차는 우리와는 그토록 무관한 물건이었던 것이다.

18세기에 일본에 간 조선통신사행들은 일본인들이 날마다 나눠주는 지급품 중에 차가 빠지지 않는 이유가 궁금했다. 그까짓 차를 마시느니 막걸리 한 사발을 통쾌하게 마시는 것이 더 낫다고 여겼다. 가는 길가에는 차를 끓여주는 것으로 생업을 삼는 사람도 눈에 띄게 많았다. 어딜 가서 앉으면 차부터 내왔다. 조선 사람들은 차를 마시지 않는데도 어떻게 병에 걸리지 않을 수 있느냐고 진지하게 물어오는 일본인까지 있었다. 원중거는 이 질문을 받고 습성의 차이일 뿐이니 그것으로 어찌 병의 유무를 판단하겠느냐고 반문했다.

중국에 간 연행사들도 비슷한 체험을 했다. 그들이 서적 구입을 위해 날마다 찾았던 북경 유리창 거리의 서점에 들어가면 중국인들은 대뜸 차부터 내왔다. 향기가 독특해도 그게 물일 뿐이지 꿀물보다 더 나을 것은 없었다. 갈 때마다 주고, 가는 곳마다 주니 그들의 습속이 그런가보다 했다. 그 맛에 특별히 끌리지는 않았다. 호기심에 조선으로 돌아오면서 사오기도 했지만, 조선에 와서 끓이면 중국에서 마시던 그 맛이 좀체 나지 않았다. 속아 산 조악한 제품이거나, 아예 복통과 설사를 유발하는 가짜까지 많았다. 가끔 좋은 차를 구해도 갖춰진 차도구가 없고, 있더라도 방법을 몰라 제대로 된 맛과 멋을 누릴 수가 없었다. 그 한 통을 다 마시고 나면 다시 잇대어 구할 도리도 없었다. 수요와 공급의 통로가 거의 막히고 보니 애초에 차가 생활에 뿌리를 내릴 여건이 못 되었다.

관습화된 차그림 속의 음차 모습

18세기 중반 이후 중국은 남방의 소요를 종식시켜 명실상부한 대일통大一統의 제국을 이루었다. 그 자신감을 반영하듯 폐쇄로 일관했던 바닷길도 개방해 선박의 통행량이 급증했다. 북경에 연행사로 간 조선 지식인이 한족들과 사적 교유를 나누고 접촉하는 일도 활발해졌다. 이들은 유리창 서점가 근처에 거주하던 한족 지식인들의 집을 수시로 방문하는 등 적극적인 자세로 교유에 임했다. 이렇게 맺어진 활발한 왕래는 이후로도 오랜 세월 서신 교환으로 이어지면서 인간적으로나 학문적으로 속깊은 교류를 낳았다.

중국과의 접촉이 빈번해지면서 중국의 각종 사치성 소비재와 기물의 도입도 부쩍 늘었다. 연행을 다녀온 지식인들은 자신들이 직접 견문한 중국의 화려한 살림살이를 선망하면서, 청조 지식인들의 사랑방 풍경과 이른바 살롱 문화에 대한 동경을 함께 키웠다. 자신들도 해보고 싶었다. 대부분 가짜에 불과했던 각종 청동기며 유명 서화가들의 가짜 작품들이 조선 사대부의 사랑방에 놓이고 내걸렸다. 여기에 한 가지 반드시 빠져서는 안 될 것이 바로 차였다. 설령 차를 잇대어 마실 형편은 못 된다손 쳐도 사대부 사랑방의 격조를 말함에 있어 차와 차도구를 갖추는 것은 당연한 것으로 여겨졌다.

이 시기에 그려진 여러 장의 그림이 이런 분위기를 증언한다.

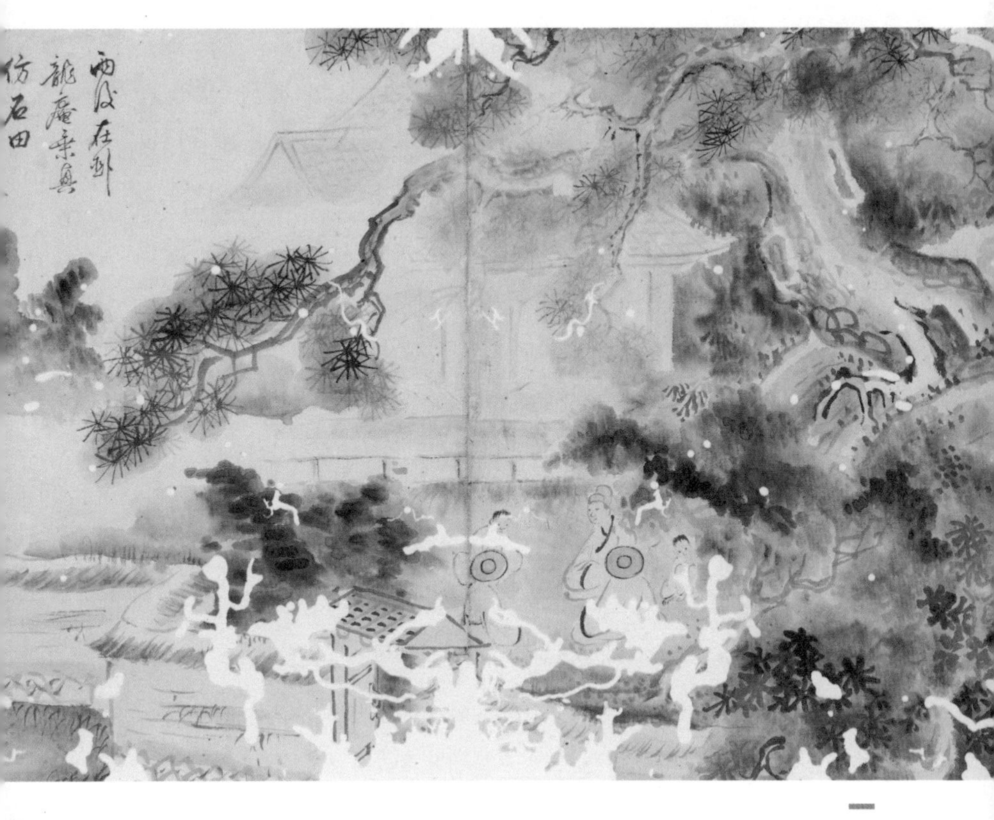

심사정, 〈와룡암소집도臥龍庵小集圖〉, 간송미술관 소장.

와룡암은 상고당의 다른 이름이다.

먼저 볼 그림은 심사정이 그린 〈와룡암소집도〉다. 18세기 중엽의 유명한 골동품 수장가였던 김광수金光遂, 1699~1770의 거처 와룡암에서 열린 조촐한 아회雅會의 광경을 담았다. 김광국金光國, 1727~1797은 옆 장에 붙은 발문에서 "1744년 여름, 내가 와룡암으로 김광수를 찾아가서 향을 사르고 차를 마시면서 서화를 평하였다"고 적었다. 비교적 이른 시기다. 좀을 먹어 디테일이 분명치 않지만 갓 비가 갠 초여름 와룡암을 배경에 두고 솔 그늘 아래 자리를 편 채 네 사람이 둘러앉아 담소한다. 나무 아래 동자는 화면에서 드러나지는 않지만 앉은 품새나 위 김광국의 언급으로 보아 차를 끓이는 중이다. 당시 그의 집에 갖추고 있던 다로와 다관은 모두 중국제 골동품이어서 각별한 운치와 격을 더했을 법하다.

김광수는 골동품뿐 아니라 차에도 상당한 조예가 있었다. 박제가는 "차 끓임은 오직 다만 김성중金成仲을 허락하니, 송풍성松風聲과 회우성檜雨聲을 알아듣기 때문일세煎茶獨許金成仲, 解聽松風檜雨聲"란 시도 남겼다. 김성중은 바로 김광수다. 송풍성과 회우성은 찻물을 끓일 때 차를 넣어야 할 타이밍을 가늠하는 물 끓는 소리를 정도와 상태에 따라 묘사한 표현이다.

국립중앙박물관에 소장된 김홍도의 그림 〈취후간화〉도 마찬가지다. 방안에는 선비 두 사람이 술병을 앞에 두고 고담준론이 한창이다. 마당 앞쪽에는 고매古梅 한 그루가 용틀임을 하고, 그 앞의 괴석에는 일본에서 수입해온 소철이 심겨 있다. 마당의 탁자 위에 역시 귀한 중국제 화분에 수입 화초가 담겼다. 그 앞에 쌍상투를 쓴 총각 머리의 시동이 차를 달인다. 집 뒤란은 역시 대숲이고 학 두 마리가 빠지는 법은 없다.

이재관의 〈팽차도〉도 예외가 아니다. 방안에는 앉은뱅이 의자에 걸터앉은 주인이 붓을 들어 글씨를 쓴다. 문짝도 없이 이렇게 개방된

김홍도,
〈취후간화醉後看花〉,
국립중앙박물관 소장.

이재관,
〈팽차도
烹茶圖〉,
개인 소장.

이인문, 〈누각아집도樓閣雅集圖〉(부분), 국립중앙박물관 소장.

구조의 집에 의자 생활을 하는 모습은 실제의 광경과는 거리가 있다. 마당에는 의당 있어야 할 소품처럼 총각머리의 동자가 언제나 똑같이 생긴 다로 앞에 부채를 들고 쪼그린 채 앉아 있다. 매화나무가 소나무로 바뀐 것 말고는 〈취후간화〉와 구도까지 비슷하다.

이인문이 그린 〈누각아집도〉에서도 중국풍의 난간식 건물, 의자에 앉은 사람들, 뜨락 한 켠의 차 달이는 소동小童의 풍경은 여전히 판박이로 재생된다. 이런 그림들의 예는 얼마든지 더 들어 보일 수 있다. 마당엔 파초나 소철과 괴석이 놓이고, 탁자 위에는 수입제 화분과 거문고 같은 악기가 놓인다. 주인은 좌식 생활에 익숙한 조선 사람답지 않게 굳이 의자에 앉기를 고집한다. 그리고 마당 한 켠에는 차를 달이는 동자가 꼭 쌍상투를 틀고 앉아 있다.

이 정형화된 그림의 구도가 이처럼 계속 반복적으로 소비되는 것은 이 그림이 내걸렸을 사랑채 주인들의 정서 속에 어느 정도 공식화된 사유가 공유되고 있었다는 의미다. 이제는 술이 아니라 차라야 하는 시대가 온 것이다. 그래야 주인의 인격이 고아해 보이고, 집의 품격과 자리의 운치가 한층 높아진다고 생각했다. 과연 차는 실제로 그림 속에서만큼 일상적으로 소비되었던가? 전혀 그렇지가 않았다.

온 조선이 10년간 마신
표류선이 싣고 온 차

—

1760년 남해안에 이상한 배 한 척이 표류해왔다. 탐문하고 보니, 그 큰 배에 가득 실린 것이 모두 차였다. 중국 경험을 한 서울의 높은 관리도 아닌 호남 지역의 일반 백성들은 중국에서 생산된 차란 물건을 태어나서 그때 처음 구경했다. 중국 사람들은 표류를 당한 난감한 처지에서도 특유의 장사 수완을 발휘해서 배에서 그 차를 팔았다. 호기심에 사람들이 너 나 할 것 없이 사갔다.

그런데 국가의 공식 기록에서 이 표류선의 존재는 잘 포착되지 않는다. 대신 다른 기록에 그 자취가 아주 구체적이고도 강렬하게 남아 있다. 박제가는 1778년에 쓴 『북학의』에서 강남과 절강 지역의 상선과 통상하자는 주장을 펴면서 이렇게 썼다.

청대 중국 선박의 일반적 모습.
일본 화가 이시자키 유시(石崎融思)의 그림.

> 나는 황차黃茶를 실은 배 한 척이 표류하여 남해에 정박한 것을 본 적이 있다. 온 나라가 그 황차를 10여 년 동안 사용하였는데 지금도 여전히 남아 있다.

또 1785년을 전후해 진도에서 유배중이던 이덕리가 지은 『동다기』에도 1760년에 표착한 표류선에 대한 기록이 보인다. 그는 이렇게 썼다.

> 우리나라 풍습이 비록 작설을 사용하여 약에 넣기는 해도, 대부분 차와 작설이 본래 같은 물건인 줄은 모른다. 때문에 예전부터 차를 채취하거나 차를 마시는 자가 없었다. 혹 호사가가 중국 시장에서 사가지고 올망정, 가까이 나라 안에서 취할 줄은 모른다. 1760년에 배편으로 차가 오자, 온 나라가 비로소 차의 생김새를 알게 되었다. 10년간 실컷 먹고, 떨어진 지 이미 오래되었는데도 또한 따서 쓸 줄은 모른다. 우리나라 사람에게 차는 또한 그다지 긴요한 물건이 아니어서 있고 없고를 따질 것이 못 됨이 분명하다.

두 기록은 내용이 거의 같다. 1760년에 남해안에 차를 가득 실은 표류선이 왔다. 그 배의 차가 시장으로 나와 전 조선이 10년간 이 차를 마셨다. 조선의 일반 백성이 이를 통해 처음으로 차의 생김새를 알게 되었다. 하지만 그뿐, 그 차가 떨어지자 다시 사람들은 차를 마시지 않는다.

이덕리는 『동다기』에서 표류선에서 팔던 차를 더 묘사했다.

차서茶書에 또 편갑片甲이란 것이 있는데 이른봄에 딴 황차다. 차 파는 배가 오자 온 나라 사람들이 황차라고 일컬었다. 하지만 창처럼 뾰족한 가지가 이미 자라, 결코 이른봄에 딴 것이 아니었다.

중국 배에서 파는 차를 보니, 줄기에 몇 치쯤 되는 긴 잎이 네댓 개씩이나 잇달아 매달린 것이 있었다.

이 두 대목의 인용은 대단히 흥미롭다. 일단 황차라고 불린 차는 우렸을 때 녹색이 아닌 누런빛이 나는 발효차였다. 긴 잎이 네댓 개씩 매달렸다고 한 것으로 보아 첫물의 고급차가 아니라 많이 자란 찻잎을 따서 발효시킨 것이었다. 편갑片甲, 갑옷의 비늘 조각같이 생겼다는 뜻이란 말을 쓴 것을 보면 그냥 잎차가 아니라 덩이로 만든 발효 떡차 형태였음이 분명하다. 떡차가 아니고서야 잎차를 어찌 10년이나 두고 마실 수 있었겠는가?

당시 조선 사람들은 일반적으로 차를 약용으로만 알았지 기호음료로 마시지는 않았다. 앞서 본 그림 속의 풍경은 그저 관념 속에서나 나오는 것이었다. 차는 고기 먹고 체했을 때 푹 삶아 고약처럼 고아 구급약으로 먹었다. 다기도 없고 마시는 법도 몰랐던 터라 애초에 격조 있는 찻자리를 운위할 형편이 아니었다. 도대체 중국 배 한 척이 풀어놓은 차가 얼마나 많았기에 전 조선이 10년간 먹었다는 걸까? 이 말은 또 조선이 그때까지 차에 관한 한 얼마나 불모의 땅이었는지 웅변한다.

서울 살던 박제가가 그 말을 한 것을 보면 이 물건이 서울까지 흘러든 것은 의심의 여지가 없다. 이렇게 한꺼번에 풀린 차가 조선의 입맛을 조금씩 바꾸었다. 특히 약용이 아닌 음용으로 경험한 차의 효능은 놀라웠다. 무엇보다 각성 효과가 대단했다. 공부하는 서생들이 차를 마시고 공부를 하면 집중력이 현저하게 향상되는 놀라운 경험을 했다.

이덕리는『동다기』에서 말한다.

> 차는 능히 잠을 적게 하며, 혹 밤새도록 눈을 붙이지 못하게 한다. 새벽부터 밤까지 공무에 있거나, 혼정신성하며 어버이를 봉양하는 사람에게는 모두 필요한 것이다. 닭이 울자마자 물레에 앉는 여자나, 한묵의 장막 아래서 학업에 힘 쏟는 선비도 모두 이것이 적어서는 안 된다. 만약 열심히 돌아보지 않고 쉬지 않으며 밤을 새우는 군자라면 즉시 받들어 받아들여야 할 것이다.

물론 체중을 내리는 약효도 여전했다. 이덕리의 설명이 이어진다.

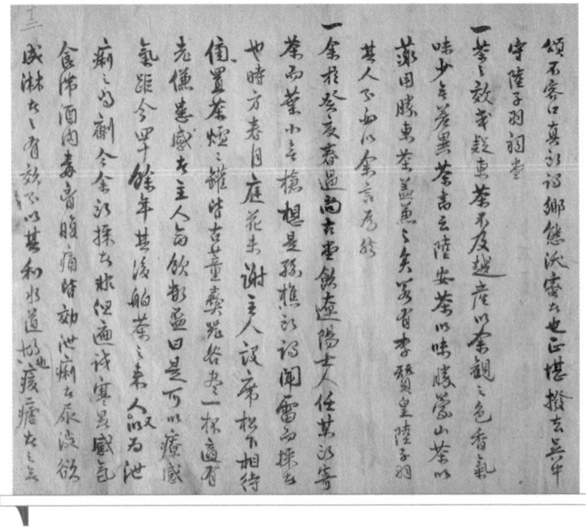

이덕리,『동다기東茶記』.

배로 차가 들어오자, 사람들은 이를 또한 설사를 치료하는 약제로 여겼다. 지금 내가 딴 차로는 겨울철 여름철 감기에 두루 시험해보았을 뿐 아니라, 식체나 주육독酒肉毒, 흉복통胸腹痛에도 모두 효험이 있었다. 설사병 걸린 자가 소변이 잘 안 나와 지리려 하는 것에 효과가 있으니 차가 수도水道를 조화롭게 해주어서이다. 학질 걸린 자가 두통도 없이 잠시 후 병이 뚝 떨어지니, 차가 머리와 눈을 맑게 해주기 때문이다. 마지막으로 염병을 앓는 자도 이제 막 하루이틀 앓은 경우라면 뜨겁게 몇 잔만 마시면 병이 마침내 멈춘다. 염병을 앓은 날짜가 오래되었는데도 땀을 내지 못한 자가 마시면 그 즉시 땀이 난다. 이는 고금의 사람이 논하지 않았던 내용이나, 내가 몸소 시험해본 것이다.

차는 놀라운 각성 효과뿐 아니라 전천후 만병통치약이기까지 했다. 이렇듯 표류선의 차는 이후 10년 동안 조선 사람들에게 특별한 소비 형태로 각인되었다. 이를 곁에서 관찰할 수 있었던 이덕리는 차에 급격한 흥미를 느끼게 된 듯하다. 그는 당시 역모죄로 유배되어 진도에 머물고 있었다.

그는 젊은 시절 서울 생활 당시 앞서 본 김광수의 와룡암에서 차를 얻어 마신 경험이 있었다. 중국에서 들여온 고급차를 골동 다기에 끓여 마셨다. 그 흐뭇한 기억이 오래 남아 있던 터였다. 그러다가 유배지에서 다시 차와 대면했다. 그가 유배 왔을 당시 표류선의 차는 이미 흔적도 없는 옛일이었지만, 차에 관한 강렬한 인상은 그 지역에 깊이 각인되어 있었다. 호기심에 마셔본 사람들은 차가 중독성이 있는 음료라는 사실을 느꼈다. 무엇보다 각성 효과가 대단했다. 더욱이 아무도 거들

떠보지 않던 그 차가 돈이 된다는 점은 놀랍고도 흥미로운 발견이었다.

주변을 문득 둘러보았다. 거처하는 뒷동산의 자락에도 중국 표류선에서 팔던 것과 꼭같은 차나무가 자생하고 있었다. 차나무는 어디나 흔했다. 잡목 취급해서 땔감으로나 쓰던 천덕꾸러기 나무였다. 그것이 돈이 된다니 신통하고 신기했다. 이덕리는 이 차를 직접 만들어보았다. 효과가 괜찮았다. 맛도 좋았다. 이만하면 괜찮겠다 싶었다. 그는 『동다기』란 책을 지어, 차 제조 방법과 차 전매 제도 운용법을 체계적으로 설명했다. 이와 별도로 『상두지桑土志』를 저술해서 차 판매로 얻어진 재정을 국가 안보에 어떤 방식으로 활용할 수 있는지 구체적인 청사진을 그려 보였다.

그의 말대로 실현되었더라면 조선은 생각지 않게 엄청난 국부 창출의 기회를 갖게 되었을지도 모르겠다. 그는 이 방책으로 국가에 지은 죄를 속죄할 수 있기를 바랐다. 하지만 역모죄를 저지른 유배 죄인이 유배지의 골방에서 파지 조각에 적어둔 이 저술에 아무도 관심을 기울이지 않았다. 그는 언제 죽었는지도 알려지지 않는다. 그의 책도 그의 죽음과 동시에 잊혀졌다. 이것이 뒤에 강진으로 유배 온 다산 정약용을 거쳐, 초의선사를 통해 추사 김정희와 자하 신위, 금령 박영보 등이 어우러진 차문화의 장관을 연출하는 성황을 빛게 되는 것은 한참 뒤인 19세기 중반의 일이다. 이 글에서 다룰 범위를 넘어선다.

때로 문화는 뜻밖의 한 장면을 통해 뜬금없이 진화한다. 표류선의 차의 경우가 바로 그렇다. 여기에 무슨 필연성이나 정합성의 잣대를 들이댈 수는 없다. 차는 당시까지 약용 음료였고, 나중에 기호음료로 변했다. 중국이나 일본에서는 차가 필수적인 일상 음료였다. 중국에서도 일본에서도 차가 없는 일상이란 상상하기 힘들었다. 조선 사람들의 눈에는 저들이 차를 왜 마시는지, 절차는 어찌 저리 까다로운지 이해되지 않았다. 표류선에서 흘러나온 차가 지속적으로 조금씩 이런 인식을 바꿔놓았다. 차는 더이상 괴상한 음료가 아니라, 뜻밖에 잘하면 엄청난 국부를 창출할 수 있는 유형 자산이면서 입맛과 건강을 담보해줄 블루오션이었다.

정민_한양대학교 국어국문학과 교수

충북 영동 출생. 현재 한양대 국문과 교수다. 무궁무진한 한문학 자료를 탐사하며 살아 있는 유용한 정보를 발굴하는 작업을 계속해왔다. 연암 박지원의 산문을 꼼꼼히 읽어 『비슷한 것은 가짜다』와 『고전문장론과 연암 박지원』을, 다산 정약용이 창출한 새로운 지적 패러다임과 그 삶에 천착하여 『다산선생 지식경영법』 『다산의 재발견』 『삶을 바꾼 만남』을 펴냈다. 더불어 18세기 지식인에 관한 연구로 『18세기 조선 지식인의 발견』과 『미쳐야 미친다』 등이 있다. 또 청언소품에 관심을 가져 『마음을 비우는 지혜』 『내가 사랑하는 삶』 『한서 이불과 논어 병풍』 『돌 위에 새긴 생각』 『다산어록청상』 『성대중 처세어록』 『죽비소리』 등을 펴냈다. 이 밖에 옛글 속 선인들의 내면을 그린 『책 읽는 소리』 『스승의 옥편』 등의 수필집과 한시 속 신선 세계의 환상을 분석한 『초월의 상상』, 문학과 회화 속에 표상된 새의 의미를 찾아 『한시 속의 새, 그림 속의 새』, 조선 후기 차문화의 모든 것을 담은 『새로 쓰는 조선의 차 문화』를 썼다. 아울러 한시의 아름다움을 탐구한 『한시 미학 산책』과 어린이들을 위한 한시 입문서 『정민 선생님이 들려주는 한시 이야기』, 사계절에 담긴 한시의 시정을 정리한 『꽃들의 웃음판』을 썼다.

조선을
녹인
점입가경의
단맛

달콤한 꿀맛, 더 달콤한 설탕 맛

선비의 집에 벌통이 놓인 사연

—

추수가 끝난 늦가을, 짚가리를 쌓아놓은 마당에는 가을볕이 따스하게 내리쬐인다. 일꾼 두 명이 마당에 앉아서 볏짚으로 섬을 만들고 있다. 그림 한가운데에는 사랑채로 보이는 기역자형 건물이 있다. 마루에는 정자관을 쓴 양반이 긴 담뱃대를 물고 바닥에 놓인 책을 보면서 다른 한편으로 마당에서 일하는 일꾼들을 지켜보는 중이고, 마루에 딸린 방에서는 나이 든 선비가 손자로 보이는 아이에게 글을 가르치고 있다. 사랑채 마루의 섬돌 왼쪽에는 화로와 주전자가 놓였다. 아마도 찻물을 끓이는 데 쓰이는 듯하다. 그런데 이웃의 다른 집이 싸리나무 따위로 담장을 둘러친 데 비해 이 집의 담은 돌담이다. 그런 탓인지 아예 문도 보

김득신, 〈풍속팔곡병風俗八曲屛〉(부분), 삼성미술관 Leeum 소장.

이지 않는다. 방금 우물에서 물을 퍼서 동이에 담아 머리에 이고 오는 아낙이 집안으로 막 들어서고 있다. 그의 오른손에 두레박이 들려 있으니 말이다. 이 아낙이 서 있는 양쪽 담벼락에는 벌통이 놓였다. 아낙의 왼쪽 담벼락에는 벌통 두 개가 나란히 세워져 있다. 이로 미루어 그녀의 오른쪽 담벼락에도 두서너 개의 벌통이 서 있을 듯하다.

이 그림은 조선 후기 화가 김득신이 그렸다. 그의 그림 〈풍속팔곡병〉 중 제7면에 나온다. 왜 이 집의 돌담 안쪽에 여러 개의 벌통이 놓였을까? 정민 교수의 『새로 쓰는 조선의 차 문화』(김영사, 2011)에 의하면, 18세기 말부터 19세기 중엽 사이에 일부 선비들 사이에서 차 마시기가 유행을 했다. 하지만 찻잎 구하기는 결코 쉬운 일이 아니었다. 결국 찻잎을 구하지 못한 선비들은 대용 차를 마련할 수밖에 없었다. 그러한 사정을 바로 이 집의 벌통에서 발견할 수 있다.

19세기 초엽에 쓰인 빙허각憑虛閣 이씨李氏의 『규합총서』「다품茶品」에는 계장桂漿, 귀계장歸桂漿, 매화차, 포도차, 매실차, 국화차 등이 나온다. 계장은 오지로 만든 병에 꿀과 계피가루를 넣고 얼음이 든 물을 부은 후 일곱 장의 기름종이로 병의 입구를 단단히 막고 보관한 다음에 하루에 한 장씩 이레 때 모두 벗겨서 마시는 음료를, 귀계장은 당귀를 달인 물에 녹각교, 생강가루, 육계나무의 열매인 계심, 꿀 등을 차례로 섞은 후 두었다가 마시는 음료를 가리킨다. 그런데 「다품」에 언급된 음료 중에서 계장, 귀계장, 포도차, 국화차에는 반드시 꿀이 재료로 들어갔다. 가령 귀계장은 당귀, 마른 생강, 계피 껍질을 끓인 다음 여기에 꿀을 타서 겨울에 마셨다. 특히 겨울에는 빈속에 반 잔씩 마시면 기운과 피를 아울러 보하기 때문에 효력이 매우 좋은 약, 곧 '성약聖藥'이라고 부를 정도였다고 한다.

정조의 어머니 혜경궁 홍씨 역시 53세의 나이에 감기를 예방하고 겨울을 잘 나기 위해 1787년 11월 29일부터 '가감삼귤차加減蔘橘茶'를 마셨다(『승정원일기』, 1787. 11. 29). 가감삼귤차는 인삼과 감귤 말린 것을 함께 달인 것이다. 개성에서 왕실에 올린 인삼과 제주도에서 올라온 감귤을 내의원의 의관들이 말려두었다가 달여서 올렸다. 이와 같이 약재를 넣은 차는 반드시 꿀을 타서 마셔야 그 쓴맛을 없앨 수 있었다. 겨울에 왕이나 왕비, 혹은 왕대비에게 가감삼귤차를 올린 일은 영조 때도 몇 차례 있었다.

양봉이 유행하다

꿀은 인류가 자연에서 발견한 단맛 덩어리다. 꿀의 효용성이 알려지면서 인공적으로 꿀을 생산해 이를 취하는 양봉에 대한 관심이 드높아지기 시작했다. 양봉 기술에 대한 기록은 『산림경제』에서 중국 책을 인용하여 양봉 항목을 소개한 이후 18, 19세기 조선에서 나온 농사 기술을 다룬 책에 거의 빠지지 않고 소개되어 있다. 특히 빙허각 이씨는 『규합총서』「산가락山家樂」에서 '양봉 길일' '벌 앉히는 법' '통 앉히는 법' '꿀 내는 법'을 다른 책에서 인용하고 자신이 정리해 적어두었다. 이로 미루어볼 때 18세기 조선에서 양봉 기술은 산가山家의 선비나 주부가 알아야 할 중요한 지식이었음을 알 수 있다.

꿀이 인기를 끌다보니 가짜 꿀이 만들어지기도 했다. 이시필李時弼이 지은 『소문사설謏聞事說』(『소문사설, 조선의 실용지식 연구노트』, 백승호·부유섭·장유승 옮김, 휴머니스트, 2011)에서는 "붉게 달군 부젓가락을 (꿀에)

넣었다 꺼냈을 때 향기가 나면 진짜고 연기가 나면 가짜다"라는 분별법이 별도로 적혀 있을 정도였다. 연기가 나는 이유는 "지금 사람들은 색깔을 희게 만들고자 소변을 섞고 버드나무로 여러 번 저어서 거품이 일어나게 하"기 때문이라고 보았다. 꿀이 얼마나 유행했으면 진짜와 가짜 구별법까지 등장했겠는가.

꿀과 함께 조청도 단맛을 내는 중요한 재료였다. 오주五洲 이규경李圭景은 「산구준여변증설山臞餕餘辨證說」에서 다음과 같이 제밀법製蜜法을 다루었다.

> 찰기장粘秫黍 1두斗를 매우 세게 잘 씻어서 푹 찐다. 식기 전에 냉수 2병과 엿기름가루麥芽末 2승升을 잘 섞어서 항아리에 담는다. 가령 초저녁에 담가두면, 해가 짧을 때는 닭이 새벽에 울 때 꺼내면 된다. 해가 길 때는 아침에 해가 뜰 때 끄집어낸다. 명주 보자기에 담아서 걸러내면 맑은 국물이 나온다. 껍질을 벗겨 씨앗을 뺀 대추를 넣고 그 즙을 네 번 진하게 달인다. 이것을 사기 항아리에 넣는다. 묽고 진하기가 꿀처럼 되면, 기름종이와 피지皮紙로 두 번 항아리의 입구를 봉한다. 사기 접시로 위를 덮고 습하지 않은 땅에 묻고 빗물이 스며들지 않도록 한다. 30일이 지나면 꺼내는데, 잘된 것은 마치 꿀과 같다. 한편 여기에 흰 사탕가루 4냥兩을 보태면 맛이 더욱 좋다. 우리나라에는 벌꿀蜂蜜이 많이 나기 때문에 민간에서는 조청造淸이라 부른다.

그러니 여기에서의 '밀蜜'은 조청을 두고 한 말이다. 조청은 다른 말로 추청追淸이라고도 불렀다. 벌꿀을 대신하여 약과를 만들 때도 조청을 썼다.

이당飴糖, 곧 엿도 단맛을 내는 일종의 가공 음식이었다. 이규경은 엿을 만드는 재료로 멥쌀, 찰기장, 차조, 찰수수, 좁쌀을 들었다. 찹쌀은 약엿藥飴을 만들 때 재료로 사용한다고 적었다. 이들 곡물로 밥을 지은 솥에 엿기름가루와 따뜻한 물을 넣고 솥뚜껑을 덮어 온기를 유지한다. 식지 않도록 보온을 해두면 반나절 정도 지나서 밥이 물로 변하면서 오로지 쌀 껍질만 남는다. 물을 걸러내서 이것을 졸이면 엿이 된다. 엿은 주로 단맛의 과자를 만들 때 이용하였다.

꿀보다 더 단맛, 사탕

꿀보다 더 단맛을 내는 식재료는 사탕이었다. 설탕의 원료인 사탕수수는 본래 인도의 갠지스 강 유역이 원산지로 알려진 볏과의 여러해살이풀이다. 높이는 품종에 따라서 2미터에서 4미터에 이르며, 그 모양이 수수와 비슷하지만 사탕이 나온다고 하여 사탕수수라고 부른다. 설탕은 줄기에서 짠 즙으로 만든다. 줄기가 딱딱하기 때문에 먼저 껍질을 벗겨내야 한다. 그리고 줄기에서 즙을 짜내기 위해서는 별도의 도구가 필요하다. 가장 간단한 방법은 무거운 돌을 두 겹으로 쌓고 그 사이에 줄기를 넣은 다음 손으로 잡아당기는 것이었다. 그러면 줄기가 짓이겨지면서 즙이 나온다. 그러나 이런 방식으로 즙을 내면 노동력을 많이 투입해도 생산량은 별로 많지 않다.

그래서 개발된 것이 윤차輪車다. 19세기에 만든 것은 쇠로 된 것을 사용하지만, 처음에는 아마도 나무로 원통을 만들고 그 원통 끝에 바

19세기 중반 규슈 사쓰마 번 아마미 군도의 금륜차.
나고야 사겐타(名越左源太)가 쓴 『남도잡화南島雜話』(平凡社, 1984)에 실려 있는 그림이다. 나고야 사겐타는 1850년에서 1855년 사이에 일본 가고시마 현 남단 도서인 아마미 군도에 유배되어 살았다. 그때 아마미 군도 사람들의 생활모습을 글과 그림으로 남겼다.

퀴를 조각하지 않았을까 여겨진다. 이것을 두 개 만들어 톱니바퀴를 옆으로 맞춘다. 그러면 원통의 위에 있는 톱니바퀴가 서로 맞물리고, 아래의 원통도 두 개가 서로 맞물린다. 두 개 중 하나의 톱니바퀴 위에 긴 막대기를 박아서 그것을 사람이 돌린다. 그러면 톱니바퀴가 서로 맞물려 돌아가면서 아래의 원통도 함께 맞물려 돌아간다. 이 틈에 사탕수수의 줄기를 넣으면 밑으로 즙이 나온다.

처음에는 두 개의 원통을 사용했지만, 보다 효율적으로 즙을 짜내기 위해서 세 개의 원통을 서로 맞물린 후 가운데 원통을 사람이나 말 혹은 소가 원형으로 돌리도록 했다. 그러나 나무로 만든 톱니바퀴는 쉽게 부서지는 단점이 있었다. 이를 개선한 것이 바로 금륜차金輪車다. 줄기를 압착하는 원통과 톱니바퀴도 쇠로 만들었다. 더욱이 세 개의 금륜차 원통이 맞물려 돌아가는 두 군데에 사탕수수 줄기를 넣으면 보다 더 효율적으로 즙을 짜낼 수 있었다. 이렇게 즙을 받으면 그것을 큰 냄비에 넣고 약 두 시간 정도를 약한 불에서 끓인다. 끓은 즙에 석회 가루를 넣고 잘 저으면 즙은 점차 응고되기 시작한다. 요사이야 석회 가루가 인체에 해롭다고 생각하지만 전근대 시기 사람들에게는 즙을 응고시키는 데 매우 탁월한 식재료였다. 즙이 완전히 응고되기 전에 긴 사각형의 틀에 이 즙을 붓는다. 칼로 조각을 낼 부분에 금을 그어두면, 굳은 후에 손쉽게 자를 수 있다. 그 색깔은 검은색이다. 보통 말하는 흑사탕이 바로 이것이다. 여기에 정백제를 넣고 가루로 분쇄하면 일반적으로 알려진 설탕이 된다.

점입가경의 맛

—

이러한 사탕이 조선 사람들에게도 소개되었다. 하지만 한반도의 자연환경은 사탕수수를 재배하기에 알맞지 않았다. 그러니 일본이나 중국에서 가져오는 수밖에 없었다. 이규경은 「종자전당변증설種蔗煎糖辨證說」에서 당시의 사정을 다음과 같이 적었다.

> 요사이 해내외에서 사탕수수를 심거나 사탕을 달이지 않는 자가 없고, 이것을 매일·언제나 먹는다. 심지어 여러 곳으로 사행을 떠나는 자들은 교통이 험악하거나 평탄함을 따지지 않고 서로 교역을 한다. 세상에서 비싼 재물이지만, 유독 나만 없다.

연행사나 통신사를 따라 해외에 나가본 적이 없는 이규경의 입장에서 사탕을 설명하려니 답답했던 모양이다. 결국 이규경은 오로지 중원의 자료와 의주에서 들려오는 이야기에 근거하여 사탕수수를 심고 즙액을 끓이는 방법에 대해 이 글에서 언급했을 뿐이다.

그러면서 이규경은 "또 흑당黑糖도 있다. 근래 서양의 배가 우리나라 동해 연안에 표류하여 배를 수색하여 검사해보니, 배에 흑당으로 가루를 낸 것을 많이 싣고 있었다고 한다. 맛은 백당보다 좋다고 전해진다"고 적었다. 아마도 일본의 나가사키 데지마出島로 가던 네덜란드 배였을 가능성이 많다. 앞에서도 밝혔듯이 흑당은 정백하지 않은 사탕을 가리킨다. 어쩐 일인지 이규경 역시 이 흑당을 맛보았던 모양이다. 그는 그 맛을 '점입가경의 맛漸入佳境之味'이라고 했다. 얼마나 안타까운 일인가? 비록 사탕의 맛은 보았지만, 그것이 나오는 사탕수수의 실체를 그는 보지 못했으니.

이규경은 중원에서는 언제나 사탕즙을 만들기 때문에 그것으로 벌꿀을 대신하였다는 내용도 덧붙였다. 하지만 조선에서는 사탕이 나지 않아 벌꿀을 대신하는 일은 거의 없었다. 다만 사탕가루가 약재의 하나로 사용된 경우는 있었다. 『승정원일기』에서는 약재를 넣었지만 탕제湯劑와 달리 음료수처럼 가볍게 마시도록 처방한 다음茶飮이 쓴맛 때문에 먹기가 어려우면 사탕가루를 넣는 제법이 자주 등장한다. 가령 숙종 45년1719 11월 18일 『승정원일기』에 따르면, 왕이 입안이 무미건조하면서 입맛이 없는 구담口淡으로 인해서 수라를 들지 못하자, 의관들이 상의하여 귤피생강탕橘皮生薑湯을 끓여서 사탕을 넣어서 복용하시면 곧장 약효가 있다는 계를 올렸다. 이렇듯이 사탕수수가 재배되지 않았던 조선에서 적어도 19세기 중반까지는 사탕이나 사탕가루가 탕약에 넣는 약재의 하나로 쓰였다.

꿀과 달리 사탕은 조선 초기부터 주로 일본과 류큐琉球국으로부터 진상받거나 수입했다. 가령 『조선왕조실록』 세종 3년1421 11월 6일 기록에서는 일본국 전前 구주총관九州摠管 원도진源道鎭이 사탕 100근을 조공으로 보내왔다고 적었다. 성종 8년1477 6월 6일 기록에서는 류큐국왕 상덕이 내원리주內原里主 등을 조선에 보내면서 사탕 100근을 조공으로 보내왔다고 적었다. 하지만 그러한 왕래는 결코 자주 일어나지 않았다. 결국 임란 전후에 왜관을 통해서 사탕을 수입하는 일이 잦을 수밖에 없었다. 그래서 사탕은 매우 귀한 약재였고, 왕실이나 부잣집에서만 사용할 수 있는 것이었다.

그러니 18세기 조선에서는 단맛의 원천을 꿀과 조청에서 주로 확보했다. 이에 비해 일본, 류큐국, 중국으로부터 확보한 사탕은 그것이 백사탕이든지 흑사탕이든지, 아니면 설탕이든지 연백당軟白糖, 솜사탕이든지 간에 약재 혹은 단맛을 강화하는 용도로 부분적으로 쓰였을 뿐이다. 인류학자 시드니 민츠가 밝혔듯이 서유럽에서도 설탕은 처음에 향신료이자 의약품이었다. 18세기 이후 중앙아메리카에서 운영된 사탕수수 플랜테이션 농장은 설탕의 대독점가를 양산하였다. 설탕의 대량생산과 그로 인해서 발생한 설탕 위주의 단맛 소비는 사탕수수 농장주와 설탕 가공업주, 유통업주와 은행가, 그리고 노예상인을 권력자로 만들었다. 이러한 사정은 적어도 18세기 일본의 사쓰마 번薩摩藩에 의해서 독점된 아마미 군도의 사탕수수 플랜테이션 농장에서도 부분적으로 현실화되고 있었다. 하지만 조선에서는 20세기 이후 일제강점기에 이르러서야 비로소 설탕이 대중의 입맛을 사로잡기 시작했다. 불행 중 다행인 셈이다.

주영하_한국학중앙연구원 한국학대학원 민속학 전공 교수

1994년 『김치, 한국인의 먹거리-김치의 문화인류학』을 펴낸 이후 동아시아 음식의 역사와 문화에 대한 문헌과 현장 연구를 끊이지 않고 수행하고 있는 음식인문학자이다. 그동안 음식과 관련하여 지은 책으로는 『음식전쟁 문화전쟁』 『중국, 중국인, 중국음식』 『그림 속의 음식, 음식 속의 역사』 『차폰, 잔폰, 짬뽕-동아시아 음식 문화의 역사와 현재』 『음식인문학』 『식탁 위의 한국사-메뉴로 본 20세기 한국 음식문화사』 등이 있고, 옮긴 책으로는 『중국 음식 문화사』가 있다.

조선의 쇠고기 환약

금지된 욕망, 쇠고기

—

쇠고기는 근세 일본, '금단의 열매'였다. 종교적인 이유에서 1587년에 쇠고기 식용이 금지된 이후, 메이지 유신 1년 전인 1867년에 도살장 개설과 쇠고기 판매가 허가되기까지 근세 일본에서는 쇠고기를 먹는 것이 공식적으로 금지되어 있었다. 거의 300년 동안 쇠고기를 먹지 못하다가 다시 이를 먹게 된 일본인들의 기쁨은 가나가키 로분假名垣魯文의 소설『아구라나베安愚樂鍋』에 잘 드러나 있다. 근대화된 서양 열강을 따라잡기 위해서는 쇠고기와 우유를 섭취해야 한다는 명목으로 유행처럼 개점한 전골 가게에 양반다리를 하고 앉아 쇠고기 전골을 즐기는 서민들의 모습을 해학적으로 그린 소설이다. 그중 한 구절을 들어보자.

A: 소는 정말 맛있군요.

B: 이 고기가 퍼지면 모두 멧돼지나 사슴고기 따위는 더이상 못 먹게 될 겁니다. 이런 청결한 것을 왜 이제까지 먹지 않은 걸까요?

A: 서양에서는 1620~1630년대부터 오로지 쇠고기만 먹게 되었지만, 그전에는 소나 양은 그 나라의 왕이나 '전권全權'이라고 해서 고위직에 오른 사람이 아니면 평민 입에는 들어오지도 않았지요. 우리 나라도 차츰 문명개화로 밝은 세상이 된 덕분에 우리까지도 쇠고기를 먹게 된 것은 참으로 고마운 일입니다.

위의 대화를 통해 메이지 유신 이후의 일본인들에게 '청결한' 쇠고기를 먹는다는 것은 일본도 서양처럼 문명개화되었다는 증거로 받아들여지고 있음을 알 수 있다. 이처럼 중세 말기에 쇠고기 먹는 즐거움을 빼앗겼던 일본인들이 서구화와 함께 비로소 그 즐거움을 되찾게 되었다는 것이 일반적으로 퍼져 있는 이야기다.

약의 탈을 쓴 쇠고기

—

그런데 에도 시대 문헌을 살펴보면, 당시 사람들도 쇠고기를 먹기는 먹었다는 사실을 알 수 있다. 하지만 그 방식은 달랐다. 『아구라나베』에서 볼 수 있듯이 생쇠고기를 전골로 조리해서 먹는 방식이 아니라, 약이라는 명목으로 쇠고기를 조미해 육포로 말려서는 환약으로 만들어 우육환牛肉丸, 쇠고기 환약, 반본환返本丸, 원기를 회복시켜주는 환약, 간우환干牛丸, 말린 쇠고기 환약과 같은 그럴듯한 이름을 붙여 '복용'했다. 그리고 상층계급

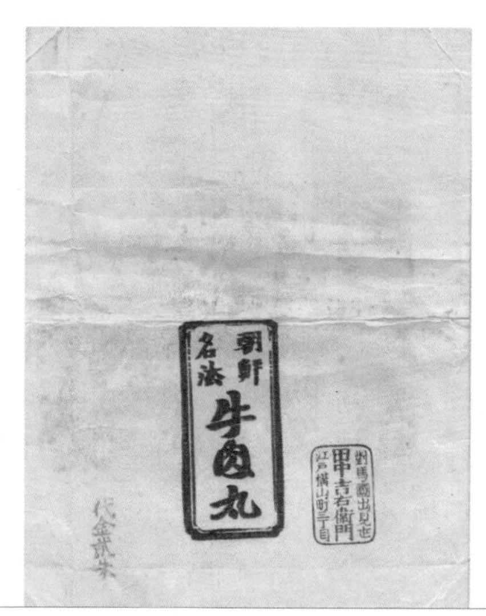

우육환을 담았던 약봉투. 개인 소장.
중세 말 쇠고기를 먹는 즐거움을 빼앗겼던 일본인들은 육식을 하는 게 아니라 약을 먹는다는 명목으로 쇠고기 환약을 복용했다.

에서는 이 기묘한 약 내지는 음식을 비교적 자유로이 섭생한 듯하다. 이러한 사실은 일본의 저명한 의학사 연구자 소다 하지메宗田一를 비롯한 학계의 연구를 통해 비교적 널리 알려져 있다. 한편, 조선시대에 일본으로 파견한 의사 함득일咸得一이 쇠고기 환약 제법을 알려주었다는 전승이 1811년 당시 일본에 존재했고, 이 전승이 김선신金善臣이라는 사람에 의해 조선에까지 알려졌다는 사실을 서한석 박사가 밝혔다.

그렇다면 이들 쇠고기 환약은 언제, 어디에서 먼저 먹기 시작한 걸까? 그 근원은 중국 명나라의 본초학자本草學者 이시진李時珍이 편찬한 『본초강목本草綱目』 권50에 보이는 반본환返本丸에서 찾을 수 있다. 또한, 18세기 일본의 백과사전인 『화한삼재도회和漢三才圖會』 권37 「축류畜類」 항목 가운데 소를 설명하는 대목에서는 쇠고기의 효능에 대해 "기를 더해주고 비위脾胃를 기르며 허리와 다리 힘을 보해준다"고 기술해 눈길을 끈다. 비록 쇠고기 환약을 직접적으로 언급하지는 않았지만 쇠고기를 단순한 먹을거리로 소개하지 않고 그 효험에 대해 언급했기 때문이다. 이후 에도 시대 후기에서 메이지 시대 초기에 걸쳐 쇠고기 환약을 다양한 방식으로 선전할 때 공통적으로 강조한 것이 바로 『화한삼재도회』에서 쇠고기의 효능을 강조한 대목이다. 『화한삼재도회』는 근세 일본의 지식인과 독서가 사이에서 큰 인기를 누렸다. 이러한 사실을 고려한다면, 18, 19세기에 일본에서 쇠고기 환약이 인기를 끈 데에는 『화한삼재도회』가 직접적인 영향을 미쳤음을 쉽게 상상할 수 있다.

아무튼, 이들 쇠고기 환약은 당시 일본인들에게 큰 인기를 끈 것으로 보인다. 공식적으로는 쇠고기를 먹는 것이 금기시되어 있었지만, 근세 일본인들, 특히 서민들은 『화한삼재도회』라는 저명한 책을 통해 그 효과가 널리 알려진 쇠고기를 먹고 싶어했을 것이다. 그리고 그들은 육식을 하는 것이 아니라 약을 먹는다는 명목으로 쇠고기 환약을 '복용'하며 죄의식을 덜었을 것이다.

쇠고기 환약의 원조 경쟁

—

근세 일본에서 쇠고기 환약은 여러 가게에서 여러 이름으로 판매되었다. 그 양상을 잘 보여주는 것이 에도江戸, 지금의 도쿄에서 1824년에 출간된 상점 안내서 『에도 가이모노 히토리 안나이江戸買物獨案内』라는 책이다. 이 책은 당시 에도에서 팔리던 물건과 이를 판매하는 가게들을 수록한 쇼핑 안내서다.

여기서 약藥 항목을 보면, 쇠고기 환약을 파는 가게가 세 곳 있

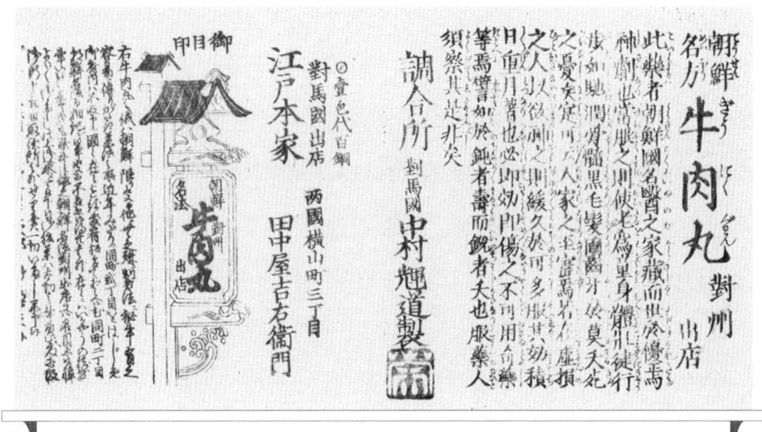

다나카 기치에몬의 '조선 명법 우육환' 전단. 개인 소장.
전단에는 가게 간판을 상세히 그려넣어 다른 가게와 혼동하지 않도록 안내했으며, 우육환의 효험도 기술했다.

었음을 알 수 있다. 그 가운데 가장 앞에 실려 있는 것은, '에도 본가江戸本家'를 내건 다나카 기치에몬田中吉右衛門이 료고쿠兩國 요코야마 정横山町 산초메三丁目에서 판매하던 '조선 명법 우육환朝鮮名法牛肉丸', 즉 조선 비법으로 만든 쇠고기 환약이다. 이 책에 실려 있는 가게 이름과 주소, 가게 간판 등은 다나카가 제작해 시중에 유포한 전단의 내용과도 일치한다. 전단에서 다나카 기치에몬은 자신이 쓰시마의 나카무라 기도中村輝道가 제작한 약을 팔고 있으며, 쇠고기 환약은 비위를 길러준다는 것으로부터 시작해 남녀노소의 거의 모든 병에 효과를 보인다고 선전한다. 쇠고기 환약이 일종의 만병통치약인 셈이다. 그리고 말미에는 자기 가게 옆 동네인 료고쿠 요코야마 정 니초메二丁目를 비롯해서 경향 각지에 유사품을 파는 곳이 있으니 주의하라고 신신당부를 하고 있다. 그래서 가게 간판까지 그려넣은 것이리라.

그런데 『에도 가이모노 히토리 안나이』에는, 다나카 기치에몬이 유사품을 파는 가게라고 언급한 바로 그 니초메의 가게가 나란히 실려 있다. 명방우육환名方牛肉丸이라는 약을 파는 오미야 고베이近江屋小兵衛다. 오미야 고베이는 우육환뿐 아니라 염색약, 향香 등 갖가지 물건을 취급했다. 조선 우육환을 전문으로 취급하는 다나카 기치에몬과는 영업 성격이 다르다는 것을 확인할 수 있다. 한편, 앞서 두 가게가 있는 곳과는 다른 동네인 혼 정本町 산초메三丁目에서 영업하던 오미야 효스케近江屋兵助는 조선 우육 반본환朝鮮牛肉返本丸을 비롯해 "평생 이가 빠지지 않는 묘약" 등 각종 약품을 팔았다.

그런데 흥미로운 점은, 앞서 언급한 쇠고기 환약을 팔았던 오미야 고베이와 오미야 효스케의 고향으로 짐작되는 오미近江, 지금의 시가滋賀현에서는 지금도 달달한 일본 된장에 절인 쇠고기 육포가 반본환이라는 이름으로 판매되고 있다는 사실이다. 오미가 와규和牛라 불리는 일본 소의 명산지 가운데 한 곳이라는 사실도 이러한 일련의 상황과 무관하지는 않을 것이다. 오미 지역에 있던 히코네 번彦根藩을 다스리던 이이井伊 가문은 도쿠가와 쇼군을 비롯한 막부의 유력자들에게 자기 지역의 특산품인 이 반본환을 정기적으로 선물했다. 당시 쇠고기 환약의 인기를 짐작할 수 있다.

또한, 오사카에서는 '쓰시마 하마야시키문 앞 영업소對馬浜屋敷門口弘所'라는 가게가 조선 간우환干牛丸, ひぎゅうがん이라는 쇠고기 환약과 연고를 팔았다. 이 가게도 전단에서, 자신들이 쓰시마에 기반한 원조라고 주장하고 있다. 너도나도 자신이 원조임을 내세웠던 것이다.

그렇다면 쇠고기 환약의 진짜 원조는 누구일까? 결론부터 말하면, 어느 가게가 먼저라고 단언하기는 어렵다. 다나카 기치에몬과 쓰시마 하마야시키문 앞 영업소 광고 전단을 비교해보면, 전체적으로 다나카 기치에몬의 광고 문구 분량이 좀더 많다. 그리고 "비위를 다스리기 때문에 담을 억제하고 하복부를 따뜻하게 하여 치질, 탈장, 임질, 소갈을 다스린다"라는 구절은 다나카 기치에몬의 전단에만 실려 있다. 두 전단이 모종의 선후 관계에 놓여 있음은 확실하지만, 전단에 사용된 언어의 특성이나 그 밖의 서지학적 고찰을 해봐도 어느 쪽 전단이 시기적으로 앞서는지는 단언하기 어렵다. 아무튼, 확실한 사실은 에도와 오사카 등 일본 각지에서 쇠고기 환약의 원조 경쟁이 있었고, 쇠고기의 맛은 이렇듯 은밀하지만 강렬하게 일본인을 유혹했다는 것이다.

쇠고기 하면 조선

—

중근세 일본에서는 약은 대륙에서 건너온 것이 용하다는 믿음이 있었다. 그래서 앞에서 소개한 『에도 가이모노 히토리 안나이』에 실려 있는 대부분의 약도 중국이나 조선에서 건너왔다는 점을 강조한다. 이들 약 대부분이 중국 기원을 주장하는 가운데, 인삼과 우황청심원(우황청심'환'이 아니라) 그리고 쇠고기 환약은 특별히 조선 기원을 주장한다.

쇠고기 환약이 전해진 경로는 다양하게 추정해볼 수 있다. 쇠고기 환약은 일본에서 일찍이 『본초강목』 등에 실린 제법을 통해 제조되기도 했고, 앞서 소개했듯이 조선의 의사로부터 환약 제조법을 배웠다는 기록도 보인다. 그런데 흥미로운 점은, '조선 하면 쇠고기 환약'이라는 이미지를 본격적으로 만들고 선전한 곳이 바로 쓰시마인 것 같다는 사실이다. 예를 들어, 1796년에 부산 왜관의 일본인 관리였던 야마자키 나오나가山崎尙長가 필사본을 집필하고 1854년에 일본의 주요 도시에서 동시 출간된 임진왜란 문헌 『조선정토시말기朝鮮征討始末記』를 보자. 가토 기요마사가 조선의 두 왕자와 궁녀들을 잡았는데 한 궁녀가 목에 쇠고기 육포牛の脯를 걸고 얼굴을 가리고 있었다는 이야기에 이어서, 저자는 다음과 같은 주석을 단다.

> (조선인들은) 조선의 쇠고기가 천하에 으뜸이라고 말한다. 화관和館, 왜관의 일본식 표현의 하인들이 이를 교역하여 도시에서 판다. 환약으로 만들어 복용한다. 비장과 신장에 잘 듣고 허한 기운을 보해주는 좋은 약이라는 것은 널리 세상에 알려진 바다. 요즘 쓰시마 번의 에도 저택 근처에 있는 무라 씨村氏가 만드는 환약이 가장 효과가 좋다.

『조선정토시말기』는 무라 구라지로村倉治郎라는 쓰시마 사람이 소장한 판목對州村氏藏板을 이용해 교토·오사카·에도의 주요 출판사들이 동시 출간한 책이다. 그리고 위의 인용문에 보이는, 쇠고기 환약을 파는 에도의 무라 씨는 이 책의 판목을 소장한 무라 구라지로와 동일 인물이거나 적어도 그 일족인 듯하다. 그렇다면 책에서 조선 쇠고기 환약을 간접광고하고 있는 셈이다. 이렇듯 임진왜란 때의 쇠고기 육포 이야기를 하면서 자연스럽게 조선 쇠고기 환약 이야기를 꺼내고 간접광고까지 하는 걸 보면, 당시 쓰시마 사람들은 조선 쇠고기 환약을 잘 알고 있었고 자랑스러워했던 것 같다. 쓰시마 사람들은, 통신사 사신들이 쇠고기를 좋아하니 준비할 것을 주문하는 「통신사 통과 경로 비망록—부록: 조선인이 좋아하는 음식 필사」와 같은 문서를 각 번에 발송하기도 했다.

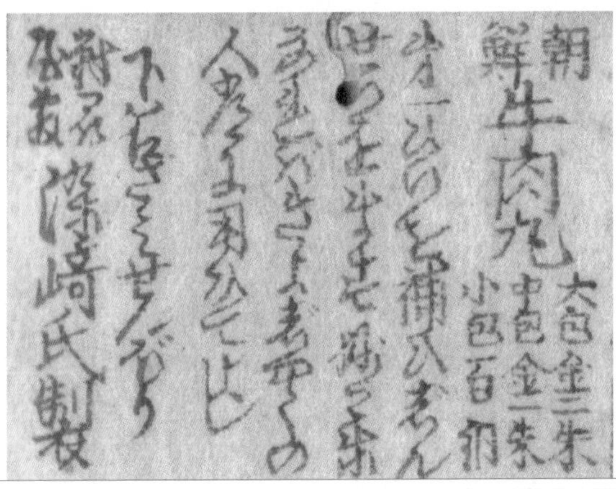

소메자키 노부후사, 『아쓰게쇼 만넨시마다厚化粧万年嶋田』의 앞뒤 표지와 권말의 조선 우육환 광고(부분). 개인소장.

약효보다 깊은 고기맛

독립된 우육환 광고와 상점 안내서의 사례를 앞에서 소개했지만, 에도 시대와 메이지 시대의 소설 권말에도 조선 우육환 광고가 보인다. 에도시대에는 소설 집필만으로는 먹고살기 어려웠기 때문에, 소설가들은 겸업으로 각종 약품이나 담배, 향수 등을 판매하면서 자기 책에 그 광고를 싣곤 했다. 그런데 소메자키 노부후사染崎延房, 1818~1886라는 소설가가 19세기 중반에 집필한 통속소설의 권말에 조선 우육환 광고가 보인다. 광고 말미에 "쓰시마 저택 소메자키 씨 제조對州屋敷染崎氏製"라고 적혀 있어서 앞서 소개한 여러 제조인과 겹치지 않고, 광고 문안 또한 앞의 것들과 다르다. 아마도 저자 또는 출판사가 부업으로 약을 만들어 판 것 같다.

한편, 에도 시대의 목판을 활용해서 메이지 초기에 인쇄된 군담류에서도 조선 우육환 광고가 발견된다. 『이시카와 고에몬 일대기石川五右衛門一代記』나 우타가와 요시토라歌川芳虎가 그림을 그리고 쓰지오카야 분스케辻岡屋文助가 출판한 『명가 백합전』 등의 권말에도 조선 우육환 광고가 실려 있다. 이 광고 문구에서 흥미로운 점은, 목판이 많이 문드러져 있어서 약효 설명을 거의 알아볼 수 없다는 사실이다. 당시 사람들은 우육환이라는 이름만 보고 약이라기보다 쇠고기를 샀던 것이기에 효능 설명에는 별 관심이 없었던 듯하다.

쓰지오카야 분스케의 조선 우육환 광고 문구는 크게 보아 다나카 기치에몬의 전단 문구와 같다. 더욱이 쓰지오카야 분스케는 다나카 기치에몬과 마찬가지로 요코야마 정 산초메에 자리하고 있다. 이러한 정황을 바탕으로 판단하면, 쓰지오카야 분스케는 다나카 기치에몬의 후예거나 최소한 조선 쇠고기 환약을 판매할 권리를 계승한 것으로 보인다. 에도 시대에 조선 쇠고기 환약의 원조로 자칭하던 가게의 흐름은 근대 초기까지 면면히 이어졌다. 그와 함께, 은밀한 즐거움으로서 인기를 끌던 조선 쇠고기 환약의 기억 역시, 전근대에서 근대로 넘어가는 격변기에도 살아남아 근대 초기까지 이어졌다. 이런 의미에서, 가나가키 로분이 『아구라나베』를 통해 진정 표현하고 싶었던 것은 육식의 금기가

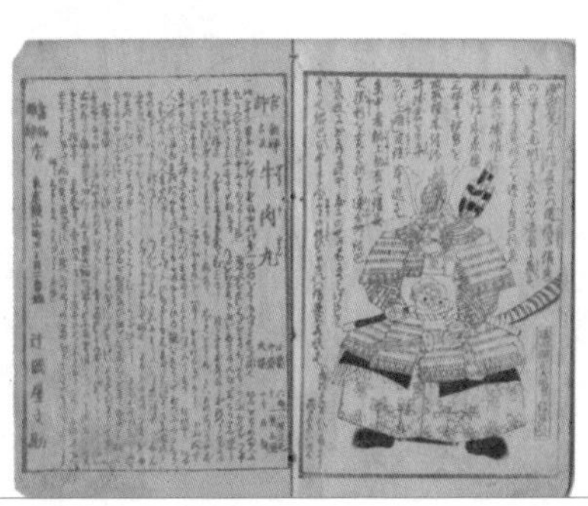

『명가 백합전名歌百合戰』의 앞뒤 표지와 권말의 조선 우육환 광고. 개인 소장.

우육환 광고에 인쇄된 문구는 인쇄 상태가 나빠서 글자를 읽기가 힘들다.

풀렸다는 기쁨이라기보다는, 지금껏 쩨쩨하고 감질나게 환약으로만 먹어온 쇠고기를 이제는 문명개화된 세상에서 다양하게 요리해서 당당히 먹을 수 있게 되었다는 기쁨이었으리라.

김시덕_서울대학교 규장각한국학연구원 HK교수

고문헌과 고문서 연구를 통해 전근대 일본의 대외전쟁 담론을 추적하고 있다. 일본에서 간행한 단행본 『이국정벌전기의 세계-한반도·류큐열도·에조치』(가사마쇼인, 2010)로 '일본 고전문학학술상'(제4회)을 외국인 최초로 수상하였다. 공저 『히데요시의 대외 전쟁』(가사마쇼인, 2011)과 『일본과 이국의 전쟁과 문학』(가사마쇼인, 2012)이 제2777·2839회 일본 도서관협회 추천도서로 선정되었다. 『그들이 본 임진왜란-근세 일본의 베스트셀러와 전쟁의 기억』(학고재, 2012), 『교감·해설 징비록』(아카넷, 2013)을 비롯한 10여 종의 단행본·공저·번역서 및 40여 편의 논문을 집필하였다.

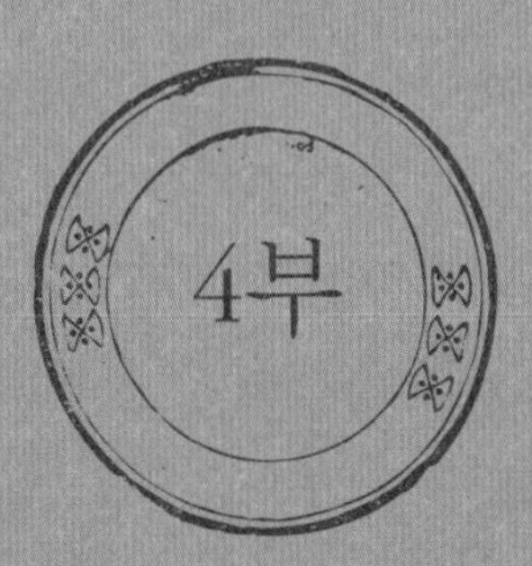
4부

그들만의
호사,
우리 모두의
취향

누구나 우아해질 권리가 있다

홍차에 목숨을 걸다

차, 영국에 상륙하다

—

영국에서 차를 처음 언급한 자료는 광고다. 런던 상인 중 최초로 차를 팔기 시작한 가웨이Thomas Garway는 1658년 메르쿠리우스 폴리티쿠스Mercurius Politicus란 신문에 '모든 의사가 추천하는 중국의 신비한 음료'를 커피하우스에서 판매한다는 내용의 광고를 냈다. 차가 테이tay 또는 티tea라고 불리게 된 이유는 차를 처음 유럽에 들여오기 시작한 네덜란드 상인들이 그들이 차를 구입한 중국 푸젠 성 샤먼厦門 지역 방언의 발음을 따랐기 때문이다. 푸젠 성과 광둥 성 등지에서 수입한 차가 네덜란드 왕가와 귀족들에게 먼저 보급되어 인기를 끌자 네덜란드 상인들은 다른 유럽 국가에도 적극적으로 차를 보급하기 시작했는데 영국의 경우 사실상 1660년 왕정복고 이후에 본격적으로 차가 보급되었다.

가웨이가 차를 팔기 위해 1660년에 찍어낸 포스터에 의하면 차는 그야말로 만병통치약이요 보약이다. 두통, 소화불량, 감기 등의 가벼운 질환은 물론 간염, 수종, 학질, 심지어 괴혈병에도 효력이 있다고 적혀 있다. 차는 시력을 좋게 하며 신장을 튼튼하게 해주고 피를 깨끗하게 하며 배변을 돕는다. 따라서 차를 마시면 건강하게 오래 살 수 있다는 것이다. 이렇게 차의 효능을 과장해서 선전해야 했던 이유는 차가 그만큼 낯선 상품이었기 때문이다. 소비층이 확보되어 있지 않은 상황에서 차의 가치를 부풀려야 했던 것이다. 가웨이는 차 1파운드약 454g를 16~50실링에 팔았다. 20실링이 1파운드이므로 차 500그램이 최고 2.5파운드의 가격에 팔렸다는 뜻이다. 당시 귀족 저택에서 일하는 남자 하인의 연봉이 겨우 2~6파운드였으니, 차가 얼마나 비싼 사치품이었는지 알 수 있다. 이렇게 상상을 초월할 정도로 비쌌던 차가, 게다가 머나먼 중국에서 수입해야 했던 차가 어떻게 영국의 국민 음료가 되었을까?

THat Excellent, and by all Phyſitians approved, *China* Drink, called by the *Chineans*, *Tcha*, by other Nations *Tay alias Tee*, is ſold at the *Sultaneſs-head*, a *Cophee-houſe* in *Sweetings* Rents by the Royal Exchange, *London*.

From ..

신문 〈메르쿠리우스 폴리티쿠스〉(부분), 1658년 9월 23일~30일자.

17세기 영국 신문들은 간략한 문장 형태의 광고를 신문 말미에 싣곤 했다. 이 광고는 런던의 왕립 거래소(Royal Exchange) 근처에 있는 커피하우스에서 '모든 의사가 권하는' 중국 차를 판매한다고 알리고 있다.

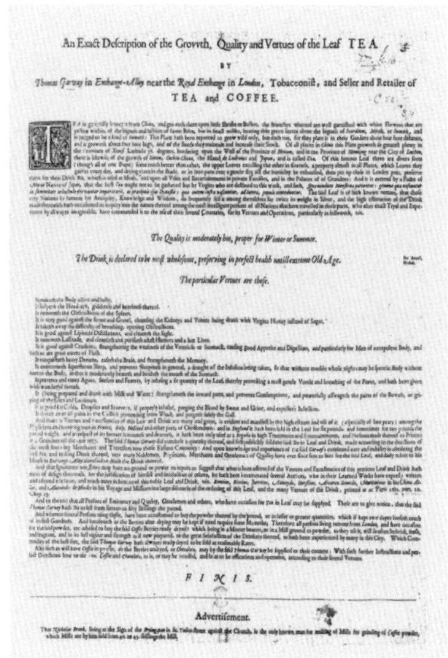
An Exact Description of the Growth, Quality and Vertues of the Leaf TEA

BY

Thomas Garway in Exchange-Alley near the Royal Exchange in London, Tobacconist, and Seller and Retailer of TEA and COFFEE.

The Quality is moderately hot, proper for Winter or Summer.

The Drink is declared to be most wholesome, preserving in perfect health untill extreme Old Age.

The particular Vertues are these.

FINIS.

Advertisement.

토머스 가웨이의 광고 포스터, 1660.

가웨이는 담배, 커피, 차 등의 수입품을 취급하는 런던 상인이었다. 포스터에 의하면 사계절 마실 수 있는 차는 수명을 늘려주는 보약이었다.

홍차의 발견

17세기에 유럽인들이 마신 차는 대부분 녹차였다. 가웨이가 취급했던 차 역시 녹차였을 것이다. 우리가 홍차라고 부르는 발효차는 18세기 이후 영국에서 보히차Bohea tea라는 이름으로 팔렸는데, 이는 푸젠 성 우이武夷, Bohea 산에서 수출용으로 제작되었다고 한다. 또한 나중에 영국에서 주문이 밀려들자 수출용으로 대량생산된 것이지 처음에는 실수로 만들어졌다는 설이 있다. 즉 우이 산에서는 소나무를 태워 녹차를 건조했는데 덜 건조된 나무를 태우다가 녹차에 연기가 밴 것을 중국인들이 멋모르는 영국인들에게 팔아넘겼다는 것이다. 그 역사적 기원이 어떻든 간에, 분명한 것은 영국인들이 이 홍차를 각별히 사랑했다는 것이다. 왜 그랬을까?

영국에 가서 차를 마셔본 사람이라면 영국에서 마시는 홍차가 참 맛있다고 느꼈을 것이다. 영국에서 마셔보고 맛있어서 국내에 사들고 와 끓여 마시면 같은 맛이 안 난다. 왜일까? 수질이 다르기 때문이다. 영국의 물은 경수인 반면, 우리나라 물은 연수다. 석회염 등의 광물질이 다량 포함된 경수에서는 차의 맛을 내는 탄닌이 잘 우러나지 않는다. 17세기 말~18세기 초에 영국인들이 마셨던 녹차는 아마도 매우 옅은 맛이었을 것이다. 반면 녹차에 비해 탄닌이 훨씬 많이 들어 있는 발효차는 영국의 경수에도 진하게 잘 우러난다. 또한 물을 식혀서 찻잎을 여러 번 우려내 마시는 녹차와 달리, 홍차는 물을 펄펄 끓여서 찻주전자에 한 번에 우려낸 다음 뜨겁게 마시는 것이 포인트다. 일 년 내내 비가 많이 오고 을씨년스러운 날씨가 계속되는 영국에서 홍차는 추위를 덜어주었다. 뿐만 아니라 차를 마시기 위해 물을 끓여 마시면서 영국인들은 보다 더 위생적인 식생활을 하게 되었다. 영국인들이 중세부터 거의 끼니마다 맥주를 마셨던 일차적 이유는 위생 때문이었다. 오염된 식수 때문에 질병이 끊이지 않았던 시대에 맥주는 건강음료였던 셈이다. 그러나 과다한 알코올 섭취가 또다른 문제를 야기하면서 서아시아와 동북아시아 지역에서 들여온 이국적인 맛의 커피와 홍차가 맥주의 대안으로 떠올랐다.

1685년에 발표된 시 「반란의 적: 혹은 커피와 차의 대화」에서는 맥주와 와인이 강간, 살인, 절도 외에도 반란과 반역을 일으키는 주범이며 커피와 홍차를 마시는 것이 애국하는 길이라는 주장이 등장한다. 하지만 실은 홍차를 마시면서 애국하기란 어려웠다. 왜냐면 홍차를 마시는 사람의 수가 기하급수적으로 늘면서 영국은 막대한 국부를 유출하게

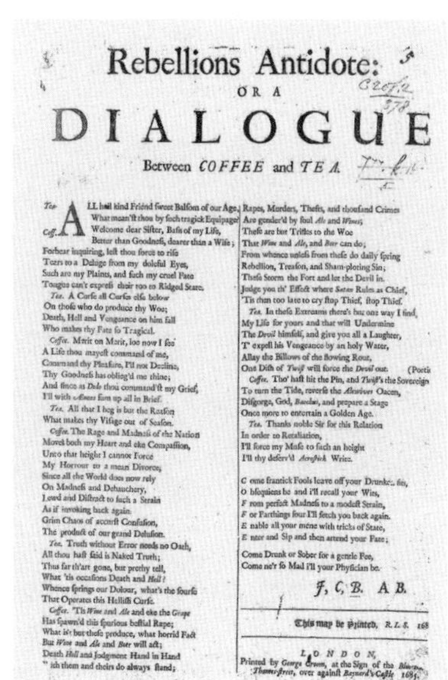

Rebellions Antidote:

OR A

DIALOGUE

Between COFFEE and TEA.

Tea. ALL hail kind Friend ſweet Balſom of our Age,
What mean'ſt thou by ſuch tragick Equipage?
Coff. Welcome dear Siſter, Baſis of my Life,
Better than Goodneſs, dearer than a Wife;
Forbear inquiring, leſt thou force to riſe
Tears to a Deluge from my doleful Eyes,
Such are my Plaints, and ſuch my cruel Fate
Tongue can't expreſs their too to Ridged State.
Tea. A Curſe all Curſes elſe below
On thoſe who do produce thy Woe;
Death, Hell and Vengeance on him fall
Who makes thy Fate ſo Tragical.
Coffee. Merit on Merit, loe now I ſee
A Life thou mayeſt command of me,
Command thy Pleaſure, I'll not Decline,
Thy Goodneſs has oblieg'd me thine;
And ſince as *Dido* thou command'ſt my Grief,
I'll with *Æneas* ſum up all in Brief.
Tea. All that I beg is but the Reaſon
What makes thy Viſage out of Seaſon.
Coffee. The Rage and Madneſs of the Nation
Moves both my Heart and eke Compaſſion,
Unto that height I cannot Force
My Horrour to a mean Divorce;
Since all the World does now rely
On Madneſs and Debauchery,
Lewd and Diſtract to ſuch a Strain
As if invoking back again
Grim Chaos of accurſt Confuſion,
The product of our grand Deluſion.
Tea. Truth without Error needs no Oath,
All thou haſt ſaid is Naked Truth;
Thus far th'art gone, but prethy tell,
What 'tis occaſions Death and *Hell*?
Whence ſprings our Dolour, what's the ſourſe
That Operates this Helliſh Curſe.
Coffee. 'Tis *Wine* and *Ale* and eke the *Grape*
Has ſpawn'd this ſpurious beſtial Rape;
What is't but theſe produce, what horrid Fact
But *Wine* and *Ale* and *Beer* will act;
Death *Hell* and Judgment Hand in Hand
"ith them and theirs do always ſtand;
Rapes, Murders, Thefts, and thouſand Crimes
Are gender'd by foul *Ale* and *Wines*;
Theſe are but Trifles to the Woe
That *Wine* and *Ale*, and *Beer* can do;
From whence unleſs from theſe do daily ſpring
Rebellion, Treaſon, and Sham-ploting Sin;
Theſe Storm the Fort and let the Devil in.
Judge you th' Effect where *Satan* Rules as Chief,
'Tis then too late to cry ſtop Thief, ſtop Thief.
Tea. In theſe Extreams there's but one way I find,
My Life for yours and that will Undermine
The *Devil* himſelf, and give you all a Laughter,
T' expell his Vengeance by an holy Water,
Allay the Billows of the flowing Rout,
One Diſh of *Twiſt* will force the *Devil* out. (Portis
Coffee. Tho' haſt hit the Pin, and *Twiſt's* the Sovereign
To turn the Tide, reverſe the *Alewives* Ocean,
Diſgorge, God, *Bacchus*, and prepare a Stage
Once more to entertain a Golden Age.
Tea. Thanks noble Sir for this Relation
In order to Retaliation,
I'll force my Muſe to ſuch an height
I'll thy deſerv'd *Acroſtick* Write.

C ome frantick Fools leave off your Drunken fits,
O bſequiens be and i'll recall your Wits,
F rom perfect Madneſs to a modeſt Strain,
F or Farthings four I'll fetch you back again.
E nable all your mene with tricks of State,
E nter and Sip and then attend your Fate;

Come Drunk or Sober for a gentle Fee,
Come ne'r ſo Mad i'll your Phyſician be.

J, C, B. A B.

This may be Printed, R. L. S. 168

LONDON,
Printed by *George Groom*, at the Sign of the *Blue*... *Thames-ſtreet*, over againſt *Baynard's-Caſtle* 1685.

작가 미상, 「반란의 적: 혹은 커피와 차의 대화 Rebellions Antidote: Or a Dialogue Between Coffee and Tea」, 1685.

이 시는 알코올 음료가 국가에 막대한 피해를 입히고 있다고 주장하면서 영국인들에게 술 대신 커피와 차를 즐겨 마실 것을 권하고 있다.

되었기 때문이다. 영국의 상품에는 전혀 관심이 없었던 중국은 찻값을 은으로만 받았다. 이러한 문제가 있었는데도 영국이 차를 계속 수입한 이유는 복합적이다. 네덜란드 상인을 통해 소규모로 유통되던 차가 영국에서 큰 인기를 끌자 영국 동인도회사가 차 수입에 공격적으로 뛰어들었고 이 회사는 꾸준히 차 공급량을 늘려갔다. 반면 서아시아 지역에서 수입해야 했던 커피는 물량 확보가 쉽지 않았다. 영국이 프랑스, 스페인과 계속 전쟁을 벌인 탓에 지중해에 진입하기가 어려워진 것이다. 수입차에 높은 관세를 부과해 동인도회사를 견제하고자 했던 영국 정부는 차를 통해 매우 중요한 수입원을 확보했다. 이렇게 상업세력과 정부세력이 알게 모르게 힘을 합하면서 차는 모든 영국인이 즐기는 일상적인 음료가 되었다.

차를 마신다는 것

—

차가 맥주를 대체하면서 영국 사회의 상하층 모두가 끼니마다 맥주를 마시던 풍경에 큰 변화가 나타났다. 아침 식탁에 맥주 대신 홍차, 커피, 또는 초콜릿 음료가 오르기 시작한 것이다. 17세기 회화를 보면 당시 유럽인들이 차를 어떻게 마셨는지 가늠할 수 있다. 〈차 마시는 두 여인과 장교〉라는 그림을 살펴보자. 찻상tea table에 뜨거운 물이 든 물주전자tea kettle, 차를 우려내는 찻주전자teapot, 손잡이 없는 찻잔teacup과 잔받침saucer 등이 놓여 있다. 차를 마시기 위해 유럽인들은 중국 자기를 같이 수입해서 중국인의 차 풍습을 최대한 모방하려 한 것이다. 그러나 찻상 위의 설탕그릇과 은수저가 잘 보여주듯이 유럽인들은 곧 그들의 기호에 맞춰 차 마시는 방법을 재해석했다. 네덜란드에서는 차에 설탕을 타 마시는 것을 즐겼고 영국에서는 여기에 우유까지 더해 차를 달달하고 든든하게 만들어 마셨다. 이 때문에 영국의 다구茶具, tea equipage는 점점 더 분화되어 찻주전자와 찻잔 외에도 차를 담아두는 통tea caddy, 설탕그릇sugar basin, 설탕집게sugar tong, 밀크저그milk jug 등이 찻상에서 빠질 수 없는 필수품이 되었다. 끓는 물을 부어 만든 차는 매우 뜨거웠다. 그렇기 때문에 처음에는 차를 잔받침에 조금씩 부어 식힌 뒤에 마셨다고 한다. 손잡이가 달린 찻잔이 만들어진 뒤에는 이러한 풍습이 사라졌다.

차는 물론이고 중국 자기 또한 고가의 사치품이던 시절, 귀족들은 차를 마시기 위해 찻상을 별도로 제작했고, 자기를 수집하고 진열하기 위해 별도의 장식장tea cabinet을 주문하기도 했으며, 화가를 고용해 찻상을 둘러싼 가족의 화목한 모습을 담은 풍속화를 그리게 하여 저

작자 미상, 〈차 마시는 두 여인과 장교Two Ladies and an Officer Seated at Tea〉, 1715년경, 빅토리아 앨버트 박물관 소장.

이 그림은 네덜란드 화가 페르콜려(Nicolaes Verkolje, 1673~1746)의 작품으로 알려졌으나 이는 사실이 아닌 것으로 최근 판명되었다. 앙증맞은 다구가 인상적이다. 손잡이 달린 큰 찻잔은 나중에 유럽인의 기호에 맞춰 제작되었다.

로버트 웨스트(Robert West), 〈차 마시는 토머스 스미스 씨와 그의 가족 Thomas Smith and His Family at Tea〉, 1733, 영국 업턴하우스 소장.

아주 어린 아이부터 노모까지 전 세대가 등장하고 있는 이 그림은 애완동물과 하인 역시 가정의 영역에 포함시키고 있다는 점에서 흥미롭다. 담화도에서 흔히 볼 수 있는 설정이다.

택에 걸어놓곤 했다. 이 풍속화에는 '담화도Conversation Piece'라는 이름이 붙었다. 여기서 'Conversation'은 대화를 나눈다는 좁은 의미보다, 여러 사람과 관계하며 더불어 살아간다는 의미로 해석하는 것이 옳다. 한 예로 1733년에 제작된 로버트 웨스트의 〈차 마시는 토머스 스미스 씨와 그의 가족〉을 살펴보자. 검은 피부의 하인이 찻주전자를 지키는 동안 온 가족이 차를 즐기고 있다. 물주전자에 비해 매우 작은 찻잔을 위태롭게 손에 들고 굳은 얼굴로 화가를 응시하고 있는 이 가족의 모습이 어쩐지 부자연스럽다. 차가 여전히 사회적 지위와 부를 과시하는 용도로 기능하고 있음을 드러낸 것이다. 이 회화 장르는 시간이 지나면서 더 역동적이고 자연스러운 가족의 모습을 그리게 되는데, 그 속에서 차는 가정의 행복과 번영을 나타내는 중요한 상징으로 꾸준히 등장한다. 이를 통해 우리는 차가 커피와 매우 다른 사회적 의미를 지니고 있음을 알 수 있다.

가웨이가 광고를 내던 시대에 차는 남성들이 다니던 커피하우스에서나 마셔볼 수 있는 음료였다. 찻잎 역시 커피하우스에서 구입해야 했다. 하버마스는 커피하우스가 근대의 새로운 공공영역public sphere을 탄생시켰다고 주장한 바 있다. 여기서 커피를 마시고 신문을 읽으면서 남성들은 신분의 차이를 극복하고 합리적인 토론 문화를 만들어냈으며 이로써 보편성과 합리성을 근간으로 하는 근대 시민사회가 자랄 수 있는 토양이 만들어졌다는 것이 하버마스의 공공영역 이론이다. 그렇지만 여성들은 커피하우스에 드나들지 못했다. 커피하우스는 남자들이 커피 이외에 술도 마시고 담배도 피우면서 놀던 공간이었기 때문이다. 대신 여자들은 집에서 아름다운 자기에 차를 담아 마셨다. 이 때문에 차는 남성적인 공공영역과 차별되는 가정적 공간을 대변했다. 이 공간은 다분히 여성적이고 사적인 공간이었지만, 동시에 손님을 접대하고 만나는 공간이자 남녀가 같이 안전하게 사교하고 어울릴 수 있는 공간이었기 때문에 확장된 의미를 갖게 되었다. 이렇듯, 완전히 사적이지도 완전히 공적이지도 않은 이 사교 공간에서 차는 없어서는 안 될 핵심 요소였다.

여성의 찻상: 차, 사교, 매너

—

커피가 남성적 담론을 상징했다면 차는 여성적 담론을 상징했다. 이 여성적 담론을 잡담, 험담으로 격하하여 폄하한 예는 매우 많다. 1710년에 인쇄된 〈티 테이블〉이라는 판화를 보자. 이 판화에는 여섯 여자가 원탁에 둘러앉아 차를 마시면서 잡담chit chat하는 모습이 그려져 있다. 작가는 이 광경에 곱지 않은 시선을 던진다. 이 여성들이 우아한 자태를 뽐내며 앉아 있는 테이블에서 심상치 않은 이야기가 오가고 있다는 암시는 곳곳에서 확인할 수 있다. 테이블 밑에서 실실 웃고 있는 검은 그림자, 창밖에서 기웃거리는 두 남자, 그리고 출입문 앞에서 벌거벗은 가슴으로 뱀, 횃불 등을 들고 당황해하는 두 여인을 내쫓고 있는 신화적 인물들은 이 여성적 공간의 폐쇄성과 폭력성을 고발하고 있다. 당시 여성의 찻상을 부정적으로 바라보던 시선은 판화 밑에 실린 작자 미상의 다음 시에서도 고스란히 느낄 수 있다.

> 비방이 군림하는 바로 그곳! 보라, 거기서
> 보히차를 영락없이 돌리면서 여성들이 진한 스캔들을 나누는 장면을.

시커먼 기만의 원천이요 거짓말을 제조하는 그곳에서
부인들은 각자의 재주를 더욱 발휘하고
차 한 모금 넘어갈 때마다 숙녀 한 명은 절개를 잃는다.

여성의 찻상을 이런 방식으로 풍자하고 통제하려 했던 것은 주로 남성이었다. 그 이유는 여성의 찻상이 남성 위주의 사회질서에 일정한 위협을 가했기 때문이다. 차가 여성끼리의 사교를 매개하는 중요한 수단으로 부각되면서 여성들은 더 많은 친구를 집으로 불러들이기 시작했고 또한 그들을 방문하기 위해 자주 집을 비우게 되었다. 차는 또한 여성의 사치를 부추겼다. 18세기 영문학에는 중국제 찻잔과 찻주전자에 열광하는 부인들이 많이 등장한다. 중국에서 들여온 차와 도자기, 가구, 비단 등을 전문으로 취급하는 상가가 생기면서 여성들은 가게를 드나들며 경쟁적으로 찻잔을 수집했다. 차문화를 적극적으로 소비하는 여성을 바라보는 남성의 시선은 대체로 회의적이고 냉소적이었으며 경우에 따라 반여성주의적이었다.

찻상을 통해 당대의 여성성을 풍자한 유명한 예로 윌리엄 호가스의 1732년 판화 〈한 창녀의 인생〉을 꼽을 수 있다. 이 판화에서 호가스는 창녀의 몰락한 여성성을 넘어진 찻상과 깨진 찻잔에 비유하고 있다. 첫번째 판화에서 갓 상경한 순진한 시골처녀로 묘사된 판화의 주인공은 두번째 판화에서 유태인의 정부로 거듭난다. 판화는 이 여성의 무절제한 사치와 부패한 허영심을 애완 원숭이, 서인도제도에서 들여온 어린 하인, 그리고 사치스러운 찻상 등을 통해 고발하고 있다. 여기서 무너진 찻상, 그리고 찻상에서 떨어져 산산조각이 난 찻주전자와 찻잔은 여성의 빗나간 사교가 언제든지 성적 타락으로 이어질 수 있음을 경

작자 미상, 〈티 테이블The Tea Table〉, 1710, 예일 대학 루이스 월폴 도서관 소장.
여성들의 찻상은 반사회적이며 비이성적인 공간으로 풍자되기 일쑤였다.

고하고 있다.

그러나 차를 통해 형성된 새로운 사교 문화는 여성의 전유물이 아니었다. 차는 '매너 있고 교양 있는', 그런 의미에서 다소 여성화된, 그러나 모두에게 열려 있는 시민성을 상징했다. 이때 매너와 교양은 타인과의 사교를 통해서, 그리고 상품의 올바른 소비를 통해서 길러지는 다분히 상업적이고 소비중심적인 덕목, 다시 말해 정치적이라기보다는 사회적인 덕목이라고 할 수 있다. 어찌 보면 지나치게 피상적인 덕목으

윌리엄 호가스, 〈한 창녀의 인생: 연인과 다투다A Harlot's Progress: The Quarrel with Her Lover〉, 1732, 영국 박물관 소장.

부유한 유태인 상인의 정부가 된 창녀 몰(Moll)은 또다른 애인과 밀회를 즐기다 갑자기 유태인이 등장하자 찻상을 고의적으로 넘어뜨린다. 놀란 상인이 찻상을 붙들며 몰을 쳐다보는 동안 젊은 애인이 뒷문으로 유유히 빠져나가고 있다.

로 비칠 수 있으나, 차가 상징하는 시민성은 수행적이며 수평적이었기 때문에 원칙적으로 모두에게 열려 있다는 점에서 전복적이기도 했다. 영국인들은 집에서 마시던 차를 점점 야외에서, 정원과 공원에서, 여러 계층의 사람들이 남녀노소 만나고 어울리는 곳에서 즐겨 마시게 되었다. 아이들도 마셨고 하인들도 마셨다. 이로써 차를 마시는 것은 특권이 아닌 보편적 권리로 다시 자리매김되었다.

홍차의 정치경제학

1741년 80만 파운드lb의 차를 소비한 영국인들은 1750년에 250만 파운드, 1784년에는 1100만 파운드에 가까운 차를 소비했다. 1693년에서 1793년 사이에 차 수입이 400배나 증가했다는 놀라운 통계도 있다. 차 소비가 미친 경제적 영향에 대해서는 다소 상반된 견해가 있다. 노동자들이 진이나 맥주 대신 차를 선호하게 되면서 더 건강한 몸으로 능률적으로 일할 수 있게 되어 영국의 산업화가 촉진되었다는 주장이 있는가 하면, 반대로 노동자들이 영양가 있는 음식을 구입해야 할 돈으로 차를 사 마시면서 오히려 허약해졌다는 주장도 있다. 1756년에 「차에 대한 에세이An Essay on Tea」를 출간한 조너스 핸웨이Jonas Hanway는 차가 영국인의 건강을 해치고 일을 방해하며 개인의 자산을 축내고 국가의 부를 유출한다고 주장하면서 이에 대한 강력한 대책을 주문했다. 영국인이 차를 마시면서 여성화되어 나약하고 무기력한 국민으로 전락하고 있다고 믿었던 핸웨이에게 차는 도덕적 해이, 사회적 혼돈, 경제적 파탄, 아울러 국가적 낭비를 불러온 재앙이었다. 차 소비가 한창 늘어나던 시대에 핸웨이의 격한 반응은 빈축을 샀다. 예컨대 당대에 가장 영향력 있는 문인 중 한 명이었던 새뮤얼 존슨은 핸웨이의 견해가 지나치다며 깎아내렸다고 한다.

그러나 차는 실제로 영국 경제에 갈수록 커다란 부담으로 작용하게 되었다. 영국인들은 점점 더 많은 차를 소비했지만 중국은 영국이 내놓을 수 있는 물건에 별 관심을 보이지 않았기 때문에 영국은 갈수록 심각한 무역 적자를 떠안게 되었다. 이 불균형 때문에 영국은 자국에서 재배하기 힘든 차를 식민지 인도에서 재배하기 시작했고, 중국에 아편 수요가 있다는 것을 알게 된 후 인도에서 재배한 아편을 중국에 팔아넘겨 무역 불균형을 해소하려 했다. 19세기의 아편전쟁은 사실 차전쟁이었던 셈이다. 미국 독립전쟁의 도화선이 된 보스턴 차 사건Boston Tea Party 역시 식민지 미국에서의 차 수입과 유통을 통제하려 했던 영국의 정책에 반발한 시민들이 제국의 간섭 없이 차 마실 권리를 주장한 사건이었다.

우아한 홍차 한 잔을 마시기 위해, 그리고 그것을 사고팔기 위해 세계 곳곳에서 전쟁을 불사한 영국을 생각하면 실로 홍차는 목숨을 걸고 마신 음료였다. '중국의 신비한 맛'이 영국의 맛으로 거듭난 배경에는 제국의 그림자가 짙게 드리워 있다.

〈참고문헌〉

Elizabeth Kowaleski-Wallace, *Consuming Subjects: Women, Shopping, and Business in the Eighteenth Century*(New York: Columbia University Press, 1997).

Jane Pettigrew, *A Social History of Tea*(London: The National Trust, 2001).

이소부치 다케시, 『홍차의 세계사, 그림으로 읽다』, 강승희 옮김, 글항아리, 2010.

민은경_서울대학교 영어영문학과 교수

프린스턴 대학에서 18세기 문학, 철학, 미학을 전공하여 비교문학으로 박사학위를 받았다. 현재 18세기 영문학과 중국의 관계를 다룬 저서를 집필하고 있다. 주요 논문으로 「아담 스미스와 감사의 빚Adam Smith and the Debt of Gratitude」 「타인의 고통과 공감의 원리」 「약속을 '준다'는 것: 인치볼드의 '쉬운 이야기' 읽기Giving Promises in Elizabeth Inchbald's *A Simple Story*」 「로빈슨 크루소가 본 만리장성Robinson Crusoe and the Great Wall of China」 등이 있다. 차, 찻잔, 그림, 여행을 좋아한다.

중양절에
마시는
향기로운
묘약

국화를 먹는 법

동쪽 울타리 아래서 국화꽃 따다가, 採菊東籬下
유연히 남쪽을 바라보노라 悠然見南山

진晉의 은자 도연명이 벼슬에 연연하지 않고 초연히 전원으로 물러나 살면서 쓴 「술을 마시고서飮酒」라는 시에서 읊은 한 구절이다. 국화는 도연명으로 인하여 은일隱逸의 상징이 되었다. 또 국화를 두고 도연명은 서리 속의 호걸 상하걸霜下傑이라 하였고, 소동파는 서리 속의 영웅 상중영霜中英이라 하였으니, 국화에는 꼿꼿한 선비의 오상고절傲霜孤節이라는 별칭까지 더해졌다.

운수평(惲壽平, 1633~1690), 〈국화도菊花圖〉, 베이징 고궁박물원 소장.
조선 후기에도 백색, 홍색, 황색 등 세 가지 색깔의 국화를 화분에 길러 감상하였다.

국화의 나라

조선은 가히 국화의 나라라 할 만하다. 조선에는 여러 가지 색깔의 꽃이 한 가지에 피는 삼색국三色菊, 오색국五色菊이 있었다. 조선 후기의 문인 강이천姜彝天의 증언에 따르면 김노인이라는 사람이 국화 재배에 경이로운 솜씨를 발휘했다. 그는 꽃을 일찍 피우게도 늦게 피우게도 하였고 꽃의 크기를 손톱처럼 작게도 만들었다. 큰 키에 큰 꽃이 피는 품종도 만들어냈으며, 옻칠한 듯 검은 꽃을 피워내는가 하면, 가지 하나에 여러 빛깔의 꽃이 섞여 피어나게도 했다 한다.

국화는 품종 자체도 매우 다채로웠는데, 몇몇 품종은 국제적인 명성을 얻기도 했다. 순백색의 큰 꽃이 피어 옥매玉梅라고도 하는 신라국新羅菊, 범 가죽처럼 황색과 적색이 섞여 있는 고려국高麗菊처럼 국제적인 명성을 얻은 품종이 널리 알려졌다. 또 고려 충숙왕이 원나라에서

우지정(禹之鼎, 1647~1709), 〈왕원기예국도王原祁藝菊圖〉, 베이징 고궁박물원 소장.
화분에 여러 가지 색깔의 다양한 국화를 키우는 것은 조선에서도 마찬가지였다.

고려로 돌아올 때 오홍烏紅, 연경황燕京黃, 연경백燕京白, 규심閨深, 금홍錦紅, 은홍銀紅, 학정홍鶴頂紅, 소설오笑雪烏 등의 현란한 이름의 국화를 선물로 받아와 조선 초기 정원을 빛내었다. 소중양절인 5월 9일에 즐기던 황색의 왜황倭黃이 유행하였거니와, 심능숙沈能淑은 1834년 커다란 흰 꽃이 피고 향기가 아름다운 백운타白雲朵라는 일본 꽃을 구해와 국화를 사랑하는 사람들 사이에서 큰 인기를 끌었다. 비슷한 시기 김정희金正喜의 시에는 "근일에 서양 국화가 중국에 들어온 것만 쳐도 백 수십 종이 된다"고 하였고, 성해응成海應이 『양국보洋菊譜』를 편찬한 것을 보면 중국에 들어온 서양 국화에 대해서도 관심을 가졌음을 알 수 있다. 이렇게 하여 김정희의 다른 시에 "163종이나 되는 품종이 많기도 하건만 끝내 학령鶴翎이 여러 국화 중에 첫째라네"라 한 대로 당시 조선의 정원에는 160종이 넘는 국화가 재배되었다.

국화를 마시다

—

대부분의 화려한 국화는 아름다운 모습을 감상하고 향기를 즐기기 위한 것이었지만, 국화는 눈과 코를 넘어 입을 즐겁게 하고 몸을 튼튼하게 하는 효과가 있다. 『신농본초경神農本草經』에 따르면 국화는 몸을 경쾌하게 하고 수명을 연장시킨다고 하며 머리와 눈을 맑게 하는 효능이 있다고 하였다. 그 때문에 선비들은 국화를 차로 끓여 먹거나 술로 담가 마셨다. 신위申緯에게도 국화로 담근 술은 몸을 가뿐하게 하는 묘약이었다. 이때의 국화는 식용의 감국甘菊이다.

사람들 오래 살고 싶은 소원 있어	有願人人壽命長
이날 은근히 서로 권하여 마신다네.	殷勤相屬此時觴
술은 신선처럼 몸을 가볍게 하는데	神仙輕體杯中用
국화꽃 향기가 햇살 아래 풍겨나네.	黃菊花香禀正陽

—신위, 「중양절 하상荷裳 등 여러 사람이 반분로潘邠老의 "성 가득 비바람에 중양절이 가깝네"라는 시구로 운을 삼아 각기 시 7수를 얻다 滿城風雨近重陽爲韻, 各得詩七首」 『경수당전고警修堂全藁』 22책

한나라 때 비장방費長房이 환경桓景에게 9월 9일 중양절에 집에 재앙이 있을 것이니 집안사람들로 하여금 각각 붉은 주머니에 붉은 산수유 열매를 담아서 팔뚝에 걸고 높은 산에 올라 국화주를 마시게 하면 재앙을 면할 것이라 하였다. 이로부터 사람들이 중양절에 높은 곳에 올라가 국화주를 마시는 풍속이 생겼다. 국화주는 액운을 피하게 할 뿐만 아니라 몸을 가뿐하게 하고 수명까지 늘려준다 하니 더욱 좋다. 마침 따스한 햇살 아래 활짝 핀 국화가 향기를 뿜으니 이보다 좋은 일이 있으

랴? 그러니 잔에 든 것은 단순한 술이 아니라 신선의 음식인 것이다.

조선시대 널리 읽힌 원나라 때의 책 『거가필용사류전집居家必用事類全集』에 국화주를 담그는 법이 소개되어 있는데 이러하다. 9월 감국이 흐드러지게 피면 향이 좋고 맛이 단 노란 꽃잎을 따서 햇볕에 바싹 말린 다음 청주 한 말에 손가락 길이 정도의 높이로 국화꽃 두 냥을 명주주머니에 넣어 건 다음 병 주둥이를 밀봉한다. 이렇게 하여 하루를 묵힌 후 명주주머니를 제거하고 술을 마시면 국화의 향이 우러나고 맛도 달다.

국화는 좋지만 술이 싫다면 차로 끓여 마시면 된다. 이규경李圭景의 『오주연문장전산고五洲衍文長箋散稿』에 따르면 반쯤 핀 감국을 따서 푸른 꽃받침 껍질을 긁어내고 샘물에 넣어 끓인 다음 꿀에 타서 마시면 맛이 좋다고 한다. 또 꽃이 이미 활짝 핀 것은 꽃받침을 제거하고 꿀을 발라 촉촉하게 하여 녹말가루에 굴린 다음 끓는 물에 잠깐 넣었다 건져서 꿀물에 타고 잣을 띄워 마신다고 하였다. 국화는 구기자와 섞어 차를 끓이기도 하는데 이를 기국차杞菊茶라 한다. 『산림경제』에는 감국 1냥, 구기자 4냥, 차의 싹 5냥, 참깨 반 근을 함께 곱게 갈아 체로 거른 다음, 소금과 들기름을 조금 넣어 한 번 끓인 물에 타서 마신다고 하였다.

국화는 약용으로 먹기도 했다. 『산림경제』에 "감국은 정월에 뿌리를 캐고 3월에 잎을 따며 5월에 줄기를 따고 9월에 꽃을 따는데 모두 응달에 말린다. 네 가지 맛을 내는 약재를 함께 천 번 빻아 가루로 만들고 술에 한 돈씩 넣어 먹거나 꿀에다 오동 열매 크기의 환으로 만들어 일곱 개씩 하루 세 번 먹는다"라고 되어 있다.

정선, 〈동리채국도東籬採菊圖〉(부분), 국립중앙박물관 소장.

도연명이 중양절에 국화꽃을 딴 고사를 그린 그림이다.

감국으로 만든 음식

—

다만 아무 국화나 먹을 수 있는 것은 아니다. 굴원이 『초사楚辭』에서 "저녁에는 가을 국화의 떨어진 꽃잎을 먹는다夕餐秋菊之落英"라고 했을 때의 국화는 감국이다. 맛이 달다 하여 보통 감국甘菊이라 부르는 식용 국화는 진짜 국화라 하여 진국眞菊이라고도 한다. 가국家菊, 다국茶菊, 강성황江城黃이라고도 불린다. 감국은 꽃잎이 홑잎으로 조그마하고 두꺼우면서도 부드러우며, 줄기는 붉은빛을 띤다. 또 국화의 여러 품종 중에 가장 늦게 피어 최만황最晚黃이라고도 불린다. 그 색은 황금처럼 순황색이며 음력 9월 그믐에 비로소 피어서 10월에 만개한다고 한다. 『본초강목本草綱目』에 따르면 국화는 크게 두 종이 있는데 줄기가 붉고 냄새가 향긋하며 맛이 단 것은 그 잎을 죽으로 만들 수 있지만, 줄기가 푸른 것은 맛이 써서 먹을 수 없다고 한다. 먹을 수 없는 것은 구분하여 흔히 쑥부쟁이라 한다.

감국이라야 그 싹으로 죽을 쑤거나 찌개를 끓일 때 잎을 넣기도 하고 여린 잎으로 나물을 무쳐 먹을 수 있다. 이옥李鈺은 『백운필白雲筆』에서 국화를 두고 "봄에는 그 싹을 먹어 나물로 삼고 여름에는 그 잎을 먹어 생선찌개에 넣고 가을에는 그 꽃을 먹어 술잔에 띄우거나 떡에 버무린다. 그 쓰임이 꽃을 보거나 향기를 맡는 것에 그치지 않는다"라고 하였다. 국화의 잎은 나물로 무쳐 먹기도 하고 매운탕에 넣어 먹기도 하며, 꽃은 떡으로 쪄서 먹기도 하였음을 알 수 있다.

국화잎으로 무친 나물은 지금도 별미로 알려져 있다. 그런데 이 국화 나물을 예전에는 황화채黃花菜라 불렀다. 황화채는 광채廣菜라고도 하고 우리말로는 업나물이라 하였다. 업나물은 원래 원추리로 만든 나물을 가리키는 말인데, 국화 나물을 가리키는 말로도 혼용됐다. 허균의 『도문대작』에 의주 사람들이 중국인에게 배워 맛있게 조리한다고 되어 있는 것으로 보아 조선 중기 중국에서 들어온 요리인 듯하다. 『산림경제』에도 이정구李廷龜의 일기를 인용하여 통판通判을 지낸 군영君榮이라는 중국인이 이 나물을 만들어 먹었다고 하였다. 또 그 조리법이 소개되어 있는데 6~7월 만개한 원추리의 꽃을 따서 꽃술을 제거하고 깨끗한 물에 데쳐 초를 쳐서 먹는다고 하였다. 입에 넣으면 맛이 신선의 음식같이 보드랍고 담박하여 송이보다 더 나아 나물 중에서 으뜸이라 하였다.

그런데 황화채, 곧 업나물은 국화의 잎으로도 만들었다. 『오주연문장전산고』에서는 가을의 별미로 황화채를 들고 이를 만드는 법을 자세히 소개한 바 있다. 그 방법은 이러하다. 가을에 감국의 꽃을 따서 꽃받침과 꽃술을 제거한 다음 나무로 된 소반에 늘어놓고 깨끗한 물로 살짝 씻은 다음 송엽주松葉酒를 이슬이 묻은 듯 살짝 적시고 녹두 가루를 꽃잎 위에 뿌려 바른다. 이것을 약하게 끓인 물에 데쳐서 건져내는데 이때 덩어리가 지지 않도록 한다. 다시 꽃잎을 하나하나 찬물에 담갔다가 건져내어 식초를 타고 맛을 내는 여러 재료를 섞어 먹는다. 이규경은 원추리꽃, 아욱잎, 연꽃, 수박꽃, 당귀잎 등도 같은 방식으로 먹는데 이는 승려들이 즐겨 먹는 음식이라 하였다.

국화꽃으로 만든 국화전菊花煎도 인기 있는 음식이었다. 국전菊煎, 국병菊餠, 국고菊餻라고도 한다. 『오주연문장전산고』에 따르면 늦가을 감국을 채취하여 꽃받침과 꽃술을 제거한 다음 물을 뿌려 축축하게 하고 쌀가루를 묻혀 전을 부치면 된다고 하였다. 이때 꽃잎이 뭉치지 않도록 해야 모양이 곱다. 꿀에 담갔다 꺼내어 말려두었다가 겨울이나 봄, 여름까지 먹을 수 있다고 하였다. 『도문대작』에는 한양에서 봄에는 두견

전(傳) 김홍도, 〈풍속도병風俗圖屛〉(부분), 프랑스 파리 기메 미술관 소장.
여러 색깔의 국화 화분 곁에 사람들이 모여 놀이를 하고 있다. 문 곁에는 괴석과 석류나무, 국화꽃이 보인다.

화전杜鵑花煎과 이화전梨花煎을, 여름에는 장미전薔薇煎, 가을에는 국화병菊花餠을 먹었다 하니, 국화꽃뿐만 아니라 진달래꽃, 배꽃, 장미꽃도 모두 전으로 부쳐 먹었음을 알 수 있다.

특히 국화전은 중양절의 대표적인 음식이었다. 18세기 남인을 대표하는 문인 채제공蔡濟恭은 「명덕동기明德洞記」에서 가족들과 야외로 소풍을 다녀온 일을 이렇게 기록했다.

> 3월 삼짇날이나 9월 중양절이면 바람이 자고 날씨가 따스한 날을 골라 집안의 부녀자들을 이끌고 솥을 가지고 가서 벼랑의 바위에 앉히고, 돌 틈의 들꽃이나 국화를 꺾어 전을 만들어 먹고 쑥국을 끓

여 반찬으로 삼았다. 희희낙락하면서 아침부터 저녁까지 즐거움이 끝이 없었다.

삼짇날의 쑥국과 중양절의 국화전은 가장 인기 있는 별미였던 것이다. 중양절이 되어도 절기가 늦어 국화가 피지 않아 꽃이 없으면 잎으로도 국화떡을 만들어 먹었다. 이덕무는 자신의 집에서는 그렇게 먹는다고 하였다.

조선시대에는 국화의 이러한 효능을 잘 알았기에 술에 띄울 뿐만 아니라 아예 국화를 말려 베갯속으로 삼은 예가 있었다. 18세기 문인 유언호俞彦鎬가 그렇게 했다. 유언호는 「국침명菊枕銘」이라는 글을 지었는데 이에 따르면 그의 백형이 묘향산에 갔다가 산국山菊 몇 되를 가지고 와서 베로 감싸 베개를 만들어 사용하였더니 국화향이 은은하게 코에 어렸다고 한다. 물론 선비의 고고한 정신까지 은근히 깃들인 것이니 더욱 멋이 있었으리라. 『산림경제』에는 가을에 감국을 따서 붉은 베로 만든 자루에 넣어 베개를 만들면 머리와 눈을 시원하게 해준다고 되어 있으니 이 비방을 따른 것이다. 어떤가? 따라해보고 싶지 않은가!

이종묵_서울대학교 국어국문학과 교수

선비의 운치 있는 삶을 사랑하여 우리 옛 시와 글을 읽고 그 아름다움을 분석하여 세상에 알리는 데 힘을 쏟고 있다. 옛사람들이 산수를 찾는 즐거움을 적은 글이나 그들의 지혜가 담긴 글을 번역하여 알리는 일도 하고 있다. 지은 책으로는 『한시 마중–생활의 시학, 계절의 미학』 『부부』 『우리 한시를 읽다』 『조선의 문화공간』 등이 있으며, 옮긴 책으로는 『글로 세상을 호령하다』 『양화소록–선비, 꽃과 나무를 벗하다』 『사의당지–우리 집을 말한다』 등이 있다.

조선인이 즐긴 술, 삼해주

봉제사奉祭祀와 접빈객接賓客은 조선시대 생활문화 중 가장 중요한 덕목이었다. 그런 만큼 아녀자의 음식 솜씨는 가문의 자랑이요, 가문에 평안을 주는 미덕 중 하나였다. 그러나 당시 하나부터 열까지 사람의 손이 가야 마련되는 음식은 그 노하우 전수가 문제였다. 조선 사회에서 조리법의 전수는 오로지 면대면의 교육을 통해서만 가능했고, 축적된 경험만이 새로운 조리비법을 탄생시켰다.

1670년경 여성이 쓴 최초의 한글 조리서인 『음식디미방』의 필사기에는 "이 책을 이리 눈이 어두운데 간신히 썼으니 이 뜻을 잘 알아 이대로 시행하고, 딸자식들은 각각 베껴가되, 이 책을 가져갈 생각일랑 마음도 먹지 말며, 부디 상하지 않게 간수하여 쉽게 떨어지게 하지 말라"라고 하여 집안의 음식 솜씨가 대물림되기를 바라는 안동 장씨의 염원을 읽을 수 있다.

이런 식생활에 대한 기록은 여성들이 쓴 규방의 지침서뿐만 아니라 농서農書나 유서類書에도 있다. 특히 18세기는 실학사상이 꽃을 피우며 식생활 관련 기록이 증폭되는 시기였다. 『산림경제』『증보산림경제增補山林經濟』『해동농서海東農書』『고사신서攷事新書』『고사십이집攷事十二集』『소문사설謏聞事說』『온주법醞酒法』『음식보飮食譜』 등이 바로 그런 사실을 입증한다.

이들 자료에 기록된 내용 중 조리 관련 부분의 필수항목은 술빚기였다. 술마저도 가가호호 자가 제조하지 않으면 안 되었던 당시, 술빚기는 전수되어야 하는 가장 긴요하고도 난도 높은 조리기술이었다. 그래서 몇몇 조리서는 술빚기로 시작되기도 하고, 기록된 내용의 반 이상이 술 빚는 방법인 경우도 있다. 심지어는 『주방문酒方文』『온주법』『역주방문歷酒方文』『술빚는 법』『술 만드는 법』처럼 아예 조리서의 이름에 술이 들어가 있기도 하니 이들 조리서를 남긴 조상들의 의중이 짐작된다.

조선인이 가장 사랑한 술

18세기 조리 관련 자료에는 100여 가지가 넘는 술이 기록되어 있다. 이중 기록된 빈도가 가장 높은 술이 삼해주三亥酒다. 삼해주는 가장 많이 기록되어 있을 뿐만 아니라 『온주법』에는 세 가지 주조법이, 『증보산림경제』에는 두 가지 주조법이 기록되어 있으니 당시 조선인들에게 가장 사랑받은 술이었던 것으로 짐작된다. 삼해주라는 술 이름은 정월 첫번째 해일亥日, 돼지날부터 술을 빚기 시작하여 돌아오는 두

삼해주는 18세기 조리 관련 자료에서 기록 빈도가 가장 높은 술로, 당시 사람들에게 가장 사랑받았던 술이다. 정월 첫번째 해일에 시작하여 해일마다 세 번에 걸쳐 빚는다고 해서 삼해주라는 이름이 붙었다.

번째와 세번째 해일에 덧술을 하여 빚은 술이라는 뜻이다. 돼지날을 골라 빚은 삼해주는 돼지의 '꿀꿀'거리는 소리를 닮아 꿀처럼 단 술이 되었을까?

술은 당糖 성분이 함유된 곡물류나 과실류, 유즙乳汁 등을 발효시켜 만드는데, 우리나라는 예로부터 곡주穀酒가 주를 이루었다. 삼해주는 찹쌀과 멥쌀로 빚는 술이다. 밑술과 두 번의 덧술 과정 중『온주법』에 기록된 첫번째 주조법과『음식보』에서는 멥쌀을 세 차례 모두 사용했지만,『온주법』에 기록된 또다른 방법이나『산림경제』『고사신서』『해동농서』『증보산림경제』에는 찹쌀과 멥쌀을 번갈아 쓰거나 혼용하기도 하였다.

술을 빚을 때 찹쌀이나 멥쌀은 물에 담가 충분히 불린 후 고두

밥을 쪄서 쓰기도 하지만, 가루를 내서 뜨거운 물에 개거나, 죽을 쑤거나, 되직하게 반죽하여 둥글게 빚은 후 가운데 구멍을 내어 마치 도넛 모양으로 만든 구멍떡을 삶아 익히거나, 백설기로 쪄서 쓴다. 삼해주의 밑술은 찹쌀이나 멥쌀을 가루 내어 묽은 죽을 쑤거나 익반죽하였는데, 『온주법』에 기록된 첫번째 주조법과 『증보산림경제』에 기록된 두번째 주조법에서는 백설기로 찐 후 끓인 물을 섞어 다시 풀어주는 방법을 택하였다. 호화도糊化度, 전분에 물을 넣고 가열하여 소화되기 쉬운 상태로 된 정도가 높은 죽을 이용하여 신속한 발효를 돕기 위함이다. 익힌 곡물과 누룩, 좋은 물을 섞어 항아리에 담아두면 술이 익는다. 이렇게 빚은 술은 단양주單釀酒다. 첫번째 빚은 술을 밑술로 하여 곡물로 다시 밥을 하여 섞어준 후 숙성시키면 이양주二釀酒가 된다. 또 같은 과정을 반복하면 삼양주三釀酒가 되고, 또 하면 사양주四釀酒가 된다. 삼해주는 삼양주다. 삼해주를 빚는 마지막 덧술에서는, 『증보산림경제』의 두번째 주조법에서 찹쌀을 사용한 것을 제외하면 통상적으로 대개 멥쌀을 이용해 고두밥을 지었다. 고두밥을 넣으면 맑은 술을 얻을 수 있다. 덧술을 반복할수록 발효가 안정되어 저장성이 높아지고, 술의 양이나 알코올 도수가 올라간다. 무엇보다 술의 맛과 향이 중첩되어 좋은 술이 된다.

그런데 『온주법』에 기록된 삼해주법 중 첫번째 방법은 조금 특이하다. 먼저 멥쌀가루로 떡을 찐 후 끓인 물을 섞어 고루 퍼지게 한다. 여기에 누룩가루와 밀가루를 섞어 밑술을 빚는다. 그런데 두 번의 덧술도 똑같은 과정으로 반복했다. 맛 좋은 술은 쌀, 누룩, 물 삼총사의 화음이 잘 맞아야 한다. 이때 누룩은 발효제다. 누룩은 밀, 보리, 쌀, 녹두, 쑥, 여뀌, 도꼬마리, 솔잎, 연꽃 등으로 만드는데 술의 종류에 따라 재료와 모양, 크기별 개성이 결정된다. 일반적으로 술을 빚을 때 밑술에는 누룩이 반드시 들어가지만, 대개 덧술을 할 때는 밑술이 스타터starter로 발효제 역할을 한다. 그런데 『온주법』 첫번째 주조법에서는 마지막 덧술까지 계속해서 누룩을 넣을 뿐 아니라 오히려 그 양이 많아진다. 아마도 이는 술의 안정적인 발효를 지속시키고, 알코올 도수와 바디body감을 높이기 위한 방법이었을 것이다.

맑은 술 탁한 술

잘 익은 술은 거르는 방법에 따라 탁주濁酒와 청주淸酒로 나뉜다. 탁주는 막걸리다. 막걸리는 한자로 부의주浮蟻酒라 했다. 발효된 밥알이 마치 개미가 뜬 것처럼 보인다는 의미이니 참말로 운치 있는 표현이 아닐 수 없다. 반대로 청주는 술이 익은 항아리에 용수술을 거를 때 쓰는 싸리나 대오리로 만든 둥글고 긴 통를 박아 떠낸 맑은 술을 말한다.

18세기 대표적인 풍속화가인 김홍도와 신윤복의 그림에서 술을 즐기는 대조적인 모습을 감상할 수 있다. 김홍도의 〈주막〉에서는 먼 길에 허기진 배를 채우는 나그네가 국밥 그릇을 기울여 남은 국물 한 숟가락까지 싹싹 먹어치우는 고단한 모습이 눈에 먼저 들어온다. 그리고 그 옆에 술독을 끼고 자리잡은 주모가 큰 그릇에 술을 떠 담는 중이다. 풍채 좋은 중년의 주모가 들고 있는 술잔과 복자국자처럼 생긴 술을 뜨는 기구의 크기가 크고, 술항아리는 입이 넓은 것으로 보아 막걸리가 담긴 것이리라. 나그네는 마지막으로 막걸리 한 사발을 들이켜고 다시 걸음을 재촉해야 할 것이다.

신윤복의 〈주사거배〉는 담장 높은 기와집 안에 있는 고급 술집의 모습이다. 대청마루 옆에는 술국을 끓이기 위한 부뚜막까지 설치되어 있다. 또한 주모는 얹은머리에다 소매통이 좁고 짧은 저고리에 남색 치마를 입은, 그야말로 당시 패션 트렌드를 충실히 따른 젊고 고운 여성이다. 이런 호사스런 술집에서는 당연히 향기로운 청주가 항아리에 그득할 것이고, 비싸게 팔리리라. 마당에 핀 진달래가 삼해주의 계절임을 알려준다. 정월에 빚기 시작하는 삼해주는 세 달 정도의 숙성기간을 거쳐 봄철에 술맛이 절정을 이룬다. 주모의 손에 들린 복자가 가늘고, 작은 술잔들이 놓인 것으로 보아 술값은 마신 잔의 수대로 계산하는 듯하다. 이곳에서 철릭을 입은 관리들의 낮술은 가지가지 이유로 이어진다.

조선의 술맛에 반한 것은 외국인도 마찬가지였다. 조선을 방문했던 샤를 루이 바라Charles Louis Varat는 조선의 양조기술을 소개하며 그 술맛을 극찬했다.

> 조선의 술은 대개 붉거나 흰색으로 쌀이나 밀 또는 그 밖의 곡물로 빚어내며, 발효하기 전 단계에 불붙은 숯을 집어넣음으로써 맑은 빛깔을 낸다. 그것은 질적인 면에서 중국이나 일본의 술을 저만치 따돌릴 만한데, 입천장에서 착착 달라붙는 그 부드러운 맛이 흡사 우리의 포도주를 연상시켰다. 너무도 맛이 좋아 친구들을 위해 프랑스에도 좀 가지고 가고 싶었지만 운반할 수 있게 포장이 된 것도 아니었고, 결정적으로 장시간 보관이 불가능하기 때문에 아쉽지만 포기해야 했다.
>
> —샤를 루이 바라·샤이에,
> 『조선기행』, 성귀수 옮김, 눈빛, 2001

김홍도, 〈주막〉(부분), 국립중앙박물관 소장.

그는 바다 건너 친구들에게 이 좋은 술을 맛보여주고 싶었다. 하지만 그럴 수가 없었다. 왜냐하면 조선 사람들이 즐긴 술은 대부분 증류를 하지 않은 술이었으므로 장기간 보관하거나 유통하기에 적합지 않았기 때문이다. 정성껏 빚은 술은 그대로 두면 발효가 진행되어 식초가 되어버렸다.

그렇다면 정말 아예 방법이 없었던 걸까? 그렇지는 않다. 빚은 술을 증류하면 오래 보관하는 것이 가능했다. 술을 증류하는 기술은 고려 때 원나라로부터 전해졌다. 비록 증류하지 않은 술을 더 많이 마셨지만 증류주인 소주를 만들기도 했다. 만드는 방법은 이렇다. 우선 잘 익은 술을 솥에 넣고 소줏고리를 얹어 고면 소주가 된다. 열에 의해 기화된 알코올은 소줏고리 위의 찬 냉기와 만나서 액화되어 이슬처럼 다시

擧盃邀皓
月抱甕對淸風
蕙園

신윤복, 〈주사거배酒肆擧盃〉, 간송미술관 소장.

소줏고리

떨어진다. 그래서 소주의 다른 이름이 노주露酒다. 『증보산림경제』에 소주를 고는 법이 기록되어 있는데 윗물을 열두 차례 갈면 그 술맛이 독하지도 묽지도 않지만, 여덟아홉 차례만 갈아주면 술맛이 매우 독하다고 하였다. 또 소주를 내릴 때에는 참나무나 보릿짚, 볏짚 따위를 땔감으로 써야 하고, 불의 세기를 일정하게 유지해야 한다고 했다. 소주의 독성을 빼는 법으로는 술을 받는 병 바닥에 꿀을 바르면 독이 빠지고 술맛이 좋아진다 하였는데, 소주의 독한 기운을 줄이는 방법이었을 것이다. 또 당시 증류주를 만드는 고도의 기술이 있었음을 알 수 있다.

삼해주 또한 소주로도 즐겼다. 대개 청주로 마시는 술이지만, 『증보산림경제』에 기록된 두번째 주조법은 삼양 증류주인 것이 특이하다. 마지막 덧술까지 잘 익어 밥알이 위로 뜨면 지게미를 걸러내고, 증류하여 소주를 만드는데 술맛이 매우 독하다고 하였다.

독한 소주는 물을 타서 희석식 소주로 만들기도 하였고, 얼음을 넣어 차고 짜릿한 칵테일로 즐기기도 했다. 청주를 빚어 소주를 혼합한 혼성주는 더운 여름철 술맛이 쉽게 상하는 것을 예방하는 효과도 있었다. 이 소주는 증류 과정에서 계피와 사탕가루 또는 생강이나 배를 넣어 맛을 더하거나 지초芝草나 치자를 술병에 달아 농염한 빛깔을 내어 애주가들을 유혹하기도 하였다.

임금도 못 말린 술맛

—

삼해주 사랑은 몇몇 문집에서 확인된다. 일찍이 이규보는 삼해주를 선물 받고 아래와 같은 화답시를 남겼다.

쓸쓸한 집 적막하여 참새를 잡을 만한데　　閑門寂寞雀堪羅
어찌 군후의 방문 생각이나 했으랴　　豈意君侯肯見過
다시 한 병의 술 가져오니 정이 두터운데　　更把一壺情已重
더구나 삼해주 맛 또한 뛰어났네　　況名三亥味殊嘉

—『동국이상국집東國李相國集』

또, 기대승은 무등산을 돌아보고 식영정息影亭에 당도해 가진 술자리에서 삼해주를 마시는 즐거움을 노래하기도 했다.

맑은 바람 늙은 나무에 불고　　淸風吹老樹
밝은 해는 봄 정자에 걸리었네　　白日麗春亭

좋은 술 삼해를 기울이고　美酒傾三亥
아름다운 나물 오성을 대하누나　嘉蔬對五星
조용히 산수를 구경하고　從容見山水
오연히 문정에 있도다　偃蹇在門庭
그대 나와 함께 취미 같으니　君與吾同趣
배회하매 구름은 창가에 가득하구나　徘徊雲滿扃

—『고봉집高峯集』

하지만 조선 후기에는 연속된 자연재해로 곡물 조달이 어려워지자 금주령이 내려졌다. 그럼에도 번번이 실효를 거두지 못하자 『정조실록』과 『승정원일기』 등에는 이를 두고 대책 논의에 골몰한 대목도 보인다. 정조 17년 『일성록』에서는 다음과 같이 정조의 명을 기록하고 있다.

작년 겨울에 술을 빚지 못하도록 금하였을 때에 평시서가 5일마다 계본啓本, 조선시대에 임금에게 올리던 문서 양식으로 보고한 시가市價를 보니, 쌀값이 여전히 치솟아 있었다. 그러니 또한 시험해보았으나 실효가 없다고 할 수 있겠다. 흉년에 곡물을 낭비하는 것은 참으로 엄히 금할 수 있지만, 나는 "백성이 소요하지 않도록 한다不擾民"라는 석 자가 시행하기 어려운 명령보다 더 낫다고 생각한다. 지금 시행할 계책으로는 한성부 판윤에게 분부하여 술을 빚는 것을 절제하라는 뜻으로 성심껏 방곡에 타이르고 깨우쳐주어 선량한 백성들로 하여금 가르침을 따를 줄 알게 하는 것보다 더 좋은 것이 없다. 또 삼해주 등 대규모로 빚는 술은 이미 저장해놓은 것을 제외하고는 역시 판윤으로 하여금 거듭 밝혀 금지하고 절제하게 하여 기어코 실효를 거두게 하라.

—『일성록』, 정조 17년 계축

이로 보아 삼해주의 인기는 배고픈 흉년도, 무서운 나라님의 금주령도 이길 수 없었나보다.

국 먹기는 여름같이, 술 마시기는 겨울같이 하라

술은 맛있는 안주가 있어야 그 맛을 더한다. 18세기를 대표하는 술안주 하나를 살펴보자. 앞서 신윤복의 그림에서는 술국을 끓이기 위한 솥이 있었다. 「성협풍속화첩成夾風俗畫帖」에 실려 전하는 그림 〈야연〉에서는 사람들 가운데 화로가 놓여 있고 위에는 전골을 지져먹는 그릇인 벙거짓골이 올려 있다. 강한 불기운이 느껴지는 화로 위에서는 가장자리의 둥근 부분에서 뭔가가 지글지글 구워지고, 사내들은 연신 이를 주워먹기에 바쁘다. 움푹 팬 중앙에는 국물이 끓고 있다. 즉 고기나 채소를 번철 부분에 구워서도 먹고, 뜨거운 국물에 넣어 살짝 데치듯 익혀서도 먹는 즉석요리를 술안주로 즐기고 있다. 좋은 벗들과 향기로운 술, 즉석에서 바로 해먹는 안주까지 있으니 술이 절로 넘어갈 것 같다. 보는 것만으로도 침이 꼴깍 삼켜진다.

19세기 말의 『시의전서是議全書』에는 술상차림 그림이 실려 있다. 먼저 술상에 진안주, 마른안주, 김치, 정과, 숙실과가 차려져 있다. 옆의 곁상에는 전골, 장국, 나물, 계란, 기름종지가 있다. 이 상은 신선

〈야연野宴〉, 『성협풍속화첩』 수록,
국립중앙박물관 소장

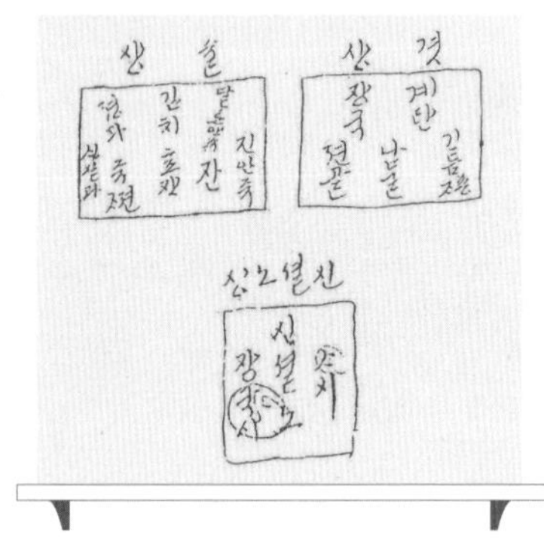

『시의전서』에 기록된 술상차림

궁중음식으로 알려진 신선로는 사대부가에서도 안주로 즐겼다.

로상을 위한 상이다. 신선로상에는 신선로, 장국시국수, 사시숟가락가 있다. 신선로는 궁중음식으로 사대부가에서도 즐기던 제일의 안주였는데 열구자탕悅口子湯이라고도 한다. 얼마나 맛이 좋았으면 입을 기쁘게 한다는 이름을 붙였을까? 선인들의 풍류가 느껴진다.

『규합총서』에서는 우리나라의 전통 음식문화를 한 문장으로 대변하고 있다. "밥 먹기는 봄같이 하고, 국 먹기는 여름같이 하고, 장 먹기는 가을같이 하고, 술 마시기는 겨울같이 하라"고 했다. 밥은 따뜻하게, 국은 뜨겁게, 장은 서늘하게, 술은 차게 즐겨야 제맛이라는 것이다. 삼해주의 차고 독한 술기운을 뜨거운 국으로 달랬을 조선인들을 떠올려본다.

차경희_전주대학교 한식조리학과 교수

고문헌을 중심으로 한 한국 전통 음식문화 연구에 관심을 가지고 있다. 『한국음식문화와 콘텐츠』 『향토음식』 『한국음식대관』 등을 공동 집필하였고, 『시의전서』 『임원십육지-정조지』 『부인필지』 『주방문』 등 고조리서 편역에 참여하였다. 「고문헌을 통해 본 조선시대 식초 제조에 관한 연구」 「『주식시의酒食是儀』에 기록된 조선 후기 음식」 「『쇄미록鎖尾錄』을 통해 본 16세기 동물성 식품의 소비 현황」 「조선 중기 외래식품의 도입과 그 영향」 외 다수 논문이 있다.

소금이
소통시킨
세상

길과 소금

햇빛과 바람이 익혀주는 결정체

—

햇빛과 바람이 바닷물을 익혀주기 기다려 찾아와주는 귀빈이 바로 소금이다. 박범신의 소설 『소금』에서 염부들은 소금이 '온다'라고 말한다. 그런 표현에는 그만큼 소금을 소중하고 반가운 것으로, 인격을 갖춘 손님으로까지 대접하여 섬기고 받드는 마음이 담겨 있다.

농부가 논밭에서 봄, 여름, 가을 동안 햇빛과 바람과 비에 의지해 땀으로 알곡을 생산하듯이 염부는 해안가 소금밭에서 햇빛과 바람에 의지해 땀으로 소금꽃을 피워낸다. 염전은 보통 네 단계 구조로 되어 있다. 첫 단계는 바닷물을 끌어들여 불순물을 가라앉히는 저수지다. 둘째 단계는 제1증발지인 '난티', 셋째 단계는 제2증발지인 '느티' 그리고 소금을 거두게 되는 마지막 결정지가 바로 최종 단계다. 결정지에 와서 25도 이상으로 염도를 높여야 소금물은 비로소 불순물이 전혀 섞이지 않은 맑고 정결한 소금꽃으로 핀다. 천일염天日鹽이 보편화되기 이전에는 염정鹽井, 짠물을 모아두는 웅덩이의 간수를 솥에 넣고 달여서 만든 자염煮鹽이 주로 생산되었다.

염정은 짠 흙을 이용해 염도를 높이는 생산시설이며 불순물을 걸러내는 여과장치다. 염정은 지역마다 명칭, 크기와 구조 등에서 차이가 난다. 전라도에서는 '섯등', 경상도에서는 '섯', 충청도의 서산·태안에서는 '간통', 강원도에서는 '간수통'이라 한다. 염정은 대개는 바닷물이 닿지 않는 높은 곳에 만들어두고 바닷물을 길어다 부었다. 전라도 지도智島의 군수였던 오횡묵吳宖默은 그의 정무일지에다 염막鹽幕, 소금가마에 불을 때는 장소에서 소금 굽는 장면을 다음과 같이 묘사했다.

> 대체로 소금을 굽는 법은 먼저 염등鹽磴, 전라도의 섯등과 같은 말로 짠물을 만드는 여과장치을 쌓고 나무를 옆으로 펴고, 나무 위에 솔잎을 쌓는다. 솔잎 위에는 바다 모래를 여러 번 갈아 말려 이를 덮고, 물을 부어 거르기를 잿물 받는 것과 같이 한다. 그 아래를 파서 구덩이를 만드는데 이를 염정이라고 한다. 염막을 높고 넓게 만들고 위로 연통을 만들며, 가운데 둥근 구덩이를 한 길 정도 판다. 네 모퉁이에 흙을 쌓아 기둥을 만들고 긴 나무를 그 위에 옆으로 건다. 그 위에 서까래를 듬성듬성 펴놓고 서까래 아래에는 대나무를 조밀하게 편다. 또 쇠갈고리를 서까래 위와 대나무 위에 걸어둔다. 그리고 먼저 짚을 깔고 다음에 주먹만 한 작은 돌을 깔며, 그 다음에 굴껍질로 만든 회를 바르는데 이를 염부鹽釜, 소금솥라고 한다. 염정의 물로

서 가마솥을 채운 후 밑에다 불을 지피면 반나절쯤 되어 물이 끓어서 소금이 된다. 한 솥에서 소금 4석石이 생산되며 매일 두 번씩 구워낸다.

—오횡묵, 『지도군총쇄록智島郡叢鎖錄』

염정에서 만들어진 짠물을 염막으로 옮겨와서 저장고에 넣어두고 생산량을 감안해 짠물 일정량을 소금가마에 붓고 하루 내내 쉼 없이 불을 땐다. 쇠가마鐵釜는 소나무 장작을 사용하고, 횟가마土釜는 잡목과 잡풀을 땔감으로 쓴다. 소금은 쇠가마로 굽기 때문에 서해안의 소나무가 헐벗게 되는 문제가 발생하기도 했다. 바닷물을 끓여 수분을 증발시키고 결정된 소금을 걷어올린 것이 자염이다. 이 자염은 색깔도 하얗고 분말이 고우며 맛이 뛰어났다.

고려시대 이곡李穀이 자연도紫燕島를 지나가며 읊은 시에 "소금 연기 근처 물가에 깔려 있는데, 바다 달은 먼 멧부리에 솟아오른다鹽煙橫近渚, 海月上遙岑"라고 하였다. 자연도는 지금의 영종도다. 이곳에서 자염을 구웠음을 알 수 있다. '인천 짠물'이란 말이 전해지는 것도 인천 지역에서 소금을 구운 일과 관련이 있다. 젓갈로 유명해진 소래포구에는 염창鹽創이 남아 있고, 주안에는 일제강점기 때 염전이 있었다.

소금길 소금장사

—

옛날 서해안은 염전이 지천이었다. 이 염전과 연결된 크고 작은 '소금길'의 흔적들이 아직도 많이 남아 있다. 서울 마포구의 염리동은 소금장수가 많이 살아서 불리던 이름이고, 염전교는 소금상점이 있던 곳의 흔적이다. 고창의 질마재길은 1400여 년 전 검단리 사람들이 검당포에서 화덕에 불을 지펴 구운 소금을 등짐에 지고 선운사로 가던 길이다. 제염법을 가르쳐준 검단선사에게 보답하고 부처님께 봉양하려고 걸었던 보은의 길이었다.

소금배는 해안의 어염을 싣고 강을 따라 올라와서는 내륙의 농산물을 싣고 내려가 무역을 통해 큰 이익을 보았을 뿐 아니라 새로운 문물도 아울러 유통시켰다. 우리나라는 산악이 많았기에 교통이 불편했던 이전 시대에는 마소에 짐을 싣고 움직이는 육로로는 한계가 있었다. 하지만 물길이 닿는 곳이면 그 물길을 따라 사람이 움직이고, 재화가 이동하고 교역이 이루어져 나루와 포구가 형성되어 상업 활동의 거점이 되었다.

소금은 상업적 이익을 추구하는 데 있어서도 매력적인 상품이었다. 한국은 삼면이 바다라 소금은 대부분 해안 지방에서 만들어졌다. 한국에서는 대부분 바닷가에서 해염海鹽, 바닷물로 만든 소금만을 생산하여 내륙에서 소비하곤 하였다. 내륙으로 들어갈수록 소금 가격은 더 비싸지기 마련이고, 반면에 곡물 생산이 많았던 내륙에서는 곡물 가격이 해안 지방보다 낮았다. 해안의 어염을 내륙에 팔고, 또 내륙의 곡물을 해안에 팔면, 싼 것을 가져다가 비싸게 팔 수 있어 상당한 이윤을 창출할 수 있었다. 이런 상황이었기에 이윤을 따라 자연스레 소금길이 형성되었다.

조선시대 보부상들은 소금을 중요한 품목으로 여겼다. 소금장수들은 물길을 따라 소금배를 운행하였으니 강을 따라 내륙으로 올라갈 때는 해안의 소금 및 건어물, 젓갈 등을 실었고, 물길을 따라 내려올 때는 내륙의 쌀, 보리, 밀, 팥, 깨와 같은 곡물을 실었다. 한양의 상인들이 남한강 수계를 거슬러올라가 단양, 영춘, 영월뿐만 아니라 횡성, 평창 등 영서 산간 지역에까지 서해안 소금을 공급했다. 다음 시에서도 한강 수계를 따라 소금을 무역하는 모습을 엿볼 수 있다.

배에다 황해 소금 가득 싣고서	滿船黃海鹽
내일이면 충주 향해 떠나신다네.	明日忠州去
충주에는 목화가 많이 난다니	忠州多木綿
첩은 이미 베틀을 정리해뒀죠.	妾已理機杼

—이덕무, 「강마을江曲」

이덕무가 강마을의 풍경을 읊은 시다. 서울에서 충주로 소금장사 떠나는 남편을 둔 아낙의 목소리로 읊고 있다. 한강에는 서강, 마포, 용산, 망원, 두모포, 뚝섬 등의 포구가 있었다. 서해에서 만들어 거둬들인 소금과 새우젓은 마포의 염창에서 하역되어 절반이 서울로 유통되고 나머지는 남한강, 북한강 수로를 따라 경기, 충청, 강원 등지로 퍼져나갔다. 이 소금을 사서 배에 가득 싣고서 내일이면 충주로 떠나간다. 충주에는 목화가 많이 난다니 서방님은 소금을 팔고 나면 충주의 목화를 사서 소금배에 가득 싣고서 돌아올 것이다. 아낙의 할 일은 그 목면으로 베를 짜는 일이니 이미 베틀을 손질해두었다. 남편에게 소금장사 잘 다녀오라 당부하며 집안이 넉넉해질 것을 꿈꾸는 아내의 부푼 마음을 그리고 있다.

우리 집은 강가에 자리해 있어	吾家江上在

문밖에는 장삿배들 매여 있는데 門外繫商船
달빛 비친 너른 모래 닻을 내리고 下碇平沙月
안개 깔린 옛 골짝에 돛을 내리네. 落帆古峽煙
한강의 어귀에서 바람 타고 와 乘風漢水口
탄금대 가에서는 노 두드리니 扣枻琴臺邊
내일은 생선 소금 파는 날이라 明日魚鹽販
시골 백성 백 명 천 명 모여들겠지. 村氓集百千

—김득신, 「괴강취묵당팔영槐峽醉墨堂八詠 · 강구상선江口商船」

문인 김득신金得臣이 괴산 괴강槐江 주변 장삿배를 읊은 시다. 달천達川은 속리산에서 발원하여 박대천이 되어 북쪽으로 흘러 괴산군 청천면에서 화양천과 합류하여 청천강이 된다. 청천강은 괴산읍에 이르러 쌍천, 음성천과 만나 괴강이 되고, 충주시에 이르러서는 달내강이 되어 칠금동 탄금대에서 남한강과 합류한다. 뱃길로 번성했던 충주의 서쪽은 목계木溪로, 강을 오가던 생선배와 소금배들이 정박하며 세를 내던 곳이다. 동해의 생선과 영남 산골의 물산이 모두 이곳에 모여드니, 주민들이 모두 장사를 하며 부유하였다. 금천나루는 두 강이 마을 앞에서 만난 뒤에 마을 북쪽으로 돌아들어 흘러가므로 동남쪽으로는 영남의 물자를 받아들이고 서쪽으로는 한양의 생선과 소금을 받아들여 교역하는 여염집이 즐비하게 늘어서 있었다. 이 시는 목계나루와 금천나루에서 서해안 소금과 동해안 소금을 판매하던 정황을 짐작할 수 있게 한다.

소금의 정치학

소금은 사람에게 꼭 필요한 필수품인데다 그 값도 비쌌으니, 확실히 전매하기 좋은 물품이었다. 정도전은 조선의 통치 원리를 밝힌 『조선경국전』에서 '국가가 백성과 함께 이익을 나누고자 하는 것'에 목표를 두고 조선이 시행하려는 소금 제도의 개혁을 요약했다.

가파른 골짝 멀리 전매장이 열리는데 絕峽遙開榷利場
고려 적의 옛 이름인 염창 아직 남았으니 高麗舊號尙鹽倉
그 누가 알았으랴, 유안의 상평염법이 誰知劉晏常平法
동파에게 고기 맛을 잊도록 만들 줄을. 解使東坡肉味忘

—정약용, 「천우기행穿牛紀行」

다산은 춘천 여행길에 소금을 매매하는 장이 열리는 걸 보았다. 춘천에는 고려 때부터 있던 염창이 아직까지 남아 있다. 이 시의 주에 보면 『고려사高麗史』 「식화지食貨志」 '염세조鹽稅條'에 "오직 서민들은 포布를 바쳐서 관염官鹽, 관청이나 관청의 허가를 얻은 곳에서 제조 판매하던 소금을 무역하기 때문에 여러 도道에서 모두 소금의 이익을 독차지했다. 춘천에 염창을 둔 것도 이 때문이었다"라고 하였다.

다산이 생각한 이상적인 염법은 상평염법常平鹽法이었다. 이 법은 당唐나라 때 유안劉晏이 염철사鹽鐵使로 있으면서 백성들을 위해 제정한 염법이다. 소금이 적은 지방에 한하여 일정량의 소금을 관청의 창고에 저장해두었다가 소금이 귀할 때에 이를 내어 백성들에게 싼값에 팔던 정책이다. 유안은 소금값을 조절하여 누구나 소금을 사용할 수 있도록 한 상평염법을 시행하여 백성의 생활을 안정시켰다. 다산은 백성의 마음을 읽어 시행한 염법을 살피고 소동파의 고사를 인용하여 이를 칭찬한 것이다. 고려시대에는 당시 염법에 따라 관가에서 소금을 구워 팔았기에 늘 공평했다고 말할 수는 없다. 백성들이 사사로이 소금을 구워 파는 것을 허가하여, 소금이 흔할 때에는 값을 올려서 사들이고 소금이 귀할 때에는 값을 내려서 팔게 해야만 상평이라 할 수 있다. 정치란 바르게 하는 것正이요 고르게 하는 것均이니 이것이 다산이 시행하고 싶어 한 염법이었다.

다산은 『경세유표』 '염세鹽稅'에서 다음과 같이 말했다.

> 염법으로는 균역법보다 더 좋은 것이 없다. 중국에서 소금을 독점하는 법과 비교하면 맑은 바람이 온 세상을 시원하게 할 뿐만이 아니다. 그러나 상평의 정사는 왕자가 귀하게 여기는 바로서, 소금과 오곡五穀을 가르지 않는다. 유안이 상평염법을 마련해서 나라 용도를 넉넉하게 하고 백성의 곤궁하고 급한 상황을 펴지게 하므로 상하가 편리함을 일컬었고, 역사책에서도 좋게 일컬었다. 그때에는 관에서 구워서 관에서 팔 경우에도 오히려 편리하다고 일컬었는데 하물며 백성이 굽고 관에서 판매하는 경우에 있어서랴?

다산은 백성을 위한 염법이라면 강하게 추진하여 세심한 방안을 마련할 것을 촉구하였다. 다산은 소금 제도에 대해 여러 곳에서 구체적 대안을 제시했지만 그의 제안은 끝내 시행되지 못하였다.

술은 어찌하여 좋은가 누룩 섞은 탓이로다

국은 어찌하여 좋은가 염매鹽梅 탄 탓이로다
이 음식 이 뜻을 알면 만수무강하리라

—윤선도, 「초연곡初筵曲」

윤선도의 「초연곡」은 잔치를 시작할 때 부르는 노래다. 술과 국을 만들 때는 거기에 알맞은 재료를 더해서 만든다는 뜻을 알면 만수무강할 것임을 노래하였다. 술은 어찌하여 좋은가? 누룩을 섞은 탓이다. 국은 어이하여 맛이 좋은가? 소금을 타서 맛을 낸 탓이다. 이 음식의 원리를 알면 나라를 다스림에 만수무강하리라. 여기서 '좋은 술과 국'이 나라가 태평한 상태를 가리킨다면, '누룩'과 '염매'는 임금과 신하가 제각기 제 역할을 다해야 한다는 것을 의미한다. 따라서 이 시조는 나라가 오래도록 번성하기 위해서는 임금과 신하가 저마다의 역할에 충실하고 조화를 이루어야 함을 강조한 것이다.

『서경書經』에 은殷나라 고종高宗이 재상 부열傅說에게 "그대는 짐의 뜻을 가르쳐다오. 만약 술과 단술을 만들거든 그대가 누룩과 엿기름이 되고, 만약 간을 맞춘 국을 만들거든 그대가 소금과 매실이 되어다오爾惟訓于朕志 若作酒醴 爾惟麴糵 若作和羹 爾惟鹽梅"라고 하였다. 소금에는 모든 맛이 다 들어 있다. 단맛 신맛 쓴맛 짠맛 매운맛. 단 것과 신 것에 소금을 치면 더 달고 더 시어진다. 세상의 모든 소금은 그것 자체만으로도 맛을 변화시키니, 이는 소금에 포함된 미네랄이나 아미노산 같은 것이 만들어내는 조화다.

소금은 생명이다. 사람은 음식을 안 먹고도 일정 기간 살 수 있지만 숨을 쉬지 않거나 소금을 먹지 않으면 살 수가 없다. 소금은 단순한 염분이 아니라 생명을 조화시키는 물질이다. '소금은 몸에 나쁘다'는 편견은 정제염이라는 염화나트륨 덩어리를 섭취하는 데서 발생한 비극이다. 바닷물은 그 자체가 미네랄의 보고다. 바람과 햇빛과 대지가 고루 익힌 바닷물의 결정인 소금은 갖가지 미네랄을 함유하고 있다. 우리 천일염은 태양과 바람, 그리고 바닷물이 만나서 느리게 익어가는 착한 소금이다. 우리 식생활에서 음식맛은 곧 소금 맛이다. 적당한 염도의 짠맛을 내서 음식 고유의 맛을 내게 하는 좋은 소금이야말로 좋은 삶을 영위하기 위해서 필요한 것이다.

김종서_연세대학교 국학연구원 전문연구원

때로는 그림으로 때로는 노래로 읽히는 우리 한시, 그 시정 속에 담긴 우리 선인들의 진실하고 소박한 심성을 느끼기 위해 시인의 마음과 솜씨를 살려 이를 현대 언어의 가락으로 살려내 읽는 데 의미를 두고 있다. 저서로는 『봄 여름 가을 겨울―서늘하고 매혹적인 명품 한시와 옛 시인 마음 읽기』 『영조어제 해제 5』 『역사, 길을 품다』(공저)가 있으며, 역서로는 『송천필담』(공역)이 있다.

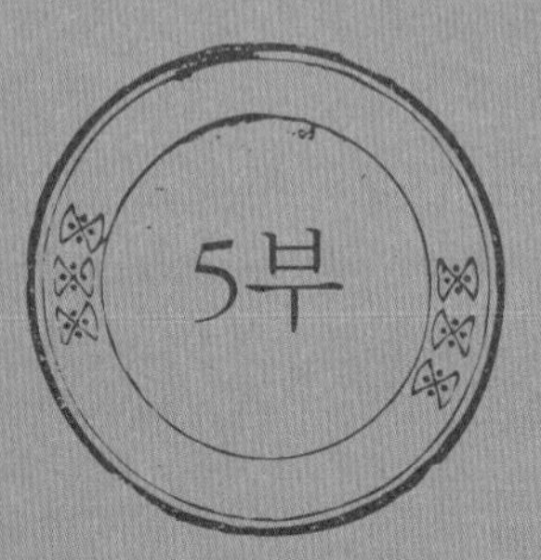
5부

먹고
마시고
토론하고
생각하라

천천히
퍼지는
독약

프랑스 대혁명을 일깨운 커피와 카페

18세기 계몽주의 철학자들은 인간이 외부의 권위가 아니라 스스로의 이성을 통해 자율적으로 판단하고 행동할 수 있다고 믿었다. 또한 이성의 힘을 외부에 적용하여 자연과 인간사회의 법칙을 파악하고 그 법칙을 인간에게 유리하도록 이용함으로써 자연을 정복하고 사회를 개선할 수 있다고 생각했다. 그런데 계몽주의의 핵심인 이성은 어떻게 벼려지는가? 그것은 바로 '생각의 교환'을 통해서다. 계몽주의 철학자들은 경제적 메커니즘의 합리성, 즉 유용한 교환을 통해 개인의 이익과 사회적 이익이 하나가 될 수 있다고 믿었는데, 그것은 비단 물질적인 것에 한정되는 것이 아니라 정신적이고 감성적인 것까지 포함한다. 인간은 서로의 생각을 교환함으로써 자신의 오류를 수정하고 보편적인 진리를 향해 나아갈 수 있다. 또한 인간은 사교를 통해 교류의 즐거움을 누

장 위베르(Jean Huber), 〈저녁식사를 하는 철학자들〉, 1772~1773, 프랑스 국립도서관 소장.
이 그림은 상상화로, 손을 들고 있는 사람이 계몽주의의 지도자였던 볼테르이고 그 주위로 달랑베르, 디드로 등 당대의 철학자들이 모여 있다.

리면서 세련된 감성을 갖출 수 있다. 따라서 정신과 감성의 자유로운 교환은 행복을 위한 수단인 동시에 그 자체로 행복을 뜻했다. 과거의 철학자들이 고매한 성찰을 위해 고독을 찾았다면 계몽주의 철학자들은 사회에 유용한 생각을 즐겁게 교환하기 위해 사람들과의 만남을 일과로 삼았다. 그리고 그들이 가장 즐겨 찾은 만남의 장소는 바로 카페였다.

'악마의 음료'에서 '자유사상의 촉진제'로

커피가 유럽에 들어온 것은 17세기 초의 일이다. 처음에 커피는 아랍인들이 즐겨 마신다는 이유로 '악마의 음료'라고 비난받았지만, 교황 클레멘스 8세가 커피를 마셔본 후 이런 음료를 마시는 즐거움을 이교도에게만 허용하는 것은 유감이라고 선언하면서 커피에 세례를 주었다고 한다. 그러나 후일 역사는 교황의 판단이 잘못이었음을 증명한다. 유럽에 확산되기 시작한 커피와 카페는 기독교의 교권에 반대한 계몽주의 운동의 촉매 역할을 했기 때문이다.

최초로 계몽주의의 싹이 튼 영국에서는 1650년경부터 커피가 수입되어 소비되기 시작했으며 옥스퍼드와 런던에서 커피하우스가 문을 열었다. 신분에 관계없이 모든 사람에게 개방된 공간에 철학자, 문인, 정치가 들이 모여들면서 공화주의와 자유주의 사상이 점화되었다. 영국의 대표적인 계몽주의자 존 로크 역시 커피하우스의 단골이었다. 1676년 영국의 검사장은 찰스 2세와 왕국에 대한 불경죄를 구실 삼아 커피하우스를 폐쇄할 것을 명령했지만 반발이 너무 거세게 일어 칙령을 철회해야 했다. 『마농 레스코』의 작가 아베 프레보가 영국을 방문한 후 "정부에 찬성하거나 반대하는 모든 신문을 읽을 수 있는 권리를 갖는 커피하우스는 영국의 자유를 위한 의자"라고 말했을 정도로 커피하우스는 영국의 정치 지형에 강력한 영향력을 발휘했다. 그러나 영국이 인도를 식민지화하는 과정에서 차가 수입되어 커피를 밀어내게 되었고, 이후 영국과 항상 대립하던 프랑스가 명실상부한 카페의 왕국으로 부상하였다.

파리 최초의 카페, 카페 프로코프

—

파리에서 커피 소비가 본격화된 것은 1669년 술탄 메흐메드의 대사인 솔리만 아가가 화려하게 파리에 등장하면서부터다. 그는 『천일야화』를 연상시키는 이국적 분위기를 물씬 풍기는 자신의 아파트에 파리의 명사들을 초대하고 이들에게 터키풍 커피를 대접하여 커피를 유행시켰다. 파리의 거의 모든 귀부인이 그에게 깊은 호기심을 품게 되었는

카페 프로코프.

데, 그 관심이 얼마나 대단했던지 몰리에르가 『평민 귀족』에서 이러한 풍조를 비꼬았을 정도였다. 마침내 아르메니아인 파스칼이 1672년 파리에서 최초의 카페를 열게 되었다. 현존하는 가장 오래된 카페인 '카페 프로코프Café Procope'는 파스칼 밑에서 종업원으로 일하던 이탈리아 출신 프로코피오 콜텔리가 1686년 파리에서 문을 열었는데, 계몽주의 시대에 볼테르, 루소, 디드로 등 많은 철학자가 애용하는 카페가 되었다. 특히 볼테르는 하루에 커피를 열두 잔까지 마시는 커피 애호가였다. 이후 대혁명 직전까지 파리에는 약 2,000개 이상의 카페가 들어서게 된다.

18세기의 위대한 사상가인 몽테스키외는 당대의 베스트셀러 소설인 『페르시아인의 편지』에서 페르시아인 위즈베크의 입을 빌려 프랑스에서 성행하던 카페에 대해 다음과 같이 말한다.

> 커피는 파리에서 매우 성행하고 있습니다. 커피를 파는 대중적인 가게들이 엄청나게 많습니다. 이러한 가게 중 몇몇 곳에서는 세상 돌아가는 이야기를 하고 또다른 곳에서는 체스를 둡니다. 그런데 커피를 마시는 사람들에게 지성을 부여하도록 커피를 만드는 상점이 하나 있습니다. 어쨌든 거기서 나오는 사람들 중에서 거기에 들어갔을 때보다 네 배 이상의 지성을 갖게 되었다고 믿지 않는 사람은 한 사람도 없을 정도입니다.

여기서 이른바 사람들에게 지성을 불어넣는다고 하는 카페는 프로코프를 말하는 것으로 보이는데, 계몽주의 철학자들은 카페에 모여 커피를 마시면서 자유롭게 정부와 교회 등 기존 권력을 비판하고 이성에 기초한 새로운 사회질서를 모색하였다. 카페가 자유사상과 민주

주의의 학교 역할을 한 것이다.

1740년대에 들어와 예전에 프로코프에서 만나던 파리의 체스 명인들이 '카페 드 라 레장스Café de la Régence'에 모여들었는데, 디드로, 루소, 청년 나폴레옹 보나파르트, 벤저민 프랭클린이 단골이었다. 그래서 디드로는 그의 걸작 『라모의 조카』에서 철학자와 라모의 조카가 만나는 장소를 카페 드 라 레장스로 설정했다.

사랑하는 이와 함께 마신 루소의 커피

—

계몽주의 철학자이면서 동시에 계몽주의의 한계를 비판하고 낭만주의적인 정신을 예고한 루소 역시 커피를 좋아하고 체스에 홀딱 빠졌던 적이 있었던 만큼 카페의 단골이 되지 않을 수 없었다. 그러나 루소가 진정한 행복을 느낀 것은 카페에서 철학자들과 '사상의 커피'를 마실 때가 아니라 여인들과 함께 '감성의 커피'를 나눌 때였다. 젊었을 때 루소는 자신의 후견인이자 연인이었던 바랑 부인과 우유를 탄 커피로 아침식사를 했는데, 그는 "이때가 하루 중 우리가 가장 평온하고 편안하게 잡담을 나누는 시간이었다"고 회상했다. 신선한 아침공기를 마시면서 바쁠 것도 없이 사랑하는 여인의 눈을 마주보면서 마시는 부드러운 카페오레의 맛은 뜨겁고 격렬한 사랑이 아니라 정겹고 따뜻한 사랑을 환기한다.

이후 평생의 반려가 될 테레즈와 마시던 모닝커피 역시 마찬가지다.

『고백록』에 실린 모리스 를루아르(Maurice Leloir)의 삽화, 1889.
루소는 레샤르메트에서 바랑 부인과 산책을 나가 커피를 끓여 마셨을 때를 자신이 가장 행복했던 시절이라고 회상했다.

해가 뜰 무렵 회랑의 향기 그윽한 공기를 마시려고 매일 아침 얼마나 열심히 뛰어다녔던가! 그곳에서 나의 테레즈와 단둘이 마주앉아 마시던 카페오레는 얼마나 맛있었던가! 암고양이 한 마리와 수캐 한 마리가 우리 곁에 있었는데, 이런 수행원들만으로도 나는 한평생 조금도 권태를 느끼지 않고 지내기에 넉넉하였다. 내게는 그곳이 지상낙원이었다. 나는 낙원에서만큼이나 무구하게 살았으며, 낙원에서와 똑같은 행복을 맛보았다.

격렬한 외적 운동이 멈추고 커피를 마시기 위해 자리에 앉을 때면 커피를 매개로 테레즈와 반려동물을 포함한 모든 외부의 자연이 내면으로 흘러들어오면서 감성화된다. 신선한 아침공기를 타고 더욱 고소한 향기를 퍼뜨리는 커피. 아침햇살을 받으며 더욱 투명해지는 애정. 잔잔한 외부의 움직임이 부드러운 감성의 움직임과 일체를 이루면서 세계는 낙원으로 승화된다. 한편 점심때 바랑 부인과 자연 속에서 마시는 커피는 세속적인 삶의 달콤함을 환기한다.

일주일에 두세 번쯤 날씨가 좋을 때는 집 뒤 나뭇가지가 우거진 시원한 정자로 가서 커피를 마시곤 했다. 이 정자에는 내가 홉 덩굴을 올려두었기에 더울 때는 우리에게 대단한 즐거움을 주었다. 우리는 여기서 우리가 키우는 채소나 꽃을 둘러보거나 우리 삶의 방향에 관련된 대화를 나누면서 짧은 시간을 보냈는데, 이러한 대화로 삶의 달콤함을 더욱 잘 맛보게 되었다.

그늘진 정자 안에서 사랑하는 여인과 함께 밝은 햇살과 싱그러운 녹음을 바라보면서 미래를 설계하는 두 연인이 마시는 커피 향에는 현재의 행복과 미래에 대한 꿈이 짙게 배어 있었을 것이다.

계몽주의에 중독되다

—

그러나 비록 이성보다는 감성을 우위에 둔 루소였지만 그가 이후의 낭만주의자들과는 달리 이성을 배제하고 무조건적으로 감성에 몰입하지는 않았다는 사실에 주목해야 한다. 『신新엘로이즈』의 남자 주인공 생프뢰는 쥘리가 효율적으로 커피를 즐기기 위해 커피를 절제한다고 말한다.

게다가 (…) 이렇게 쾌락을 절제함으로써 그녀가 자신에게 부과하는 금욕은 새로운 쾌락의 수단이 되는 동시에 새로운 절약의 방법이 됩니다. 예를 들면 그녀는 커피를 매우 좋아해서 어머니가 계셨을 때는 매일 커피를 들곤 했습니다. 지금은 커피를 더 맛있게 마시기 위해서 그런 습관을 버렸지요. 그녀는 다른 모든 것에 이러한 축제 분위기를 곁들이기 위해서 손님이 있을 때만, 그리고 아폴로 살롱에서만 커피를 마시는 것으로 만족합니다. 이것은 그녀를 전보다 더 기분좋게 하면서도 돈은 덜 드는 사소한 쾌락의 추구인데, 이를 통해서 그녀는 자신의 식도락을 돋우는 동시에 통제합니다.

지금도 그렇지만 커피 중독은 당시에도 사회적 문제를 야기하였다. 건강상의 이유도 있었지만, 커피로 인한 경제적인 부담도 만만치 않았기 때문이다. 바흐의 〈커피 칸타타〉는 커피를 좋아하는 딸과 그런 딸을 못마땅하게 여기는 아버지의 갈등을 소재로 삼고 있을 정도다. 커피 애호가인 쥘리는 이성의 절제를 통해 감각적 쾌락을 추구한다는 부르주아의 방식을 선택한다. 쾌락은 금지되어서는 안 되지만 그렇다고 해서 무절제하게 방임되어서도 안 된다. 무절제한 쾌락의 추구는 쾌락 자체를 습관으로 만들어 쾌락의 강도를 약화시키고, 이른바 '자유의 수단'인 돈을 낭비하게 만들기 때문이다. 사랑의 육체적 쾌락 역시 마찬가지다. 사랑의 육체적 쾌락은 그 강렬함을 유지하기 위해서 최대한 절제되어야 한다. 그러지 않으면 그 쾌락은 곧 소진되고 사랑의 감정마저 사라져버릴 위험에 처할 것이다. 아도르노와 호르크하이머가 『계몽의 변증법』에서 계몽주의의 신화적 상징으로 제시한 오디세우스처럼, 사이렌의 노랫소리에 홀려 바다에 빠져 익사하지 않기 위해서는 먼저 이성의 밧줄로 자신을 묶는 것이 필요하다. 우리는 생프뢰의 말에서, 계몽주의의 이성은 정신적 가치를 위해 감각이나 감정의 쾌락을 금지하는 심판관의 역할을 행사하는 것이 아니라 절제를 통해 오히려 쾌락을 극대화하는 봉사자로서의 역할을 맡고 있음을 엿볼 수 있다.

볼테르가 냉철하게 인간의 이성에 호소하면서 계몽주의를 일관된 방향으로 이끌어나갔다면, 루소는 뜨겁게 인간의 내면적 감성을 뒤흔들어놓으면서 계몽주의를 폭넓게 확산시켰다. 볼테르는 "커피가 독약이라면 그것은 천천히 퍼지는 독약이다"라고 말한 바 있는데, 프랑스 대혁명이라는 정치적 혁명이 발발하기 이전에 이미 진보적인 귀족 계층과 부르주아 계급은 계몽주의에 깊이 중독되어 있었던 것이다.

이용철_한국방송통신대학교 불어불문학과 교수

서울대학교 대학원 불어불문학과에서 「루소의 글쓰기에 나타나는 상상적 자아」로 문학박사 학위를 받고 지금은 한국방송통신대학교 불어불문학과 교수로 재직하고 있다. 지은 책으로는 『루소: 분열된 영혼』, 옮긴 책으로는 루소의 『에밀』(공역)과 『고백록』 『루소: 인간 불평등의 발견자』 등이 있다.

와인, 철학과 사랑을 꽃피운 영혼의 물방울

와인은 모든 진리와 지식과 철학으로
영혼을 가득 채울 권능을 지니고 있나니.

—라블레François Rabelais, 『제5서Le Cinquième et Dernier Livre』

와인 하면 프랑스를 떠올리는 것이 자연스러울 만큼 프랑스는 와인의 종주국으로 자리매김했다. 메소포타미아, 이집트 문명과 함께 시작된 이 매혹적인 음료는 에게 해에 자리잡은 그리스의 도시였던 포세아에Phocée 사람들과의 무역을 통해 기원전 6세기경 프랑스에 처음으로 전해졌다. 그러나 본격적으로 포도밭이 들어서고 와인 소비가 확산되기 시작한 것은 로마가 프랑스인의 조상인 골족을 정복한 기원전 1세기부터다. 중세에 들어서면 기독교가 와인에 종교적 의미를 부여함으로써 와인은 프랑스와 유럽 사회에서 확고부동한 지위를 얻게 된다. 남쪽에서 시작된 포도 경작과 와인 생산은 프랑스 전역으로 퍼졌으며 왕과 귀족에서부터 서민에 이르기까지 와인을 마시는 것은 삶의 한 부분이 되었다. 프랑스에서 18세기는 17세기 말 동 페리뇽Dom Pérignon에 의해 개발된 샴페인이 폭발적인 인기를 구가한 시기이며 부르고뉴형, 보르도형, 샴페인형의 유리병이 나타나 와인의 보존과 이동에 획기적인 변화가 일어난 시기이기도 하다. 게다가 질 나쁜 와인의 생산을 막기 위해 새로운 포도나무의 식수를 금지한 루이 15세의 왕령이 프랑스 대혁명 이후 폐지됨으로써 와인 생산이 급증하게 된다. 자유, 평등, 박애를 모토로 한 프랑스 대혁명은 이렇게 와인 생산에 있어서도 프랑스인에게 자유를 부여했다.

18세기 계몽주의 철학자들 역시 와인을 사랑했다. 그들은 와인에 있어서는 프랑스 르네상스의 거장인 라블레의 계승자들이었다. 라블레 소설의 주인공, 거인 팡타그뤼엘Pantagruel이 신탁을 듣고자 찾아간 것은 '술병의 신Dive Bouteille'이며 거기서 들은 신탁은 바로 '마셔라Trinch!'였다. 술병의 신의 신탁을 듣고 팡타그뤼엘이 와인에 감추어진 진리를 찾아나선 것처럼, 계몽주의 철학자들은 절대 권력과 기독교가 숨기고자 했던 '자유로운 인간의 행복'이라는 진리를 찾고자 했다. 그들은 그렇게 발견한 진리를 와인을 마시며 함께 이야기하고 함께 나누었다. 따라서 와인은 18세기 프랑스의 시대정신을 온전하게 반영한다. '억압된 인간 정신의 자유로운 해방', 육체적 쾌락까지 아우르는 '지상에서의 행복'이라는 두 가지 시대정신 말이다.

볼테르: 영혼의 반짝이는 황홀경

18세기 파리에는 커피와 함께 카페가 등장하여 인기를 끌며 철학자들의 사랑을 받았다. 그러나 새로운 시대를 상징하는 커피는 계몽의 시대를 상징적으로 보여주기에는 아직 그 역사가 짧았다. 철학자들은 낮에는 카페에서 커피를 마시며 환담을 나누고 대중에게 철학을 설파했지만, 그들의 저녁에 활기와 생명력, 창조력과 상상력을 부여한 것은 와인이었다. 화요일은 랑베르Lambert 부인의 살롱에서, 수요일은 뒤데팡Du Deffand 부인의 살롱에서, 금요일은 탕생Tencin 부인의 살롱에서 열린 저녁식사와 야식으로 이어지는 긴 시간 동안 그들은 와인과 샴페인을 마시며 철학, 정치, 문학, 예술을 논하고 새로운 시대를 준비했다.

볼테르는 스위스의 국경 근처인 페르네에 성과 영지를 소유하고 있었다. 그곳에는 그를 접견하는 영광을 맛보려는 유럽인들의 순례가 끝없이 이어졌다. 볼테르가 페르네의 저택으로 철학자들을 초대하여 만찬을 열고 있는 모습을 그린 위베르의 작품에서, 식탁 위에 놓여

장 위베르(Jean Huber), 〈철학자들의 만찬Un Dîner de Philosophes〉, 1772~1773, 볼테르 재단 소장.
가운데 손을 들고 있는 사람이 볼테르, 식탁의 오른쪽 끝에 앉아 있는 인물이 디드로다. 볼테르의 시선이 디드로에게 향해 있음을 알 수 있다.

있는 것은 와인과 유리잔이다. 프랑스 계몽주의 철학자들의 위대한 스승이었던 볼테르는 손을 들어 격렬한 토론을 잠시 멈추게 하고 오른편에 앉은 디드로에게 발언권을 주고 있다. 디드로는 식도락가이자 와인 애호가였으며 그의 소설 『라모의 조카』의 주인공 라모Rameau처럼 타고난 이야기꾼이었다. 아마도 디드로가 그의 화려한 말솜씨로 이 자리에 활기를 불어넣었을 것이라 화가는 상상했던 모양이다. 이렇듯 와인은 철학자들의 영혼에 번쩍이는 재치와 영감을 불러일으키고, 대화에 생기와 활력을 불어넣는 매개체였다. 볼테르는 1736년 「사교계의 사람」이라는 시에서 "이 신선한 술에서는 반짝이는 거품이, 우리 프랑스인들에게서는 빛나는 이미지가 나온다"고 샴페인을 예찬했다.

루소: 고독한 삶에서 환대와 나눔의 삶으로

—

자신의 보호자이자 흠모의 대상이었던 바랑Warens 부인 곁을 떠나 마블리Mably의 집에서 가정교사로 일하던 루소는 와인을 훔쳐 몰래 마시곤 했다. 열여섯 살 때부터 외로운 방황의 길을 걸어온 루소에게 와인을 마시는 것은 금지된 쾌락을 추구하는 행위였고 사회로부터 소외된 고독을 스스로 달래는 위무를 뜻했다. 따라서 철학자로서 루소가 와인에 소외와 고독을 해결하고 삶을 공유하는 역할을 부여한 것은 자연스런 귀결이라 할 수 있다.

예를 들어 루소의 『신엘로이즈』에 등장하는 이상적인 공동체 클라랑Clarens에서 와인의 역할은 바로 함께 나누는 것이다. 이 공동체의 주민들은 함께 포도를 수확하고 와인을 만들며 그렇게 만들어진 와인을 나누어 마신다. 그들이 마시는 와인은 파리의 귀족과 부르주아들이 마시는 고급 와인이 아닌 값싼 화이트 와인 라보Lavaux다. 이 와인은 어느 누구도 배척하지 않고 모두가 함께 공유할 수 있는 평범함과 보편성을 의미한다.

제네바에 극장을 세워 제네바 사람들을 계몽시켜야 한다고 주장한 달랑베르에게, 루소는 극장이 교류와 소통, 교육의 장이 아니라 오히려 고립의 공간이라고 주장한다. 사람들은 극장에 함께 모여 있다고 생각하지만 실제로는 '친구, 이웃, 가족을 잊어버린 채' 고립되어 있다는 것이다. 반면에 루소는 극장과 대비되는 특성을 지닌 와인을 예찬했다. 루소에 따르면 제네바 사람들은 극장이 없어도 함께 모여 대화를 나누며 즐기고 책을 읽는 선량하고 정직한 사람들이다. 그런데 그들이 서로에게 마음을 열어 진심을 보여주며 함께할 수 있도록 교량의 역할을 하는 것이 바로 와인이다. 따라서 극장이 고립을 상징한다면, 와인은 공유를 표상한다.

루소가 달랑베르에게 보낸 편지의 일부를 아래에 싣는다.

> 필요하다면 사람들이 와인을 마시면서 밤을 지내도록 내버려둡시다. 와인이 없다면 그들은 아마도 더 나쁜 짓을 하게 될 것입니다. (…) 과음은 인간의 격을 떨어뜨리고 적어도 잠시 동안은 이성을 상실하게 하고 길게는 그를 바보로 만들기도 합니다. 그러나 와인을 마시는 것이 범죄는 아니며 그로 인해 범죄가 생기는 것은 드문 일입니다. 와인은 인간을 바보로 만들기는 해도 악한으로 만들지는 않습니다. 와인이 야기한 잠시 동안의 다툼은 오래 지속될 수백의 애정을 만듭니다. 일반적으로 와인을 마시는 사람은 진실함과 솔직

함을 지니고 있습니다. 그들은 거의 모두가 선량하고 올바르고 정의롭고 충실하며 용감하고 정직한 사람들입니다.

디드로:
와인이 떨어지면 이야기도 끝나고

—

18세기 철학자 중 라블레 소설이 보여주는 카니발과 민중문학 전통을 그대로 계승한 사람은 바로 디드로다. 그의 작품에서 와인은 삶의 행복과 즐거움의 상징이며 심지어는 소설 속의 이야기를 이끌어나가는 서사의 원동력이 되기도 한다. 게다가 디드로 자신 역시 와인 애호가였으며 좋은 사람들과 함께라면 폭음을 두려워하지 않았다. 평생의 연인이었던 소피 볼랑Sophie Volland에게 그가 보낸 편지에 이러한 그의 모습이 잘 드러나 있다.

> 당신에게 편지를 쓸 기력이 없어요. 두통과 발열, 오한으로 죽을 지경이었습니다. 지난 일요일 다밀라빌이 저를 꾀었죠. 샹파뉴의 와인과 좋은 친구와 함께라면 모든 것이 나아질 거라고요. 그의 처방이 그럴듯해 보여서 받아들였어요. 월요일에 저는 식탁에 배를 붙이고 난로를 등에 지고 한시부터 저녁 열시까지 이야기하고 논쟁하고 웃고 마시고 먹었습니다. 월요일 밤부터 화요일까지는 끔찍했습니다. 죽는 줄 알았어요.
>
> –디드로, 소피 볼랑에게 보낸 1760년 11월 19일자 편지

그러므로 디드로가 자신의 작품에서 와인을 언급하지 않았다면 오히려 그것이 더 이상한 일이었을 것이다. 『라모의 조카』에서 주인공 라모는 괴팍한 음악가이자 귀족의 집에서 기식하며 지내는 인물이다. 그는 계몽철학의 고결한 원칙뿐 아니라 삶에서의 물질적 만족과 행복 또한 소홀히 할 수 없었던 디드로의 고뇌를 보여준다. "좋은 술을 마시고 맛있는 음식을 먹고 예쁜 여자 위에서 구르며 정말 부드러운 침대에서 쉬는 것 이외의 나머지는 헛된 것"이라고 주장하는 라모는 현실의 위선과 가식을 집어던지고 인간의 숨겨진 진실을 끌어내는 와인과도 같은 존재다. 게다가 열변과 팬터마임으로 지친 라모의 육신에, 디드로의 표현을 빌리자면 육체를 구성하는 '분자들'에 더 강렬한 감수성과 원기를 부여하는 것도 바로 와인이다.

디드로에게 와인은 또한 이야기를 끌어가는 에너지의 원천이다. 『운명론자 자크』에서 하인인 자크와 그의 주인은 우연히 한 여인숙에 머물게 되고 자크는 자기의 사랑 이야기를 이어간다. 그런데 여인숙의 여주인이 그 둘의 방에 샴페인 두 병을 들고 나타나 수다쟁이 자크의 이야기를 방해한다. 그의 갑작스런 등장으로 자크의 이야기가 중단되지만 저자는 "독자여, 그대에게 미리 알려두지만 내겐 그녀를 쫓아보낼 권리가 없다"고 말한다. 그녀가 좋은 샴페인을 들고 왔기 때문이다. 수많은 작은 일화로 가득한 이 소설에서, 와인은 한창 진행중인 이야기를 끊기도 하지만 새로운 이야기를 풀어내는 실마리가 되기도 한다. 이렇게 등장한 여주인은 샴페인의 취기를 빌려 '아르시 후작에 대한 폼므레 부인의 복수 이야기'를 멋들어지게 펼쳐놓음으로써 두 주인공의 혼을 빼앗는다. 이야기가 시작되기 전부터 그들은 "술병의 지혜를 확인하기 위해 가득 부은 술을 연거푸 몇 잔 마셨"고 이야기가 진행되는 동안에도 그들은 끊임없이 "건배"를 외친다. 그리고 자크가 술병의 바닥을 봄으로써 이야기도 끝이 난다. 이렇듯 디드로의 소설에서 와인은 새로운 이야기를 창조하게 하는 영감을 부여하고 작중 인물들뿐만 아니라 소설의 독자까지도 이야기 속으로 끌어들여 매혹시킨다. 그리고 이야기가 끝나면 술에 취해 쓰러진 주인공들의 자리를 대신하여 빈 무대를 채워주는 소품이 되기도 한다.

사드 후작: 욕망의 불꽃

18세기는 흔히 계몽과 이성의 시대라고 여겨진다. 그러나 한편으로 18세기는 욕망과 쾌락의 시대이기도 했다. 프랑스에서는 17세기 말부터 기성의 도덕적·종교적 규범에 사로잡히지 않고 자유로운 사고를 추구하는 사람들이 등장하기 시작했다. 이들은 '리베르탱libertin'이라고 불렸다. 그러나 그들 중 일부는 단지 자유로운 사상을 찾는 것에 그치지 않고, 도덕적 구속에서 벗어나 육체적 욕망과 쾌락을 추구하기도 했다. 어린 나이에 왕위에 오른 루이 15세를 대신해 섭정을 한 오를레앙 공은 대표적인 리베르탱으로 남녀가 어우러진 야회fête galante, 夜會를 즐겼으며 이 야회를 장식한 것은 샴페인이었다. '병마개가 터져 튀어오르며 뿜어져나오는 거품으로 여인의 노출된 어깨를 적시는' 장면은 관능적이고 에로틱한 야회의 분위기를 짐작하게 해준다. 카사노바와 사드 후작은 18세기의 욕망을 상징하는 인물들이며, 그들에게 와인이란 성적인 금기와 억압의 굴레로부터의 해방을 구현하는 매개물이었다. 뿐만 아니라 사드 후작에게 와인은 동시대인들에게 이해받지 못하는 고독

장프랑수아 드 트루아(Jean François de Troy), 〈사냥의 점심식사 Un Déjeuner de Chasse〉(부분), 1737, 루브르 박물관 소장.
루이 15세의 퐁텐블로 성의 식당을 장식하기 위해 주문된 이 그림은 사냥에 나선 귀족들의 야외 식사 장면을 담고 있다. 와인을 마시는 귀족 남녀들이 서로의 귓가에 속삭이는 사랑의 밀어가 들리는 듯하다.

으로부터 벗어나 자신만의 상상의 세계로 빠져들게 해주는 구원의 생명수이기도 했다. 그의 소설『알린과 발쿠르』에서 현실의 불행을 잊기 위해 와인을 마시고 취한 클레망틴을 묘사한 대목은 그의 관능의 세계와 고독의 세계를 동시에 보여준다.

> 슬픔을 달콤한 세투발의 포도 주스에 파묻어버리기로 결심한 그녀는 내가 레모네이드 한 잔을 마시는 것처럼 두 병을 마셨고 잠시 후 이성을 벗어던진 상태에서 어느 예쁜 여인도 따라오지 못할 만큼 광적이고 즐겁고 생명력이 넘치는 모습이 되었다. 그녀의 아름다운 검은 머리칼이 대리석처럼 하얀 그녀의 가슴 위로 출렁이고 그녀의 멋진 눈에는 원통함과 고통으로 불꽃이 일어올랐다. 지울 수 없는 기억으로 흘린 눈물에 젖어, 속이 비쳐 보이는 얇은 천의 옷은 흐트러져, (…) 한마디로 그녀는 너무도 관능적이고 너무도 아름다워 이 땅 위의 어느 남자도 그녀에게 저항할 수 없을 것이었다.
>
> —사드,『알린과 발쿠르』

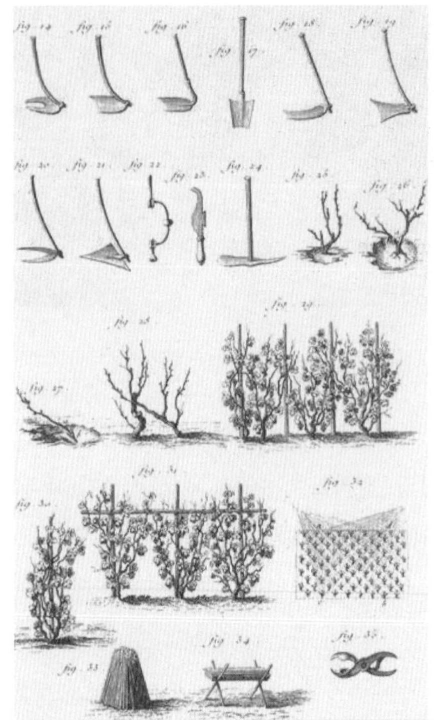

디드로와 달랑베르가 편찬한 『백과전서』의 포도밭 경작 도판.

포도나무 재배를 위한 다양한 농기구들과, 포도나무를 심고 가지를 고정시키는 방법을 설명한 도판이다.

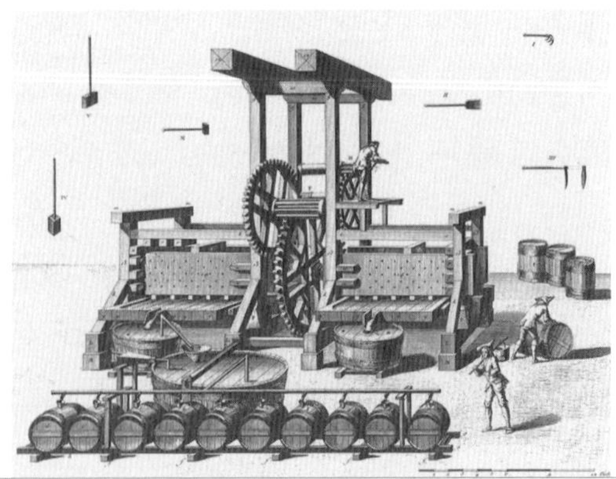

디드로와 달랑베르가 편찬한 『백과전서』의 와인 압착기 도판.

디드로와 달랑베르가 편찬한 『백과전서』는 “좋은 와인을 적당히 마시면 정신을 회복하고 위를 강화하며 피를 맑게 하고 발한發汗을 순조롭게 하여 육체와 정신의 모든 기능을 돕는다”는 말로 와인 항목을 시작한다. 그 시대에도 과음에 대한 경계가 존재하기는 했지만 이렇듯 와인은 18세기의 철학자, 작가 들에게는 육체와 정신의 원기를 북돋아 주는 것이었다. 와인을 마시며 그들은 아무런 제약 없이 온갖 주제에 대해 자유롭게 대화를 나누고 경계 없는 상상의 날개를 펼쳤다. 그리고 이러한 대화와 상상을 통해 낡은 체제를 뛰어넘어 모두가 함께 자유를 누리는 새로운 세계를 꿈꾸었으며 프랑스 대혁명을 향한 길을 열었다.

김태훈_전남대학교 불어불문학과 교수

1966년 서울에서 태어났다. 서울대학교 불어불문학과를 졸업하고 석사를 마친 후 프랑스의 폴발레리 몽펠리에 제3대학에서 박사학위를 받았다. 현재는 전남대학교 불어불문학과 교수로 재직하고 있다. 디드로를 비롯한 18세기 프랑스 문학을 연구하고 있으며 프랑스의 문화 현상, 문화 정책 등 문화의 여러 분야로 관심을 넓혀가고 있다. 『세계화 시대의 문화 논리』 『신화/탈신화와 우리』 『서양근대미학』 등의 공저가 있다.

연회의 식탁에 지식을 올리라

영국 식사는 기본적으로 다들 '맛이 없다'고 생각한다. 요즘엔 꽤 나아졌지만, 이는 카리브 해 연안 지역이나 아시아에서 이민자들이 유입되고 유럽연합에 가입하는 등 20세기 후반의 정치적·사회적 변동에 따라 유럽·아시아의 식문화가 흘러들어왔기 때문이다. 전통적인 영국 음식이라고 하면 풍성한 아침식사, 스테이크, 샌드위치, 푸딩, 그리고 홍차와 스콘 정도가 떠오를 것이다. 그런데 사실, 이들은 모두 18세기에 시작되었다.

윌리엄 호가스, 〈오, 전통 있는 잉글랜드의 로스트비프O, the Roast Beef of Old England〉, 1748,
테이트 갤러리 소장.

고 기 먹 는 영 국 인

물론 옛날부터 고기는 먹었지만, 프랑스 요리에서 고기를 졸여 스튜로 만들거나 했던 데 비해 소스를 뿌린 로스트비프나 스테이크가 전통적인 영국 요리로 인식되기 시작한 것은 18세기부터다. 윌리엄 호가스의 그림 〈오, 전통 있는 잉글랜드의 로스트비프〉에서는 영국에서 칼레 항으로 운반되는 로스트비프 덩어리를 프랑스인 사제와 비쩍 마른 프랑스인 병사들이 침 흘리며 바라보는 장면이 묘사돼 있다. 영국 상류 계급의 저택에서도 18세기 초까지는 프랑스인 셰프가 만드는 프랑스 요리를 먹곤 했지만, 18세기에 북아메리카·인도 등의 식민지를 둘러싸고 프랑스와 전쟁을 거듭하는 과정에서 프랑스 요리까지 공격을 받기에 이르렀다. 영국 요리에 자부심을 갖고 영국식으로 먹는 것이야말로 영국인의 힘의 원천이자 미덕이라고 여긴 것이다. 호가스는 몇 번의 붓질로 로스트비프를 프랑스 항구로 운반해서 그러한 영국인의 자부심을 과시했다 하겠다. 실제로 18세기에 런던을 방문한 스웨덴인은 "영국인은 그 어떤 나라 사람들보다도 로스트비프를 잘 만든다. (…) 목장이 좋은 건지 도살 전에 살찌울 때 뭔가 비법이 있는 건지, 하여간 소고기든 송아지 고기든 양고기든…… 이 나라의 로스트비프에는 기름이 올라 있어서 맛있다"고 극찬했다.

로스트비프뿐 아니라 18세기 런던에서는 기본적으로 육식을 했던 듯하다. 1781년에 간행된 잡지에 실린 삽화 〈촙 하우스〉(고기 요리를 파는 음식점)에는 존슨 박사Dr. Johnson와 친구 제임스 보즈웰James Boswell이 고기 요리에 몰두한 모습이 그려져 있다. 존슨 박사도 보즈웰도 여기저기 선술집tavern이나 요릿집에 가서 늘상 외식을 했던 듯하다.

헨리 윌리엄 번버리 (Henry William Bunbury), 〈촙 하우스A Chop House〉, 1781, 셰필드 박물관 소장.

1763년 1월 19일 존슨의 일기를 봐도, 요릿집에 방을 잡아 "터키인처럼, 아니 존 불(영국인)처럼 실컷 비프스테이크를 먹었다"고 적혀 있다. 당시 중산층 이상의 런던 사람들은 뻔질나게 외식을 하며 비싼 고기 요리를 먹는 데 집착한 나머지 채소를 별로 섭취하지 않는 경향이 있었다. 참고로 영국식 아침식사가 확립된 것은 1760년대 무렵이었던 듯하다. 일기를 보면 보즈웰도 이 무렵부터는 당연하다는 듯이 아침을 먹었고, 존슨 박사도 홍차와 커피, 마멀레이드를 바른 스콘과 배넉bannock을 노동자의 아침식사로 권했다.

아무튼, 18세기 영국인들이 고기 먹는 방식은 '야만스럽게' 비칠 정도였다. 식사 예절만 봐도, 전채부터 디저트까지 한 접시씩 가져오는 프랑스식이 아니라 한 번에 아홉 접시 정도씩 내온 걸 마음 내키는 대로 가져가서 먹기를 세 번 반복하는 것이 매너였다. 당시 유럽에서 온 방문객들은 영국인들이 대화도 변변히 나누지 않고 묵묵히 먹기만 했다는 목격담을 전한다. 영국인들은 예절도 화술도 모르는 육식 인종이라

조지 우드워드 (George Woodward), 〈로이즈 커피하우스 Lloyd's Coffee House〉, 1798, 영국 칼크 수도원 소장.

는 것이 그들의 의견이었다.

커피하우스의 공공성

그러나 그렇게 거친 영국인의 식사에도 전혀 문화적인 측면이 없는 것은 아니었다. 또, 늘 그렇게 음울하게만 식사를 한 것도 아니었다. 문화인류학적으로 봐도 인간의 생물학적 측면과 사회학적 측면은 어떤 식재료를 확보해서 조리하여 소비하는가에 따라 달라진다. 식사라는 행위, 여기서 생겨나는 감성, 사회생활에서의 연회conviviality 등은 문화적 개성 확립의 중요한 요소다.

17세기 후반부터 18세기 전반에 걸쳐 잉글랜드에서 크게 유행한 커피하우스가 그 좋은 사례다. 원래 옥스퍼드에서 1650년 무렵에 생겨난 두 곳의 커피하우스에서는 수상쩍은 검은 음료를 홀짝이면서 특히 자연철학에 관심을 가진 학자들이 논쟁을 벌이곤 했다(두 카페 모두 아직까지 남아 있다). 이 풍습은 즉시 런던으로 전해졌고, 커피하우스는 유동성이 강한 당시 시대 분위기에 힘입어 개방적이고 자유로운 담소의 장으로서 극적인 성장을 거두게 된다.

사람들이 서로 신문을 읽고 정보를 교환하는 커피하우스는 정보센터와 같은 역할을 했다. 각종 문학단체와 신문협회, 왕립협회Royal Society와 같은 과학단체, 주식·국채 거래와 같은 은행업, 로이즈 보험, 최초의 양대 정당 조직인 토리당·휘그당 등이 모두 그곳에서 탄생했다. 독일의 사회학자 위르겐 하버마스가 근대 시민사회의 '공공성Öffentlichkeit'의 구조적 모델로 18세기 영국의 커피하우스를 거론한 것은 탁견이었다. 과학과 문화, 금융·경제 활동, 해운, 저널리즘과 같이 '국가'와 '사적 공간' 사이에 펼쳐진 '공공' 공간에서 싹튼 근대 시민사회를 길러낸 것이 커피하우스였다. 정보가 공공의 장에서 교환·공유되어 '지식'으로 유통됨으로써 새로운 시민문화를 만들어낸 것이다.

루나 협회의 식탁

—

런던에서 커피하우스가 쇠퇴하기 시작한 18세기 후반, 영국 중서부의 버밍엄 시에서 완전히 이질적인 '공공 지식'을 형성한 연회의 장, '루나 협회Lunar Society'가 탄생했다. 당시 눈부시게 발전하던 자연과학에 대한 관심을 공유한 사람들의 모임이었다. 이 괴상한 이름은, 가로등이 없던 시절에 안전히 귀가할 수 있도록 이들이 보름달 뜬 밤에 모였다는 점에다 '정신이상자'를 뜻하는 단어 '루나틱lunatic'의 의미를 더해

참신한 발상을 가진 집단이라는 것을 나타내기 위함이었다. 정확한 기록이 없기 때문에 이 모임이 언제 시작됐고 회원은 누구였는지에 대해서는 역사가들 사이에서 견해가 엇갈린다.

그 중심인물은 영국에서 최초로 근대적인 공장을 설립한 도금제품 제조업자인 매슈 볼턴Matthew Boulton과 진화론을 주창한 찰스 다윈의 할아버지인 의사 에라스무스 다윈이었다. 뒤이어 미국의 자연철학 교수였던 윌리엄 스몰William Small, 도자기 제조업자 조사이어 웨지우드Josiah Wedgwood, 산소를 발견한 조지프 프리스틀리Joseph Priestley, 증기기관 발명가 제임스 와트 등이 참가한다. 미국 100달러 지폐에 얼굴이 새겨진 벤저민 프랭클린도 영국을 방문했을 때 루나 협회에서 전기 실험을 했다. 대부분이 국교회國教會에 속하지 않는 비국교도dissenters였던 그들은 과학 실험을 하고 새로운 과학적 발견에 대해 이야기를 나눴으며, 그것을 실용화하는 방법에 대한 의견을 교환했다. 이 모임은 1750년대에 서로를 알게 된 볼턴과 다윈이 서로의 집을 드나들던 것이 시초였는데, 1765년에 스몰이 참가하면서 조직적인 활동을 시작했다.

특기할 것은 왕립협회나 옥스퍼드·케임브리지 대학을 좌지우지하던 이들이 대부분 학자나 연구자, 과학에 관심이 많았던 상류계급 사람들이었던 것에 반해, 루나 협회의 구성원은 상류계급 출신도 아니었을뿐더러 모두가 대학을 졸업한 사람들로 이뤄지지도 않았다는 사실이다(웨지우드는 초등학교, 볼턴은 중학교까지 다녔다). 이른바 직공 계급, 전문직, 일반적인 지식인 계급이 루나 협회의 주축이었다. 바로 그들이 전기나 식물학 같은 새로운 과학적 발견에 큰 관심을 갖고 차세대 과학기술을 고안하여 산업에 응용하는 데 정열을 기울인 주역이다. 볼턴, 웨지우드, 와트야말로 증기기관을 낳고 산업혁명을 추진하여 영국을 "세계의 공장"으로 만든 원동력이었다. 그리고 그들의 배후에는 루나 협회라는 지적 네트워크가 있었다.

실험도 하고 토론도 하는 한편, 그들은 모일 때마다 틀림없이 식사도 함께했으리라. 다윈은 먹는 것에 목숨을 걸었던 거구이기도 했고 버밍엄에서 조금 떨어진 곳에 살고 있었기 때문에 아무것도 먹지 않고 귀가했을 리 없다. 그들은 진취적인 정신이 풍부했기에 프랑스 혁명에 공감했지만, 당시 물류 운송 방식이나 그들이 모인 지역을 생각했을 때, 그들이 프랑스산 와인을 마시거나 프랑스식 식사를 했으리라고는 생각하기 어렵다. 이 지역의 에일ale 맥주로 건배하고 영국식으로 여러 접시를 한 번에 내오게 해서 자기 좋아하는 대로 접시를 가져가서 먹었으리라. 다윈은 지방 성분이 병을 낫게 한다고 주장한 의사였으니, 고기는 지방이 가득한 스테이크나 개먼gammon, 소금에 절인 돼지고기, 로스트비프를 내놓았을 터. 영국 남부에서는 싫어하며 꺼렸지만 중북부에서는 많이 소비되던 감자·순무·귀리·보리로 만든 흑빵도 버터를 발라 콩이나 양파와 함께 식탁에 올렸으리라 상상할 수 있겠다. 또 18세기부터 영국 요리로 정착하기 시작한 파이, 타르트, 푸딩도 식탁 위에 함께 올랐을 것이다. 사람들은 저마다 집에서 고기, 생선, 과일을 넣은 파이나 타르트를 자주 오븐에 구워 먹었는데 그 종류도 다양했다. 푸딩도 오븐에서 과자처럼 구운 것, 고기와 함께 졸인 것, 포타주퐁으로 만든 것 등 종류가 50가지나 되었다. 때로는 실험하는 도중에, 샌드위치 백작이 그랬던 것처럼 고기를 빵에 끼운 샌드위치를 한입 가득 물었을지도 모르겠다. 식후에는 피크Peak 지방의 명물인 블루치즈를 먹었을 것이며, 이 시대 중류계급의 식탁에 침투한 홍차에 설탕을 넣어 마셨을 것이다.

식기류에도 주목할 필요가 있다. 고기를 자르는 나이프는 물론, 이때부터 대량으로 사용되기 시작한 포크, 볼 등의 은제품은 볼턴의 공장에서 만든 것이 제공되고, 탁상용 물주전자, 접시, 홍차용 도자기는 웨지우드의 공장 에트루리아에서 제조된 최신 제품을 사용했으리라 추측된다. 직사각형 식탁에 인도에서 수입한 면으로 만든 흰 식탁보를 깔았을 것이고, 1800년경이 되면 방직 기술의 발전에 힘입어 국내 생산에 성공하고 수출도 되기 시작한 영국제 면을 식탁에 깔고 당시 유행하기 시작한 둥근 식탁에서 식사를 했을 터이다. 식사나 실험이 끝난 뒤에는 리버풀 항구에서 가져온 미국산 기호품인 담배를 뻐끔뻐끔 피우면서 논쟁을 계속했을 것이다.

소비혁명과 블루 스타킹 클럽

—

같은 무렵, 런던의 비국교도 출판업자인 조지프 존슨Joseph Johnson의 저택에서도 프리스틀리를 비롯한 자유주의 성향의 지식인들이 모여 지적 네트워크를 이루었다. 그곳에서는 삶은 대구, 송아지 고기, 채소, 쌀로 만든 푸딩 같은 소박한 식사가 제공되었으니, 이를 생각하면 필자가 루나 협회의 식사를 너무 사치스럽게 재구성하고 있다는 지적을 받을지도 모르겠다. 하지만 실은 이러한 추측에는 사회적·경제적 근거가 있다.

우선, 17세기 후반부터 잉글랜드 동부에서 도입된 노퍽 농법Norfolk husbandry이 동남부를 중심으로 퍼져나감에 따라 효율적으로 경작지를 활용해 곡물 생산량을 늘리고 가축을 증산하는 데 성공했음을 들 수 있다. 사람들은 빵과 고기, 심지어는 채소까지도 풍부하게 먹을 수 있게 되었고 곡물 수출도 증가했다. 18세기 중반, 잉글랜드는 '유럽의 곡창'이라 불릴 정도였다.

한편으로, 해외 진출을 꾀하던 영국은 해외와도 왕성하게 교역했다. 인도를 비롯한 아시아에서는 향신료나 차를, 서인도에서는 플랜테이션 농법으로 생산된 설탕을, 미국에서는 담배나 면화를 수입했다. 상류계급이 기호품으로 마시기 시작한 '설탕 넣은 홍차'는 높은 신분의 상징이었는데, 이러한 취미는 이윽고 중류계급으로 확산되었고 19세기에는 노동자들도 이 습관을 따랐다. 그러나 설탕, 담배, 면화를 플랜테이션으로 생산하기 위해서는 대량의 노동력이 필요했기 때문에 영국은 아프리카에서 노예를 강제 연행해서 노동력을 공급하려 했다. 악명 높은 노예무역이다. 영국에서 술, 장난감, 무기류를 가져가 아프리카에서 노예와 교환한 다음, 대서양을 횡단해 서인도·미국에서 노예를 팔고 다시 담배, 면, 설탕을 영국으로 가져와 유통시키는 삼각 무역이 성립되었다.

이 무역을 통해 물자뿐 아니라 거대한 자본 또한 영국에 축적되었고, 이 자본은 산업·금융 분야에 투자되어 다양한 사치품의 유통과 소비를 촉진했다. 설탕을 넣은 홍차의 유통과 함께 볼턴의 공장에서 제조된 도금 제품이나 웨지우드의 도자기가 소비되었고, 이는 곧 소비혁명시대의 상징이 되었다.

그러한 소비혁명과 여성들의 지적 네트워크가 결합된 사례가 '블루 스타킹Bluestockings'이다. 블루 스타킹은 런던 중상류 계급 지식인 여성들의 살롱을 통틀어 가리키던 말로, 부유한 가문의 엘리자베스 몬터규Elizabeth Montagu나 엘리자베스 베시Elizabeth Vessey가 집에서 사람들과 차를 마시며 문예와 문화를 주제로 대화를 나누던 사교집단을 뜻한다. 알코올은 일절 내놓지 않고 오로지 홍차와 세련된 화제만을 제공했다.

토머스 롤런드슨(Thomas Rowlandson), 〈블루 스타킹 클럽의 분열 Breaking Up of the Blue Stocking Club〉, 1815, 예일 대학 루이스 월폴 도서관 소장.

술 좋아하는 사람에게는 따분하기 그지없었겠지만 이 모임은 해나 모어Hannah More나 프랜시스 버니Frances Burney 같은 여성 작가들을 매료시킨 중요한 문화적 허브였다.

그녀들은 홍차에 설탕이나 우유를 넣었을까? 샌드위치 정도는 먹지 않았을까? 이러한 의문에 답해주는 풍자화가 있다. 토머스 롤런드슨의 〈블루 스타킹 클럽의 분열〉이 그것이다. 공공권에서 두드러진 활동을 하던 여성 지식인들에 대한 공격은 1790년대부터 강해졌고, 이 그림이 그려질 무렵에는 그 압력이 한층 거세졌다. 이런 풍조 속에서 롤런드슨은 지식인 여성의 대명사인 블루 스타킹 클럽 여성들이 벌이는 처절한 한판 승부를 그림으로써, 여성의 지적 활동이 붕괴됨을 시사했다. 그림을 잘 보면 찻주전자와 컵이 둥근 식탁째 뒤집어지고 있고 슈거 캐디sugar caddy 같은 것도 함께 떨어지고 있다. 바닥에는 산산조각 난 웨지우드풍 도자기와 흰 우유가 엎질러져 있고 흰 빵도 굴러다닌다. 그러나 이 시대에는 젖 짜는 여자milkmaid가 런던 근교에서 시내로 우유를 배달하고는 있었지만 가격이 비싸고 위생적이라는 보장도 없었기 때문에 런던 사람들은 우유를 그다지 마시지 않았다 한다. 또 해나 모어 같은 사람은 노예무역 반대운동의 중심인물이었기 때문에, 그러한 운동이 정점에 달했던 1780년대에는 노예들이 흘린 피와 땀의 결정체인 설탕을 넣지 않은 홍차를 마셨을 터이다. 오늘날처럼 샌드위치 같은 것을 홍차와 함께 먹는 습관은 없었고 기껏해야 흰 빵 정도를 곁들였다.

아무튼 여성들의 이러한 티파티 또한 소비문화의 혜택을 입으면서도 공공성을 아우른 정보 교환의 장 역할을 했으며, 특히 문예 영역에서 '지식'을 사회에 유통시키는 원동력이 되었다. 남성과는 다른 차원이지만 여성들의 연회 또한 공공 지식public knowledge을 퍼뜨리는 데 일익을 담당하고 있었던 것이다.

오이시 가즈요시大石和欣_도쿄 대학 대학원 종합문화연구과 준교수

18세기에서 19세기 초 영국의 채리티(charity), 공공권 문제를 연구하고 있다. 저서로 『경계선상의 문학』(공편저, 일본 사이류샤, 2013), 『코울리지, 낭만주의, 오리엔트: 문화적 교섭*Coleridge, Romanticism and the Orient: Cultural Negotiations*』(공편저, 영국 Continuum, 2013) 등이 있다.

옮긴이 **김시덕**

그리모와 친구들의 미식 클럽

먹는 즐거움, 식탁의 즐거움

—

먹는 즐거움은 하나의 욕망을 만족시키는 행위로부터 오는 현실적이고 직접적인 감각이다. 한편 식탁의 즐거움은 식사 자리를 되돌아보는 회고回顧에서 생겨나는 감각으로, 장소나 사물, 사람과 같이 식사할 때 존재하는 여러 정황으로부터 나온다.

장 앙텔므 브리야사바랭Jean Anthelme Brillat-Savarin, 1755~1826은 '먹는 즐거움plaisir de manger'과 '식탁의 즐거움plaisir de la table'의 차이를 이렇게 정의했다. 그러나 과연 이 두 가지 즐거움을 이처럼 명확하게 나눌 수 있는 것일까?

실제로 이 두 가지 즐거움은 밀접하게 연관되어 있다. 극단적으로 말해서 여기서 문제가 되는 지점은 다음과 같다. 먹는 즐거움은 '수단'인가 '목적'인가? 즉, 사교의 즐거움을 누리려고 연회를 개최하는 것인가, 아니면 사교의 즐거움을 포함한 모든 즐거움은 먹는 행위에서 생겨나는 감각적 쾌락을 증폭시키기 위한 수단인가? 이 질문을 화두로, 이 글에서는 브리야사바랭과 같은 시대를 산 미식가 알렉상드르 그리모드 라 레니에르Alexandre Balthazar Laurent Grimod de la Reynière, 1758~1837가 친구들과 개최한 연회를 살펴본다.

그리모와 친구들의 연회: 첫번째 '공유'

—

어떤 모임을 계기로 연회를 여는 것이 아니라, 식사 그 자체를 목적으로 모이는 일은 의외로 별로 없다. 그런데 이탈리아에서 이를 처음으로 시도한 사람들이 확인된다. 이탈리아에서는 15·16세기에 이미 미식 클럽과 같은 모임이 열리고 있었던 것으로 보인다. 이를 두고 몽테뉴는 마치 신학에 대해 논하는 것처럼 요리에 대해 이야기하는 이탈리아인을 비꼬기도 했다. 하지만 결국 요리의 패권은 이탈리아에서 프랑스로 넘어가게 되고, 이러한 움직임과 함께 18세기 말 프랑스에서는 '미식 클럽'을 열려는 시도가 생겨났다.

이러한 움직임의 중심에는 구체제 말기부터 혁명 후에 걸쳐 가장 유명했던 미식가, 그리모가 있었다. 프랑스에서는 브리야사바랭과 함께 '미식 문학의 창시자'라 불리는 사람이다. 구체제에서 막대한 부를 축적한 징세徵稅 청부인請負人 집안에서 태어나 청년기에 미각을 길렸고, 혁명 후 미식에 관한 식견을 무기 삼아 1803년부터 『미식가 연감 *Almanach des Gourmands*』을 출판해서 유명해졌다. 문학가로 자부한 그리모는 혁명 이전부터 문인들과 활발하게 교류할 수 있는 자리를 여럿 주최했다. 이들 모임은 모두 어떤 형태로든 식사를 함께하는 자리였지만 모임에 따라서는 식사보다 교류 그 자체에 중점을 둔 것도 있다. 여기서는 그가 먹는 것을 목적으로 삼았던 듯한 모임에 초점을 맞춘다. 그 극단적인 사례가 그리모가 조직한 요리 및 식재료 감정 조직인 '미식 심사위원회 Jury dégustateur'였다.

미식 심사위원회는 다수의 심사위원으로 구성된 심사기관으로, 이들은 『미식가 연감』 중에서도 특히 「영양 만점의 여행, 또는 파리 각 지역을 돌아보는 어떤 미식가의 산책 Itinéraire nutritif, ou promenade d'un gourmand dans divers quartiers de Paris」이라는 장에서 다루는 가게와 그곳의 먹거리에 대해 미리 평가를 내렸다.

그리모의 『미식가 연감』 제3권 첫머리에는 삽화가 실려 있는데, 이것을 확인해보면 모임은 하나의 원형 식탁에 여러 '미식가'가 모여 앉아서 이루어졌다. 규정 가운데에는 식탁에 오르는 요리나 식재료는 반드시 한 번에 한 가지여야 한다는 항목이 있었다. 이들 요리나 식재료는 '차례차례' 식탁에 등장해야 했다. 즉 식탁에 있는 사람들은 모두 동시에 동일한 것을 먹는 것이다. 삽화 속에서는 식탁 한가운데에 커다란 접시 하나만 놓여 있는 것이 확인된다. 이 방법의 가장 큰 이점은 "음식을 개별적이고 논리적으로 고찰하게 되므로 집중력이 떨어지는 것을 방지할 수 있고, 심사위원이 모두 적극적으로 판단력을 발휘할 수 있다"는 데 있다.

나아가 미식 심사위원회에서는 식사를 보조하는 사람의 존재를 철저히 배제할 것을 요구했다. 그러한 사람의 존재가 음식에 대한 집중력을 떨어뜨린다고 생각했기 때문이다. 식사의 즐거움에만 집중하고자 한 그리모의 자세를 엿볼 수 있는 대목이다. 또한 여성도 식탁에서는 칭송받지 못했는데, 그 이유는 다음과 같다.

> 여성은 다른 모든 곳에서는 매력을 발산하는 존재지만, 미식가의 만찬에서는 자신이 잘못 왔다고 느낄 것이다. 그곳에 있는 사람들은 주의력이 분산되는 것을 원하지 않으니, 그들의 주의력은 식탁에 오른 것으로만 향하며 식탁을 둘러싼 것들로는 향하지 않는다. 이 중요한 기회에는 가장 어리석은 거위조차도 가장 매력적인 여성을 이긴다.

이러한 전제하에 그리모의 미식 심사위원회에서는 먹는 즐거움을 공유했다. 처음에 이 미식 심사위원회를 구성하는 회원은 그리모의 정의에 따른 '미식가Gourmand'로 한정되었다. 이 위원으로 선발되는 것은 상당히 어려웠던 듯한데, 위원회에 들어가려면 열두 명으로 이루어진 회원 전원의 동의를 받아야 했다.

그리모가 생각한 미식가의 정의는 매우 엄격했다. 미식가는 평가할 만한 음식에 대해 오판을 해서는 안 되며 개인적인 호오나 변덕에 따라 평가 대상이 되는 음식을 부당하게 판단해서도 안 되었다. 절대적인 미각이라고 부를 법한 이러한 기준은, 다른 곳에서는 '미각의 일치'라고 표현된다.

> 식도락을 즐기는Gourmand 회식자會食者들 사이에서는 여타 회식자

들 사이에서보다 연대감이 더 강하게 형성된다. 이는 진실이며, 따라서 미각이나 성향의 일치만큼 사람들로 하여금 서로를 원하게 하고 서로를 바라보게 하며 서로를 사랑하게 하는 것은 없다.

위의 인용문에서 그리모는 회식자들 간의 미각의 일치가 서로의 유대감 구축을 한층 강화시킨다고 말했다. 그리모는 그 밖에도 비슷한 연회를 여러 개 운영했다. 미식 심사위원회의 직접적인 원천이 된 수요회Société des Mercredis가 그중 하나다.

1780년에 창립된 수요회는 매주 수요일 오후 네시에 레스토랑 르 가크Le Gaque에 모였다. 회원으로는 훗날 법률가 캉바세레스Jean-Jacques Régis de Cambacérès의 집사가 되는 데그르푀유D'Aigrefeuille, 파리대학의 산문학 교수였던 조프루아 사제l'abbé Geoffroy, 극작가 샤제René Alissan de Chazet 등이 있었다. 수요회에서는 칠면조 선생Maître Dindon, 오마르 새우 선생Maître Homard, 찰광어 선생Maître Turbot과 같이 서로 별명을 붙여서 부르는 것이 규칙이었다. 그리모는 가재 선생Maître Ecrevisse이라 불렸다. 이는 식탁에서만큼은 속세의 사회적 지위나 직업과 관계없이 모두 대등한 관계에서 식사의 기쁨을 나누고자 고안된 방식으로 생각된다. 수요회라는 이름은 『미식가 연감』에도 때때로 보이는데, 미식에 관한 '판례'를 제공하는 신뢰할 만한 모임이라고 자랑스레 언급된다.

미식 심사위원회와 수요회 사이에는 확실히 미식에 대한 진지함 면에서 온도차는 느껴지지만 두 모임 사이에 결정적인 단절이 있었다고는 생각되지 않는다. 오히려 그리모는 수요회에서 미식 심사위원회로 옮겨갈 때, 앞서 살펴본 것과 같은 엄격한 규칙을 두어 일종의 제도화를 꾀함으로써 '공유'라는 성격을 더욱 확실히 하고자 했던 것 같다. 규칙의 철저함이라는 점에서 정도의 차이는 있지만, 그리모와 친구들은 두 모임에서 모두 제1단계의 공유, 즉 개인적인 경험인 먹는 즐거움을 다수의 동료와 공유한다는 목적을 달성한 것이다.

그러나 수요회는 이때 갑자기 출현한 것이 아니다. 그 원형은 이미 18세기 초에 나타난 '카보le Caveau'라는 모임에서 찾을 수 있다.

카보회와 기관지: 두번째 '공유'

—

카보회Société du Caveau란 18세기에서 20세기에 걸쳐 주로 노래를 짓고 요리와 술을 함께 즐길 목적으로 결성된 문학 서클을 통틀어 일컫는 말이다. 각 시대의 걸출한 가수와 문인이 모인 일종의 음악 아카데미라고도 할 수 있다. 이 모임은 프랑스 혁명이 일어나 중단될 때까지 식탁을 둘러싸고 노래 짓기를 즐기는 자리로서 번성했다. 그리모 등이 결성한 수요회는 이러한 흐름을 이어받아서 탄생했던 것이다.

카보 모데른Caveau Moderne은 1805년 12월, 가수이자 출판업에 종사했던 카펠Pierre Capelle이 유명한 레스토랑인 로셰 드 캉칼Rocher de Cancale에서 모든 회원의 저녁식사 비용을 댄다는 조건을 걸고 옛 카보 멤버들에게 모임을 권유한 것이 계기가 되어 결성됐다.

여기서 주목할 점은, 이들 모임은 수요회와는 달리 독자적인 기관지를 가지고 있었다는 점이다. 카보 모데른은 창립 다음달인 1806년 1월에 이미 기관지 『미인과 미식가 신문*Journal des Gourmands et des Belles*』을 간행하기 시작했다. 『미인과 미식가 신문』에 실린 것은 미식에 관한 고찰이나 '식탁의 위생학', 다수의 시가詩歌와 악보, 음식을 주제로 한 수수께끼 등이었다. 집필은 모임에 참가하는 사람들이 나누어 맡았다. 미식에 관한 식견이 높은 그리모는 식사에 관한 고찰을, 의사 우르생Marie de Saint-Ursin은 식탁과 관련된 의학 이야기를, 멤버의 다수를 차지하는 가수들은 노래를 실제로 식탁에서 공개하는 식으로 모두가 식사를 둘러싼 즐거움을 공유했을 것이다. 즉『미인과 미식가 신문』은 원래 그 장소에서 즉흥적으로 즐기던 모임의 분위기를 그대로 글로 써 발행한 것이었다.『미인과 미식가 신문』은 회원만을 대상으로 하지 않고 광범위한 독자를 상정하여 출판되었다. "웃자, 노래하자, 사랑하자, 마시자. 이것이 우리의 정신Rions, chantons, aimons buvons; Voilà toute notre morale." 이는『미인과 미식가 신문』 속표지에 인쇄된 경구로, 보드빌 만찬회가 지향한 바를 고스란히 담고 있다. 이 정신을 널리 보급하기 위해『미인과 미식가 신문』은 1806년 1월부터 1815년 12월까지 매달 간행되었다. 이처럼 출판을 통해서, 식탁을 둘러싼 기쁨을 더욱 광범위한 사람들과 나눌 수 있게 되었다.

예상대로 독자는 식욕을 자극받았으며, 때때로 독자들도 저자들에게 카보의 모임에 참가시켜달라는 편지를 보냈다.

> 당신들의 훌륭한 식사와 노래 덕분에 모든 독자의 입에는 침이 가득 고입니다. 당신들이 벌이는 만찬회의 유쾌함은『미인과 미식가 신문』을 통해 생생하게 전해집니다. 그 지극한 유쾌함을 저도 함께 느껴보고 싶습니다. 한 달에 한 번 로셰 드 캉칼에서 열리는 연회에 저도 어떻게든 참가할 수 있는 방법은 없을까요?

저자들은 일단 긍정적으로 검토하겠다고는 말했지만, 이러한 청을 받아들일 생각은 없었다. 그들은 책을 통해 이 즐거움을 독자들과 공유하려 했을 뿐이지, 실제로 독자를 모임에 불러 찰나적인 쾌락을 함께하는 것이 출판의 목적은 아니었던 것이다. 그러나 출판물의 형태로 자신들의 즐거움을 세상에 전하면 이를 읽는 사람 수만큼 시공간적 제약을 뛰어넘어 그 기쁨이 공유된다. 이리하여 두번째 단계의 공유, 즉 여러 동료와의 내밀한 모임에서 나누던 먹는 즐거움을 불특정 다수의 독자들과 공유할 수 있게 된 것이다.

그리모가 본격적으로 미식의 세계에 눈떠서 집필을 시작한 것은 혁명 후부터였다. 그리모에게 식탁이란, 좋은 사람들과 함께하며 즐거움을 맛볼 수 있는 유토피아였다고도 할 수 있다. 그리하여 그는 『미식가 연감』에 그치지 않고, 연회 초대나 식사 예절, 고기를 잘라 나누는 방법, 연회에서 제공해야 할 메뉴, 식사중에 나누어야 할 대화 등을 안내하는 『초대자의 안내서*Manuel des Amphitryons*』를 1808년에 집필했다. 이 또한 유토피아를 자신이 주도하는 식탁 바깥으로까지 널리 퍼뜨리고자 한 의지를 표명한 결과물이라고 말할 수 있을 것이다.

하시모토 지카코橋本周子_일본학술진흥회 특별연구원

2012년 교토 대학 인간·환경학 연구과를 졸업하고, 현재는 일본학술진흥회 특별연구원(PD)으로 재직중이다. 전공은 18세기 말부터 19세기 사이의 프랑스 미식(美食) 문화사이며, 특히 이 글에도 등장한 그리모 드 라 레니에르에 주목하고 있다. 박사학위 논문으로 「그리모 드 라 레니에르와 "미식가"의 탄생-프랑스혁명 전후의 식食 행위에 관한 연구」를 썼다.

옮긴이 **김시덕**

시인 백석이
찾아낸
맛있는
나라

창난젓깍두기의 테루아

맛을 말한다는 것

—

요즘 들어 먹고살기 힘들다는 이들이 부쩍 늘었다. 살기 힘들다고 말해도 될 것을 굳이 먹고살기 힘들다고 말하는 까닭은 먹는 것과 사는 것이 결국 같은 일이기 때문이다. 산다는 것은 먹는다는 것이다. 제 아무리 요설을 늘어놓아도 먹어야 살 수 있다는 사실에는 변함이 없다. 돼지도 먹어야 살고, 소크라테스도 먹어야 산다. 옛 속담에 이르기를, 사흘 굶으면 포도청의 담도 뛰어넘는다고 했다. 사흘 굶고도 담을 넘지 않는 것이 도덕적이라면, 사흘 굶으면 담을 넘는 것이 인간적이다. 도덕도, 정치도, 경제도, 모두 먹는 것 다음이다. 1789년 바스티유 감옥을 습격한 프랑스 시민들은 입을 모아 소리쳤다. "우리에게 빵을 달라!"

모든 행위가 먹는 행위에 우선할 수는 없지만 먹는 것에 견줄 만한 유일한 행위가 있다. 그것은 바로 말하기다. 먹기와 말하기가 동등한 이유는 두 행위 모두 입과 혀를 거치기 때문이다. 입은 우리 몸의 외부와 내부 사이에 위치하며 통과와 중계를 위한 장소이다(프란체스카 리고티, 『부엌의 철학』, 권세훈 옮김, 향연, 2003). 외부의 음식은 입을 통해 들어오고 내부의 말은 입을 통해 나간다. 물질적인 것과 정신적인 것, 도덕적인 것과 인간적인 것이 입안에서 교차한다. 입이라는 장소에서 외부와 내부를 중계하는 주인은 혀다. 혀 위에서는 중계의 과정만이 아니라 전환의 과정까지 펼쳐진다(하이드룬 메르클레, 『식탁 위의 쾌락』, 신혜원 옮김, 열대림, 2005). 혀는 자신이 받아들였던 것, 먹었던 것, 즐겼던 것을 언어로 다시 돌려준다. 외부와 내부가 각기 별개로 존재할 수 없듯이 먹는 것과 말하는 것은 긴밀하게 얽혀 있다. 즉 우리는 말하기 위해서 먹고, 먹는 것만큼 말할 수 있고, 먹는 것에 대해서만 말할 수 있다. 이것은 은유가 아니다. 지구상의 모든 생명체는 무수하게 '열린 구멍'들을 통해 외부와 소통해야만 생명을 유지할 수 있고, 입이야말로 가장 크게 '열린 구멍'이다.

그러므로 언어가 존재의 집이라면, 언어의 집은 입이고, 언어의 주인은 혀와 목구멍이다. 설사 나날이 위세를 더해가는 신경과학의 성과를 인정해 언어의 소유권을 뇌에 돌리더라도 끝까지 소유권을 양도할 수 없는 언어들이 남아 있다. 음식에 관한 언어들, 음식에 대한 말하기는 온전히 혀와 목구멍에 귀속된다. 음식은 뇌에 이르기 전에 혀와 목구멍에 먼저 사무친다. 사무쳐서 쏟아지는 혀와 목구멍의 언어들은 밑도 끝도 없다. 그것들은 뇌가 정해준 길에서 습관처럼 이탈한다. 잊었던 것과 잊으려 했던 것을 말하게 하고, 알지 못했던 것과 알려 하지 않았던 것을 깨닫게 한다. 시간의 앞뒤로 종회무진하고 경계란 경계들은 죄다 넘어버린다. 외부와 내부가 입이라는 장소에서 한덩어리가 되는 것처럼 혀와 목구멍의 언어들은 서로 대립적인 것들마저 이어붙인다. 예측 불가, 혹은 불확정성이야말로 그 언어들의 특징이다.

음식과 맛에 대한 이야기는 무엇이든 가능하다. 인간은 잡식동물이고, 때로는 눈에 보이지 않는 것들도 먹는다. 남자와 여자는 서로를 먹고, 독자는 작가를 먹고, 신자는 신을 먹는다. 입이라는 장소를 기점으로 외부와 내부는 양방향으로 끝없이 확산된다. 외부와 내부의 끊임없는 팽창, 혀와 목구멍의 불확정성이 결합하면서 무수한 언어들을 낳는다. 이 책의 앞 장들에서 소개한 스물두 개의 이야기에 유일한 공통점이 있다면 모두 먹는 것을 소재로 하고 있다는 것뿐이다. 더 정확하게 말하자면 혀와 목구멍의 언어들이라는 사실 외에 그 모두는 천차만별이다. 어떤 음식은 과거를 불러내고, 또 어떤 음식은 현실을 상기시킨다. 본능의 맨살을 드러내는 음식이 있는가 하면 환상을 응축시킨 음식도 있다. 그래서 그 모두는 제각기 다른 맛이 난다. 브리야사바랭은 맛의 수가 무한하다고 주장하면서 이렇게 말했다. "다양한 수와 다양한 양의 조합에 의해 변화될 수 있는 무한한 계열의 맛들이 존재한다고 가정할 때, 이 모든 조합의 결과를 표현해내기 위해서는 새로운 언어가 필요할 것이고, 그것들을 정의하기 위해서는 산더미 같은 2절판의 책이, 그리고 그것들을 분류하기 위해서는 미지의 숫자들이 필요할 것이다"(『식탁 위의 쾌락』). 그러니 이 책의 마지막 장을 서술하기 위해서 산더미 같은 책과 미지의 숫자들을 이 자리에서 늘어놓을 수는 없다. 오히려 무수한 책과 숫자들을 압축한 몇 편의 시를 보여주는 것이 나을 것이다. 우리에게는 백석의 시가 있기 때문이다.

프랑스 와인의 명성을 높인 '테루아'

—

프랑스에서 와인의 맛을 평가할 때 쓰는 용어 중에 '테루아terroir'라는 말이 있다. 이 말은 번역하기가 까다롭다. 사전에서는 '산지 특유의 맛' 정도로 옮기고 있지만 충분한 설명이라고 보기 어렵다. 테루아는 와인의 맛을 결정하는 다양한 요소를 통틀어 일컫는 개념이다. 기후(온도, 습도, 강우량, 일조량, 일조시간), 토양(포도밭의 경사도, 지형, 흙의 성분과 물리적·화학적 성격), 재배자의 정성과 양조기술 등 와인 맛과 관련된 모든 요소가 테루아에 포함된다. 그 모든 요소가 마치 DNA의 이중나선처럼 꼬여서 이루어진 것이 테루아라는 개념이다.

테루아라는 개념이 정립된 것은 19세기다. 1855년 파리에서 열린 와인 박람회에서 보르도 와인이 산지에 따라 와인의 등급을 매기기 시작하면서 19세기 후반에는 재배 지역이 와인의 질을 평가하는 가장 중요한 기준이 되었다. 20세기 초부터는 와인과 치즈 생산업자뿐만 아니라 저널리스트, 요리책 작가, 요리사 등 음식의 유행을 선도하는 사람들도 생산지와 맛을 관련시키기 시작했다. 이에 따라 테루아는 와인뿐만 아니라 모든 음식료의 질을 평가하는 중요한 기준이 되었다. 이후 테루아는 AOCAppellation d'Origine Contrôlée, 원산지 명칭의 통제 제도의 구축으로 이어져 지역 농업을 보호하고 프랑스 와인의 명성을 높이는 데 기여했다.

맛은 장소에 따라 다르다

—

테루아라는 개념에서 알 수 있는 것은 맛이 특정한 장소와 관련을 맺고 있다는 것, 즉 맛에는 '장소성'이 있다는 사실이다. 근대 과학에서는 맛을 혀의 미뢰에 있는 미세포의 작용으로 환원시키기 때문에 단맛, 신맛, 쓴맛, 짠맛의 네 가지 맛밖에 설명하지 못한다. 그러나 맛에 대한 경험은 육체적인 경험에 한정되지 않는다. 맛보는 것도 혀이고 맛에 대해 말하는 것도 혀이며, 맛은 결국 언어를 통해 표현된다. 그리고 맛에 대한 말에는 항상 그 맛의 기원에 대한 말들이 포함되어 있다. 그것이 어디에서 난 것이고, 누구에 의해 재배되거나 요리된 것인지, 또는 그것을 어디에서 먹는지가 맛의 평가에 영향을 미친다. 맛을 결정하는 요소는 그 외에도 더 많지만, '장소의 맛'이 존재하며 맛을 통해 어떤 장소를 떠올릴 수 있다는 사실은 분명하다. 테루아라는 개념이 함축하고 있듯이 맛은 자연적인 동시에 문화적이다. 또 맛은 육체적인 동시에 정신적이며, 주관적인 동시에 객관적이다.

테루아에서 알 수 있는 맛의 두번째 속성은 맛이 개인이나 집단의 정체성과 관련된다는 사실이다. 테루아는 어떤 사람의 뿌리, 즉 어떤 장소와 결부된 개인의 역사와 연관되어 있다. 그래서 테루아는 경험을 기억해내고 추억을 떠올리는 등 자신의 정체성을 표현하고자 할 때 요긴하게 이용된다. 또한 그것은 독특한 지역성을 부각시킴으로써 개인을 넘어 집단적 정체성을 형성하는 데도 기여한다. 요컨대 프랑스인들에게 음식을 먹는 순간은 지역에 얽힌 기억과 정체성을 확인하는 순간이기도 하다. 고향이나 고국을 떠나 있는 사람들이 과거 그곳에서 먹었던 음식을 다시 맛보려는 것도 그러한 까닭이다. 맛은 부지불식간에 과거의 경험을 온전한 상태로 인식하게 함으로써 개인이나 집단의 정체성을 구성하는 주요 요소로 작용한다.

테루아에서 알 수 있는 맛의 세번째 속성은 장소의 맛으로 인해 음식이 다른 상품과 구별된다는 사실이다. 요즘에는 원산지 표기제가 비교적 충실하게 시행되고 있어서 모든 상품에 장소성이 있다고 볼 수 있다. 그러나 원산지 표기가 되어 있다고 해서 모두 생산지 특유의 색채가 묻어나는 것은 아니다. 예컨대 대구나 중국에서 생산된 전자제품에서 대구나 중국의 장소성을 느끼기는 어렵다. 장소성이 크게 의미가 없는 상품이 공산품이라면, 음식은 지역 특유의 자연과 문화가 담겨 있는 특산품이다. 제아무리 사소한 물건이라도 특산품은 교환가치 이상의 의미를 포함하고 있다. 프랑스에서 특별히 자국의 지역 농업을 보호하기 위해 국가적 노력을 기울이는 것도 그러한 까닭이다.

백석 시에 나타난 이상한 테루아

—

테루아에는 프랑스 특유의 음식관이 반영되어 있지만, 장소의 맛이라는 개념이 프랑스에만 있는 것은 물론 아니다. 맛과 장소의 관계는 매우 보편적인 것이므로 시공을 막론하고 어디에서나 장소의 맛에 대한 사유를 발견할 수 있다. 우리 경우도 마찬가지다. 『도문대작』을 통해 전국 각지의 독특한 음식을 소개한 허균 이래 장소의 맛에 대해 가장 깊은 사유를 보여준 이는 근대의 시인 백석이다. 그가 1937년에 발표한 작품 「북관北關」을 보자.

明太 창난젓에 고추무거리에 막칼질한 무이를 뷔벼 익힌 것을
이 투박한 北關을 한없이 끼밀고 있노라면
쓸쓸하니 무릎은 꿇어진다

시큼한 배척한 퀴퀴한 이 내음새 속에
나는 가느슥히 女眞의 살내음새를 맡는다

얼근한 비릿한 구릿한 이 맛 속에선
까마득히 新羅 백성의 鄕愁도 맛본다

이 작품에서 백석이 이야기하고 있는 음식은 '창난젓깍두기'인 듯하다. 창난젓깍두기는 지금도 강원도 지방에서 담가먹는 김치의 일종으로 원래는 함경도 지역의 음식이라고 한다. 이 작품의 제목인 '북관'은 함경도를 가리키는 명칭이다. 그런데 이 작품에서 백석은 북관 특유의 음식인 창난젓깍두기에서 "여진의 살내음새"를 맡고 "신라 백성의 향수"를 맛본다. 그는 창난젓깍두기의 테루아로 북관이나 함경도 대신에 신라와 여진을 지목하고 있는 셈이다. 참으로 독특한 생각이 아닐 수 없다. 도대체 그는 왜 그랬던 것일까?

밥은 집이다

—

「북관」에서 보다시피 백석 시에 등장하는 음식은 어떤 장소와 관련된다. 음식에 관한 그의 이야기는 어떤 장소에 관한 이야기이고, 어떤 장소의 맛에 관한 이야기다. 그는 자신이 음식과 장소에 관해 깊이 고민하고 있다는 사실을 「나와 지렁이」라는 작품을 통해 분명하게 드러내기도 했다. 전문을 소개한다.

내 지렁이는

커서 구렁이가 되었습니다

천 년 동안만 밤마다 흙에 물을 주면 그 흙이 지렁이가 되었습니다

장마 지면 비와 같이 하늘에서 나려왔습니다.

뒤에 붕어와 농다리의 미끼가 되었습니다

내 이과책에서는 암컷과 수컷이 있어서 새끼를 낳었습니다

지렁이의 눈이 보고 싶습니다

지렁이의 밥과 집이 부럽습니다

이 작품은 마치 백석 자신의 자화상처럼 보인다. 컴컴한 땅속에서 살아가는 지렁이에게는 시각과 청각이 필요치 않다. 지렁이의 감각기관은 입과 피부뿐이다. 그래서 지렁이는 맛이나 냄새에 민감한 것으로 알려져 있다. 맛과 냄새에 민감한 지렁이의 모습은 미각에 유별난 집착을 보였던 백석의 모습을 떠올리게 한다. 그는 마치 미각만이 존재하는 지렁이처럼 과거와 현재, 인간과 세계를 미각을 중심으로 인식했다.

이 작품에서 지렁이에게 의미가 있는 것은 '흙'이다. 세계의 수많은 신화에서 신이 흙을 빚어 인간을 창조했다고 말한 것처럼 백석은 그의 지렁이 역시 흙으로 창조된 것이라고 말한다. 그런데 백석의 지렁이에게 흙은 그 이상의 의미가 있다. 흙은 지렁이의 '밥'인 동시에 '집'이다. 흙은 지렁이에게 어떤 맛을 내는 음식일 뿐만 아니라 생명을 영위하는 삶의 터전이기도 하다. 흙에 대한 백석의 사유는 테루아를 떠올리게 한다. 테루아가 맛과 장소가 결합된 개념인 것처럼 백석은 지렁이와 흙의 관계를 통해 밥과 집이라는 개념을 통합시킨다. 밥에는 집이라는 장소의 맛이 담겨 있다. 그러므로 밥으로 대표되는 음식에 대한 추구는 곧

조선일보 1929년 9월 6일자에 실린 와인 광고.

테루아보다는 건강에 좋다는 관점에서 와인을 광고하고 있다.

집이 상징하는 장소에 대한 집착과 같은 것이다.

백석이 다양한 '장소의 맛'을 언급하고 있는 것은 장소의 맛이 정체성과 결부되어 있기 때문이다. 백석은 그가 소중하게 생각하는 장소들에서 자신과 자신이 소속된 집단의 정체성을 발견했다. 세속과 절연한 채 고고한 정신을 지켜가는 인물, 명절을 맞아 다시 하나가 된 즐거움을 누리는 가정, 고담하고 소박한 풍속을 이어가는 마을, 넉넉하지 않은 생활 속에서도 삶의 온기를 잃지 않는 고장, 그 모든 것이 백석에게는 자신의 정체성을 규정하는 소중한 장소들이었다. 장소의 맛을 통해 자신과 집단의 정체성을 사유했던 백석과 달리 이 시기 음식에 관한 일반적인 인식은 철저하게 음식의 영양 가치를 따지는 근대적 관점에 치우쳐 있었다. 예컨대 앞서 언급한 「북관」이라는 시에서 백석이 창난젓깍두기를 통해 신라와 여진이라는 '장소의 맛'에 대해 생각하고 있을 때, 조선일보는 '영양적으로 만점인 창난젓–현대과학이 증명한다'라는 제목의 기사를 실었다. 똑같은 음식을 두고 조선일보가 '현대'라는 시간과 영양 성분을 발견하고 있었던 반면, 백석은 맛과 장소를 발견하며 자신의 정체성을 고민하고 있었다.

맛으로 찾아낸 나라

—

그렇다면 백석이 맛을 통해 발견한 장소는 어디로까지 확장되는 것일까? 그것은 바로 '나라'다. 백석 시에 나타나는 나라는 우리가 살아가고 있는 '근대국가'와는 다르다. 그에게 근대의 국적 같은 인위적 경계는 아무런 의미도 없었다. 그의 '나라'는 민족, 국가, 세계와 다르면서도 그 모두를 아우르는 독특한 개념이다. 백석의 '나라'는 배타적인 인위적 경계 대신에 서로 넘나들 수 있는 자연적 경계로 이루어져 있다. 또 그 '나라'는 보편적 인류애보다 더 확장된 개념인 범생명주의를 통해 구성된다. 그는 「허준」이라는 시에서 이렇게 노래했다.

> 높은 산도 높은 꼭다기에 있는 듯한
> 아니면 깊은 물도 깊은 밑바닥에 있는 듯한 당신네 나라의
> 하늘은 얼마나 맑고 높을 것인가
> 바람은 얼마나 따사하고 향기로울 것인가
> 그리고 이 하늘 아래 바람결 속에 퍼진
> 그 풍속은 인정은 그리고 그 말은 얼마나 좋고 아름다울 것인가
>
> —「허준」(부분)

현실의 세계는 싸움과 흥정, 가난과 탐욕으로 넘치지만, 그 나

라는 맑고 높고 따스하고 향기롭다. 그러나 백석과 그의 친구는 그러한 나라에서 너무나 멀리 떠나와버렸다. 비루한 현실 속에서 그러한 나라는 바람결처럼 홀연히 나타났다 사라진다. 그 나라는 지도에서 사라져버렸지만, 백석은 그 나라의 흔적들이 여전히 끈질기게 살아 있다는 사실을 알고 있다. 그래서 백석은 여러 음식을 통해 그 나라를 채웠던 장소의 맛을 탐색한다.

이제 다시 앞에서 던졌던 질문으로 돌아가보자. 왜 백석은 「북관」이라는 시에서 창난젓깍두기의 테루아로 함경도가 아닌 신라와 여진을 지목하고 있는가? 그 음식에서 그가 '나라의 맛'을 발견했기 때문이다. 그가 찾고자 했던 것은 단지 함경도라는 지역의 맛에 국한되지 않는다. 그가 수많은 '장소의 맛'을 탐색한 것은 결국 그가 최종적으로 도달하고자 했던 '나라의 맛'을 찾기 위한 것이었다. 함경도가 한때는 여진의 땅이었고, 또 한때는 신라의 땅이었다는 사실은 그에게 그리 중요하지 않다. 그가 찾아 헤맸던 '나라'의 차원에서 생각해보면 신라와 여진이 다르지 않다. 신라와 여진은 모두 그 나라의 일부로서 존재했던 장소이기 때문이다.

그렇다면 도대체 백석이 그토록 찾아 헤맸던 그 '나라'의 맛이란 어떤 것인가? 그는 여러 편의 시를 통해 '밝고, 거룩하고, 그윽하고, 깊고, 맑고, 무겁고, 높은' 것들이 있다고 말한다. 그것은 바로 그 나라를 가득 채웠던 '마음'이다. 백석 시는 그 마음들이 어디에 어떻게 존재하는가, 그 마음들을 어떻게 인식할 수 있는가에 관해 이야기하려 하는 것이다. 모든 존재가 평화롭게 어울려 살아가던 나라는 지도에서 지워졌지만, 그는 오랜 탐색 끝에 그러한 나라의 흔적이 마음을 통해 끈질긴 생명력을 이어오고 있다는 사실을 깨닫는다. 그리고 백석이 그 마음들을 가장 선명하게 감지해내는 것은 바로 음식을 통해서다. 「탕약」이라는 시에서 백석은 이렇게 노래했다.

> 그리고 다 달인 약을 하이얀 약사발에 밭어놓은 것은
> 아득하니 깜하야 만년 녯적이 들은 듯한데
> 나는 두 손으로 고이 약그릇을 들고 이 약을 내인 녯사람들을 생각하노라면
> 내 마음은 끝없이 고요하고 또 맑어진다.

만년 옛적의 마음, 혹은 만년이 지나도록 여전한 옛적의 마음, 바로 그것이 백석이 찾고자 했던 '나라의 맛'이었다.

소래섭_울산대학교 국어국문학부 교수

서울대학교 대학원 국어국문학과에서 백석 시에 관한 연구로 박사학위를 받고, 『백석의 맛』 『불온한 경성은 명랑하라』 『시는 노래처럼』 등의 책을 통해 한국 근대문학에 대한 문화론적 연구를 진행하고 있다.

18세기의 맛

취향의 탄생과 혀끝의 인문학

1판 1쇄 2014년 2월 28일
1판 5쇄 2019년 9월 18일

지은이 안대회·이용철·정병설 외
펴낸이 염현숙

기획·책임편집 구민정 | 편집 이명애 | 독자모니터링 황치영
디자인 이효진 | 마케팅 정민호 이숙재 양서연 안남영
홍보 김희숙 김상만 오혜림
제작 강신은 김동욱 임현식 | 제작처 상지사 P&B

펴낸곳 (주)문학동네
출판등록 1993년 10월 22일 제406-2003-000045호
주소 10881 경기도 파주시 회동길 210
전자우편 editor@munhak.com | 대표전화 031)955-8888 | 팩스 031)955-8855
문의전화 031)955-3578(마케팅) 031)955-2671(편집)
문학동네카페 http://cafe.naver.com/mhdn | 트위터 @munhakdongne
북클럽문학동네 http://bookclubmunhak.com

ISBN 978-89-546-2388-9 03900

* 이 도서의 국립중앙도서관 출판시도서목록(CIP)은 서지정보유통지원시스템 홈페이지(http://seoji.nl.go.kr)와 국가자료공동목록시스템(http://www.nl.go.kr/kolisnet)에서 이용하실 수 있습니다.
(CIP제어번호: CIP2014001915)

www.munhak.com